Fundamentos de la Astrología Médica

Ciro Discepolo

FUNDAMENTOS DE LA ASTROLOGÍA MÉDICA

El camino para entender las tendencias patológicas
de un individuo mediante la lectura de las estrellas

Ricerca '90 Publisher

Traducción y edición: Emiliano Ricci, H. Susana Azpíroz y Eugenio Ricci
Diseño degrapicas: Pino Valente

Copyright © 2012 Edizioni Ricerca '90
Viale Gramsci, 16
80122 Napoli - ITALY
discepolo.ciro@gmail.com
www.solarreturns.com
www.cirodiscepolo.it

Yo puedo entender todo, excepto el sufrimiento.
Oscar Wilde

Las fechas de nacimiento de las personas mencionadas en este libro, en su mayoría pertenecen a la base de datos de Lois M. Rodden y a los archivos de Ciro Discepolo. Otras fechas de nacimiento se han obtenido de las bases de datos presentes en la WEB.

Los mapas astrales y los cálculos hansido realizados por el excepcional y preciso software astrológico **Astral** y **Aladino** (el cual se refiere al *Modulopara la búsquedae Automatizada del Programa de Retornos Solares Mirados 'RSMA'*).

Prefacio

En el símbolo médico de los doctores (el caduceo) puede leerse: Arte Médico – no Ciencia Médica. Personalmente, creo que eso no degrada a la medicina – de hecho, la dignifica. Consideremos el caso de un doctor "medidor". Una vez fui a consultar a un oftalmólogo.

En muchos sentidos podrían ustedes definirlo como a un doctor "científico" – al mil por ciento. Mi problema era la resequedad en mis ojos. Me auscultó con instrumentos de precisión, cronometró por algunos momentos, consultó tablas y – finalmente – declaró que el valor de humedad en mis ojos era..., en consecuencia insinuó que Yo estaba bien. Más adelante, consulté a otra doctora. Era una oftalmóloga también, pero menos "científica". A ella no le mencioné cual era mi problema.

También trajo sus instrumentos, pero por encima de todo hizo una serie de preguntas sobre mi vida, mi trabajo, y mis hábitos alimenticios. Parecía casi dispuesta a analizarme, pero finalmente concluyó que mi problema era resequedad en los ojos, y que sería bueno ponerles gotas así como seguir algunos protocolos terapéuticos y profilácticos estudiados específicamente para esa patología menor.

Interesante, ¿no lo creen?

Ahora ustedes díganme – según su opinión, ¿tendría un médico que ser un científico que supiera perfectamente como usar sus instrumentos y conociera por completo todo lo que se ha probado y descubierto en el laboratorio? ¿O no creen ustedes que para su salud sería mejor si un médico se comportara más como el doctor italiano Antonio Cardarelli, quien solía observar cuidadosamente, interrogar cautelosamente, hablar muy poco, y finalmente formular sus diagnósticos, los cuales normalmente se demostraban exactos? En otras palabras: ¿confiarías más en un doctor con un equipo computarizado portatil, o en un doctor con un buen conocimiento de psicología, sociología, literatura? ¿En un buen doctor cuyos intereses lo mantengan actualizado en los campos de política agrícola, contaminación ambiental, maltrato de animales? ¿Uno al que le guste leer respecto de la antigua investigación sobre la memoria del agua, sobre los descubrimientos que ayudan a validar la astrología, y demás? En pocas palabras – como afirma un amigo mío, un profesor importante de medicina en la universidad, un hombre con una cultura clásica fantástica y miles de intereses en virtualmente cualquier campo – en la abrumadora mayoría de los casos el llamado científico de nuestros días no es nada más que un técnico.

Por lo tanto, si nos apegamos a la etimología de la palabra, la paradoja podría ser precisamente la siguiente: en nuestro tiempo, un técnico con una gran pasión por el conocimiento podría encarnar mejor que un científico el espíritu del lema platónico: *La vida sin examen no merece la pena ser vivida*. La siguiente cita de la Carta sobre el humanismo de Martin Heidegger explica la misma noción[1]. "[...] la era atómica podría cautivar, hechizar, deslumbrar, y seducir tanto al hombre que el pensamiento calculador podría algún día ser aceptado y practicado como el único modo de pensar."

Así pues hemos llegado al punto al que quería conducir a mis lectores – la cuestión del 'reparador de radios'. Me gustaría ahondar en él un poco, luego volveré a la medicina y eventualmente, explicaré qué me impulsó a escribir este libro sobre astrología médica., el cual ustedes ojalá que estén empezando a consultar o estudiar.

Quizá ustedes sepan que yo he declarado varias veces que *cuando trato de astrología, intento actuar como un reparador de radios, que sabe que si cambia una válvula, el radio va a volver a funcionar incluso si el dueño del radio es un físico que afirma que no es posible*. Ahora bien, creo que el ejemplo más interesante para ahondar en esta noción es el del abejorro volador[2] que no debería poder volar. Pongámoslo en otras palabras. En resumen, el asunto es más o menos como sigue. A partir de los libros de mecánica de vuelo, a todo estudiante de ingeniería aeronáutica se le ha enseñado que los abejorros no pueden volar. De hecho, su forma rechoncha, su peso específico – excesivo comparado con la extensión de sus alas – y el conjunto de su estructura física se oponen a la posibilidad de que alguna vez pudieran despegar. **Pero el abejorro no lo sabe, y por lo tanto vuela.**

Hermoso, ¿no lo creen?

Así pues, consideremos si alguien ha sido capaz de exponer esas nociones a un nivel más elevado de conocimiento y cultura en un sentido amplio. En mi opinión, dentro del marco del tema que estamos desarrollando en estas páginas el libro From the World of Approximation to the Universe of Precision (Del mundo de las aproximaciones al universo de la precisión) del historiador de la ciencia Alexandre Koyré, es extremadamente interesante (2). Les planteo varios pasajes con la clarificación de que en su libro, Koyré, que es un gigante de la filosofía de la ciencia, trata específicamente de ciencia y tecnología. Entre otras cosas, se pregunta cómo fue que la ciencia de los griegos antiguos pudo permanecer – por decirlo de algún modo – hibernando por varios siglos antes de encontrar aplicaciones prácticas que pudieran ser útiles al hombre.

Déjenme citar los pasajes más relevantes para la noción del 'reparador de radios'. "... en un ensayo publicado en este mismo libro, he afirmado que uno no puede encontrar una solución satisfactoria al problema del *maquinismo* considerado debajo de su doble aspecto: a) ¿Por qué nació el maquinismo en el siglo 17? ¿Por qué no nació veinte siglos antes, particularmente en Grecia?..."(3)

"... Esta es una iniciativa paradójica. Porque la realidad – la realidad de la vida diaria en la que vivimos y estamos – no es matemática. Ni tampoco es posible matematizarla. Pues es el dominio de lo móvil, de lo impreciso, del 'más o menos', del 'casi' …" (4)

"... Que el pensamiento técnico del sentido común no depende del pensamiento científico, incluso si el primero puede absorber del segundo los elementos que pueden estar entrelazados con el sentido común. Que puede desarrollar, inventar, adaptar viejos descubrimientos a nuevas necesidades, así como hacer nuevos descubrimientos. Que guiado y estimulado por la experiencia y la acción, por victorias y derrotas, puede transformar las reglas tecnológicas y puede crear y desarrollar tanto herramientas como máquinas.

Que frecuentemente con medios rudimentarios – gracias a las habilidades de quienes los usan – puede crear trabajos cuya perfección (sin mencionar su belleza) sobrepasan por mucho los productos de la tecnología científica (particularmente en su estado temprano) – la historia de la edad media nos da sorprendentes evidencias de todo ello..." (5)

"... **Sin embargo, es posible preguntarse si esta doble falta pudiera explicarse con exactitud por medio de la mentalidad típica y la estructura general del "mundo del más o menos". Ahora bien, en este respecto, me parece que el caso de la alquimia nos da una respuesta definitiva. De hecho, a lo largo de su existencia milenaria, única entre la ciencia de las cosas terrestres, la alquimia pudo** construir su propio vocabulario, notación e incluso equipo que nuestra química recibió y preservó como herencia. La alquimia recolectó tesoros de observación; llevó a cabo miles de experimentos; y también hizo descubrimientos importantes. Sin embargo nunca fue capaz de hacer un experimento específico – esto incluso antes de que lo hubieran intentado. Las descripciones de la operación de la alquimia no tienen nada en común con las fórmulas de nuestros laboratorios: son recetas de cocina – imprecisas, aproximadas, y cualitativas como las recetas.

No es la imposibilidad material de hacer mediciones la que contiene al alquimista – él, simplemente no hace uso de las mediciones incluso aunque las tenga a la mano. No es del termómetro de lo que carece: es la noción de que el calor podría someterse a una medición exacta. Se queda por lo tanto contento con los términos del sentido común (llama alta, llama baja, etc) y virtualmente nunca usa escalas. Sin embargo las escalas existen. Y las escalas de goldsmith y jeweller son bastante precisas. Pero esa es exactamente la razón por la que el alquimista no las usa. Ya que si las usara sería un químico. Dicho de otro modo, si tuviera en mente la noción del uso de escalas, ya sería de hecho un químico. ..." (6)

"... Pero a decir verdad, Galileo no sabía mucho más que Vitellone. Sin embargo fue suficiente para permitirle concretar su idea tras pensarla. Igualmente, no hay nada más sencillo que un telescopio, o al menos un catalejo. Para construirlo no hay necesidad de ninguna ciencia o lentes especiales, por lo tanto, de ninguna técnica especializada.

Dos cristales de gafas puestos uno detrás del otro – eso es lo que es un catalejo. [Una nota del autor: aproximadamente eso es lo que hace un 'reparador de radios' cuando remplaza una válvula en un receptor de radio] Tan sorprendente e improbable como pueda sonar, por cuatro siglos a nadie se le ocurrió nunca ver qué pasaba si usaban dos pares de lentes al mismo tiempo, en lugar de sólo uno. Es un hecho que los que hacían los lentes no eran *expertos en óptica*: era sólo *artesanos*. Ellos no hacían un *instrumento óptico*: hacían una *herramienta*. Así pues la construían de acuerdo con las reglas tradicionales de su arte, sin buscar nada más.

Hay una profunda verdad en la (quizá legendaria) tradición que menciona que la invención del primer catalejo fue debida a la *suerte*, al hijo pequeño de un fabricante de lentes holandés que estaba simplemente jugando con los lentes..." (7)

"... Nada revelará esta diferencia fundamental mejor que Galileo construyendo su telescopio. Mientras que Lippertshey y los Janssens, habiendo descubierto por mera suerte que una combinación específica de lentes construía un catalejo, se restringieron ellos mismos a hacer lo ineludible y de algún modo los inevitables ajustes a sus "gafas reforzadas" (un tubo, una pieza móvil para los ojos), cuando Galileo recibió la noticia de los 'lentes de acercamiento' de los holandeses, él dedujo la teoría.

Basado en su teoría – seguramente insuficiente, apenas una teoría – Galileo lleva cada vez más lejos la precisión de sus lentes, construyendo así sus series de *perspicilli* que le pusieron la inmensidad del cielo frente a los ojos. Los vidrios holandeses nunca habían hecho nada parecido antes, exactamente porque no tenían la misma idea del instrumento que guió e inspiró a Galileo. Por lo tanto, la meta a la que apuntaban (y que lograron) los holandeses era completamente diferente de la de Galileo.

El lente holandés es un aparato práctico: te permite ver a una distancia menor lo que está a una distancia mayor mejorando la mirada a simple vista. No va más allá, y ni siquiera quiere ir más allá. No es casualidad que ni sus inventores ni sus usuarios los usaran nunca para ver el cielo... [Al contrario, el 'reparador de radios' remplaza la válvula para hacer que el receptor funcione; pero después de un estado inicial de alfabetización pasiva con respecto a su propia "ciencia" por medio de experiencias prácticas, progresa en su conocimiento y crea un camino de experimentos teórico-prácticos que le permiten lograr (habiendo hecho todos los cambios necesarios) el 'telescopio de Galileo]."(8)

Esto nos conduce a un punto crucial que nos obliga a otra escena retrospectiva de algunos miles de años. Como los historiadores de la astrología nos enseñan (9), el primer testimonio escrito de dicha disciplina es de 2800 años antes de Cristo en Mesopotamia.

Ahí y en esos tiempos, los sacerdotes astrólogos/astrónomos aconsejaban a su monarca promulgar leyes para intentar forzar a sus súbitos a concebir en el mes de julio, para que muchos individuos nacieran en el signo de Aries porque eran – correctamente – considerados los mejores luchadores (en esos tiempos la guerra era algo muy serio, y requería que hubiera gente dedicada de tiempo completo). Esto se basaba en la observación de los astrólogos que consideraban las características de aquellos nacidos en Aries. Ellos no pedían la aprobación de las estadísticas o la ciencia: ellos simplemente notaban un hecho. **Funcionaba**.

Consideremos la medicina nuevamente. Frecuentemente aunque no siempre, la medicina hace uso de estadísticas. Algunas veces las pruebas de ciertas drogas cuya meta es curar enfermedades muy serias son llevadas a cabo en docenas de pacientes. Si los doctores establecen que el componente activo funciona sin efectos secundarios dañinos evidentes para el paciente (ni siquiera después de un periodo de tiempo), la droga es aprobada. ¿Sin el aval de la ciencia? No, **sin avales externos**. Eso (eventualmente, dirán ustedes...) conduce hacia mí y a este libro.

La astrología médica nunca ha estado en la cima de mis prioridades, ya sea como astrólogo o como persona. Siempre estuve y estoy convencido de que en este campo el mejor autor tendría que ser un médico. Sin embargo, no pude evitar pensar que tengo cerca de treinta y seis años de experiencia, estudios e investigaciones. Así pues, he estado recolectando una cantidad impresionante (para mí) de experimentos y datos objetivos – una verdadera fortuna que correría el riesgo de perderse, si no me hubiera resuelto a poner sobre papel todo lo que sé en este campo. Por supuesto, estoy consciente de que mi conocimiento en este terreno es sólo un pequeño segmento en una línea infinita.

Sin embargo – como ustedes pueden notar directamente estudiando la vida de sus seres queridos, de ustedes mismos y de sus conocidos, a la luz de las piezas menores y mayores que estoy por exponer – muchas cosas pueden ser afirmadas más allá de una mera hipótesis teórica. Quizá las estadísticas validen algún día ciertos puntos de mi astrología médica.

Por ejemplo, mi trabajo estadístico llevado a cabo en miles de pacientes seriamente enfermos del hígado, que pueden leer al final de este libro, ha sido limitado por la falta de la hora exacta de nacimiento en la muestra estudiada. Esto podría haber estropeado, estadísticamente hablando, el aún así resultado positivo que logré.

De haber sabido también la hora de nacimiento de cada paciente, no habría buscado tan sólo a Júpiter en Sagitario: También habría considerado los elementos significativamente fuertes en la novena casa / de Sagitario, o un Júpiter dominante y mal aspectado, o la cúspide de la 6ta casa en Sagitario, entre otros.

Aún así, por el momento, creo que ya soy capaz de afirmar algunos trozos de verdad con la suficiente tranquilidad y honestidad intelectual. Docenas de casos examinados y estudiados con el hambre de un investigador y con el apoyo de mi extraordinaria buena memoria (10) me han arrojado piezas de evidencia de un modo tan claro que sólo un ciego o alguien con mala fe podría ser incapaz de notarlos en la práctica. Tomemos, por ejemplo, el caso de la ceguera y la sordera. Ustedes se convencerán – no tanto con mis ejemplos, sino con sus propios ejemplos – que las combinaciones astrales que he detectado son, virtualmente en la totalidad de los casos, aquellas que de hecho indican esas patologías. Esto es cierto, pero no en todos los casos. Es por esto que estoy de acuerdo con un buen amigo y colega mío, a quien valoro mucho, que escribió sobre las dificultades de enfrentar la multifactorialidad de un sistema de análisis.

Pero dicha multifactorialidad no nos permite detenernos e hibernar en pensamiento y acciones. Debemos declarar que ciertos males o enfermedades pueden detectarse ya en la carta de nacimiento del nativo, incluso si hay un caso de mil que no coincide, e incluso si jamás podremos 'ver' una multitud de otras patologías en el cielo de nacimiento de alguien – sin mencionar también que muchos médicos no son capaces de verlas... También añadiría que el libro que están leyendo no es ningún sustituto de su doctor en ningún momento de la posible vida patológica de un ser humano.

Este libro está pensado particularmente para investigadores, para mis buenos colegas astrólogos, y para principiantes ávidos de conocimiento. Por supuesto, nada debería evitar que pusieran en práctica las enseñanzas de este libro. Por ejemplo, si detectaran un peligro para la vista en un recién nacido, podrían aconsejar a sus papás que lo lleven frecuentemente al oftalmólogo, mientras que nunca deben sugerir drogas o terapias. Quisiera añadir que este volumen fue inspirado por el hermoso ensayo de André Barbault que pueden leer en el postfacio del libro, el cual no por suerte toma exactamente el mismo título que su ensayo.

En mi opinión, su ensayo es una esencia de la verdad e incluye declaraciones tan inteligentes que nunca había tenido la oportunidad de leer en ningún otro lado. Creo que es igualmente imperativo para mí añadir que este texto no pretende ser exaustivo en este terreno.

Se limita deliberadamente sólo a las patologías de las que he tenido experiencia significativa y directa. Esto quiere decir que proveo una lista 'mutilada' de temas, aunque una lista que todos pueden verificar, una lista de temas respecto a patologías específicas. Lo prefiero así en lugar de un mero ejercicio teórico que quisiera alcanzar una presunta completitud, y que sin embargo fuera un trabajo que se revelara como algo totalmente insatisfactorio en la realidad práctica de nuestra existencia.

Me hubiera gustado añadir muchas más cosas; pero eso abriría discusiones demasiado largas que probablemente merezcan una elaboración futura individual y por separado. Antes de acabar, me siento obligado a dar mis más cálidos agradecimientos a mi amigo Lorenzo Vancheri. Con afecto, y sin embargo sin ningún rastro de indulgencia para cualquier tipo de error tipográfico, me ayuda a mejorar la calidad de mis trabajos con sugerencias y observaciones muy preciosas. Déjenme también expresarle mi gratitud a mi amigo Pino Valente. Es un artista internacional importante así como un excelente experto en computación. Me ha ayudado a darle forma a este libro, particularmente enriqueciéndolo con dibujos que él mismo hizo usando mis programas de software Astral y Aladino. Las fechas de nacimiento fueron tomadas casi exclusivamente de mi base de datos personal o de la colección de fechas de Grazia Bordoni.

Ciro Discepolo

Nápoles, 14 de marzo de 2005

Comentarios:
1) **"Según la opinión de la mayoría de los especialistas en aerodinámica, considerando su peso, su forma, y las características físicas del aire, el vuelo del abejorro es imposible. Sin embargo los abejorros vuelan."**
Aún cuando la ciencia y sus usos tecnológicos son promovidos repetidamente por los medios, atrayendo el interés del público (especialmente por su uso en los campos médico y biológico) tan sólo en las últimas décadas este sector ha sufrido de problemas de imagen tan serios como nunca antes. Olvidando que también en este campo estamos hablando de actividades humanas – sujetas por tanto a las reglas morales y sociales que una comunidad decida aplicar por medio de un compromiso individual y colectivo – muchos de aquellos que se sienten intranquilos con la ciencia prefieren refugiarse en el contraste ideológico o en un escape hacia un pasado que nunca existió en el cual supuestamente todo permanecía en armonía con la naturaleza.

En un nivel práctico plantean nuevamente la vieja reacción romántica del siglo diecinueve según la cual la naturaleza es buena *a priori*: su imitación no sólo era un acto de sacrilegio – era también un serio error de presuntuosidad. Esa actitud algunas veces sale a relucir en conversaciones cotidianas. ¿Cuántas veces les han preguntado a ustedes lo siguiente?: "Si la ciencia es de verdad lo que pretende ser, ¿por qué no ha sido capaz de explicar que un insecto con alas tan pequeñas y tan pesado como el abejorro sea capaz de volar a pesar de todo?" Ningún científico con un mínimo de experiencia soñaría nunca con predicar la omnipotencia de su disciplina o con cuestionar lo inteligente del resultado de un largo proceso de evolución biológica en los organismos. Obviamente, una de las razones por las que no lo hacen es porque el desafío es considerado principalmente un elemento de reflexión moral. Personalmente, creo que los alegatos de este tipo están fundamentalmente equivocados.

Como declaré antes, la reflexión no debería dirigirse a la ciencia misma sino a aquellos que practican la ciencia – analizando el grado de libertad que tienen, el grado de condicionamiento que recibieron, y las posibilidades que tienen de ser capaces de reaccionar y de hacerse oír. En cuanto al abejorro, sólo nos queda una pregunta específica: ¿están de verdad seguros de que los científicos no son capaces de explicar porqué ese insecto es capaz de volar?

Nace una leyenda

De acuerdo con el ingeniero aeronáutico John McMasters, la paradoja del abejorro empezó a difundirse en Alemania en los años treinta del siglo veinte, precisamente en la Universidad de Göttingen. Fue precisamente ahí donde Ludwig Prandtl (1875-1953) formuló los fundamentos de la dinámica de fluidos. Según McMasters, el primero que expuso este enigma fue un profesor suizo, muerto hace mucho, y pionero en la investigación de dinámica de gases a velocidades supersónicas entre los años veinte y treinta. Dice la leyenda que en una cena el estudioso de dinámica de gases tuvo una conversación con un colega biólogo, que le hizo la famosa pregunta. "¿Qué propiedades aerodinámicas hacen que los abejorros vuelen?" El científico suizo hizo algunos cálculos rápidos suponiendo que las alas del abejorro fueran lisas, sin fisuras.

Su conclusión fue sorprendente – con base en sus cálculos, ¡los abejorros no deberían haber sido capaces de mantenerse flotando en el aire! Claramente algo estaba mal. Pronto, el ingeniero se dio cuenta de que el error estaba en la suposición inicial. De hecho, examinó las alas del abejorro con un microscopio y revelaron no ser para nada lisas. Pero era demasiado tarde para detener la difusión del mito de la imposibilidad del vuelo del abejorro: del mismo modo con la ayuda de periodistas y de publicaciones científicas, la paradoja empezó a difundirse como un rumor. En 1957 J. Pringle, que era el autor de un ensayo muy conocido de mecánica de vuelo de los insectos, logró reconstruir las etapas más significativas del nacimiento de la leyenda.

En lugar de reconstruir los diálogos, son dignas de mención las razones que llevaron inicialmente al científico a considerar la imposibilidad del vuelo del abejorro, y subsecuentemente a analizar los trucos físicos que hacen que el insecto sea efectivamente capaz de mantenerse en el aire.

Porqué vuelan los abejorros

Las consideraciones del estudioso de dinámica de fluidos se basaban en la presunción de que si las alas de los abejorros tienen una superficie lisa, deben tener un 'número de Reynolds' muy bajo. Dicho parámetro lleva el nombre de un estudioso de dinámica de fluidos del siglo XIX. Da una medida de la evaluación de la proporción de fuerzas de inercia contra la viscosidad de un fluido – en otras palabras, el producto de la masa de un cuerpo moviéndose por el fluido, por la aceleración recibida por el cuerpo mismo. Una partícula de polvo que flota en el aire tiene un número de Reynolds muy bajo (típicamente 1 a 10), mientras que los aviones jet suelen exceder el valor de 10 millones.

Con un valor entre 100 y 10000, las alas de los insectos están en el rango más bajo de una gráfica que muestra velocidad comparada con el número de Reynolds. Un modo de entender esto es imaginando que los insectos deben volar con sus pequeñas alas a través de un fluido que les resulta muy viscoso – digamos, tan pastoso como jarabe de fruta. Asumiendo que las alas de los abejorros tienen un bajo número de Reynolds y superficie lisa, el científico suizo supuso que el flujo de aire sobre ellas era del tipo laminar, i.e. sin turbulencias. Esto implicaba la falta de adherencia entre el aire y la superficie del ala, y en consecuencia la pérdida de empuje – la fuerza que sostiene a los aviones en vuelo y que impide que se caigan verticalmente. Intuitivamente, la aerodinámica de los abejorros no es la mejor posible. El largo de las alas de los pájaros les permite planear largas distancias, mientras que las alas de este insecto son tan ridículamente pequeñas que si te encuentras un abejorro muerto y lo dejas caer, lo ves precipitarse al suelo como a una piedra por su propio peso.

Entonces, ¿cómo pudo resolverse el misterio de su vuelo? La respuesta es que el abejorro encontró un modo de sostenerse a sí mismo en el aire explotando las turbulencias creadas por el aleteo furioso de sus pequeñas alas. En 1975 en la revista Nature, Christopher Rees expuso ciertas observaciones sobre la forma y la función del corrugado en las alas de los insectos. Notó que la secuencia de secciones muy irregulares en sus alas implicaba enormes ventajas aerodinámicas sin poner en peligro a la aerodinámica misma.

De hecho, Rees explicaba que si se dibujaba la gráfica de empuje y de resistencia aerodinámica de esas alas, demuestran poseer características similares a las del perfil del ala convencional de un avión. Sin embargo, las explicaciones más recientes del vuelo de los insectos han seguido un camino diferente del de la aerodinámica clásica: han tomado en consideración los trucos que les permiten volar en condiciones de inestabilidad. Volviendo al abejorro, había necesidad de explicar cómo era que lograba, explotando la turbulencia aerodinámica al rededor de su cuerpo para mantenerse flotando. Ahora está claro que la aerodinámica de los insectos es distinta de la aerodinámica que los técnicos aeronáuticos habían estudiado hasta entonces, siempre considerando alas estáticas y flujo de aire uniforme.

Usando filmaciones de alta velocidad de insectos aleteando y comparándolos con modelos simulados por computadora, al rededor de 1990 se descubrió que los insectos crean vórtices de aire al rededor de un núcleo central. De este modo el empuje (la fuerza que los mantiene en el aire) no es generada en una base continua, como sucede con las alas de los aviones – es de hecho generada en intervalos. Los insectos usan sus alas de un modo más parecido al de los helicópteros que al de los aviones, pudiendo así volar no sólo de manera horizontal sino también verticalmente, en diagonal, por no mencionar su habilidad para permanecer flotando en un mismo sitio. A diferencia de los helicópteros, que tienen un eje central de rotación, los insectos aletean hacia abajo, rotan sus alas hacia arriba, aletean hacia abajo, vuelven a rotar sus alas y etcétera. Tales movimientos no necesariamente se llevan a cabo verticalmente, ie. Perpendicularmente al piso: pueden hacerse oblicuamente, permitiéndoles maniobrar en el espacio.

Gracias a los vórtices creados por dichas maniobras el aire fluye más rápido en la superficie superior y más lentamente en la superficie inferior del ala. Eso genera una diferencia de presión que da el empuje necesario para seguir volando. Sin embargo, hay un peligro al acecho: el estancamiento, o la pérdida repentina de empuje dependiendo del ángulo formado por el ala y el flujo de aire que llega a su superficie. Cuando una de las alas con un amplio ángulo de acción es acelerada demasiado, un nuevo vórtice temporal se genera lo que añade empuje y retrasa el estancamiento.

Comúnmente, se creía que este fenómeno era muy efímero como para ser capaz de contribuir significativamente a su capacidad de vuelo, hasta que Charles Ellington y sus colaboradores, del departamento de Zoología en la universidad de Cambridge, probaron lo contrario en 1996. Estudiaron al *Manduca sexta*, una polilla que ya le había sido útil a la ciencia en estudios de endocrinología y neurología. Ellington y su equipo usaron una cámara fotográfica en 3D para tomar fotos de los movimientos de las alas de la polilla, y las analizaron por computadora. Compararon todos los resultados con el comportamiento de un robot llamado "the flipper", el cual imitaba mecánicamente los movimientos y las deformaciones de las alas de la polilla, pero con una frecuencia de aleteo menor para balancear el hecho de que el robot era 10 veces más grande que la *Manduca*. Los investigadores descubrieron que en tales situaciones, en la orilla de las alas se generaba un vórtice que permanecía unido a las alas, enrollándose a su superficie y creando un área de baja presión.

Eso explicó porqué los insectos son capaces de generar un empuje tres veces mayor que el que se puede deducir de los cálculos de la aerodinámica convencional, y porqué el estancamiento que uno podría esperar con esas condiciones no sucede. Se tomaron fotos de "the flipper" en un tunel de aire, que demostraban las turbulencias generadas a lo largo y ancho de sus alas, dando así claras evidencias del fenómeno en proceso. Siguiendo este trabajo de vanguardia, distintos laboratorios elaboraron diferentes modelos mecánicos encaminados a una mejor comprensión del vuelo de los insectos. Sin embargo, se deben seguir haciendo estudios en los próximos años antes de que podamos ver un insecto-robot volar de un modo totalmente autónomo. La formación del 'vórtice de espiral' puede explicar bastante bien el vuelo de los insectos más grandes con una envergadura de alas relativamente amplia.

Con insectos más pequeños, sin embargo, la viscosidad de las fuerzas tiende a disipar los vórtices bastante rápido: de ahí la necesidad de elaborar un mecanismo mejor que les permitiera volar. Nuevamente la solución vino de un insecto robot que simulaba el vuelo de la *drosofila*, otro insecto comunmente estudiado en genética y biología. En 1999 en la revista Science salió un artículo de Michael Dickinson, un experto en fisiología y mecánica del vuelo, y un grupo de colaboradores. Ellos hundieron un modelo mecánico la *drosofila* de 24 centímetros en aceite mineral para simular la viscosidad que el insecto real siente durante el vuelo. Una serie de motores conectados con sus alas permitieron la simulación de los movimientos reales, incluyendo la rotación de las alas al final de cada aleteo. Una serie de indicadores de presión conectados a las alas permitieron medir fuerzas mayores que las esperadas en condiciones no dinámicas. Lo que había sido detectado era que el movimiento de las alas del insecto 'capturaba' al vórtice generado durante el aleteo anterior.

Otro factor crucial señalado por los investigadores fue la alta sensibilidad a pequeños cambios en la sincronización de la rotación de las alas, lo que permite al insecto cambiar significativamente tanto la intensidad como la dirección de las fuerzas que actúan sobre ellas. Este es otro factor que debe ser considerado en las 'dinámicas inestables' del mundo de los insectos. ¿Acaso pueden las teorías y modelos más recientes propuestos con respecto al vuelo de los insectos explicar la paradoja del vuelo del abejorro? Los expertos se inclinan a pensar que cada tipo de insecto ha desarrollado su propia manera peculiar de explotar las dinámicas inestables. La observación directa del vuelo real y su comparación con simulaciones de computadora y modelos mecánicos han revelado los secretos de ciertos insectos como la *Drosofila* y la *Manduca*.

No hay ninguna razón para creer que ésto no pudiera pasar también con los abejorros. Mientras tanto, en los últimos años ha habido un progreso constante en la comprensión de la aerodinámica de los insectos, a tal grado que hay especialistas que creen que la creación de los primeros insectos robotizados está muy cercana. Estamos hablando de los denominados MAV (vehículos aéreos microscópicos). Estarán provistos de pequeños radio trasmisores y otros sensores de modo que sean aptos para volar en espacios angostos que el hombre difícilmente podría alcanzar.

Por ejemplo, podrían inspeccionar el desempeño y el nivel de seguridad de la compleja red de tuberías diseñadas para llevar gases y químicos en las plantas industriales grandes. Actualmente, al menos tres naciones están desarrollando sus propios MAVs y, por supuesto, hay interés por sus posibles usos en el espionaje militar. Si tales aparatos son construidos, no es la culpa de los pobres abejorros, y aquellos que han estudiado su vuelo son inocentes.

Referencias bibliográficas (respecto de los abejorros)

1) John McMasters, "The flight of the bumblebee and related myths of entomological engineering", American Scientist, vol. 77, 1989, pp. 164-169.

2) Robin Wootton, "How flies fly", Nature, vol. 400, 8th July 1999, pp. 112-113.

3) Charles P. Ellington et all, "Leading-edge vortices in insect flight", Nature, vol. 384, 19/26 December 1996, pp. 626-630.

4) Gary Taubes, "Biologists and engineers create a new generation of robots that imitate life", Science, vol. 288, 7 April 2000, pp. 80-83.

5) Robert Dudley, "Unsteady aerodynamics", Science, vol. 284, 18 June 1999, pp. 1937-1939.

6) Dickinson M. H., F. O. Lehmann, et al., "Wing rotation and the aerodynamic basis of insect flight", Science, vol. 284, 18 June 1999, pp. 1954-1960.

7) Robin Wootton, "From insects to microvehicles", Nature, vol. 403, 13 January 2000, pp. 144-145.

Andrea Albini
Oficial Técnico
Departamento de Ingeniería Eléctrica
Universidad de Pavia

2) Alexandre Koyré, *From the World of Approximation to the Universe of Precision*. Edición Italiana: *Dal mondo del pressappoco all'universo della precisione*, Piccola Biblioteca Einaudi, Torino, 2000, 136 pagine.

3) Ibidem, pag 89   4) Ibidem, pag 90   5) Ibidem, pag 92
6) Ibidem, pag 98   7) Ibidem, pag 100   8) Ibidem, pag 101

9) Me refiero a historiadores como Franz Bol, Carl Bezold, Wilhelm Gundel, Eugenio Garin, y Will-Erich Peuckert. Nunca me referiría a los historiadores improvisados de la astrología que acrecentan las filas de nuestros detractores.

10) Hubo un corto periodo de mi vida en el cual me vi obligado a tomar medicinas muy fuertes y más bien dañinas intentando sedar una cefalea recurrente que posteriormente me curé por completo. En ese breve lapso de tiempo solía tener lapsos reales de pérdida de memoria (limitados a recuerdos recientes sin embargo) ocasionados precisamente por esos medicamentos – que al poco tiempo habrían de ser sujetos de una investigación que llevó a que los retiraran del mercado. Con excepción de ese periodo, afortunadamente he sido siempre capaz de confiar en mi extraordinaria buena memoria. Entre otras cosas, estando enamorado del cine, soy capaz de recordar cada una de las escenas de películas que haya visto sólo una vez hace veinte años.

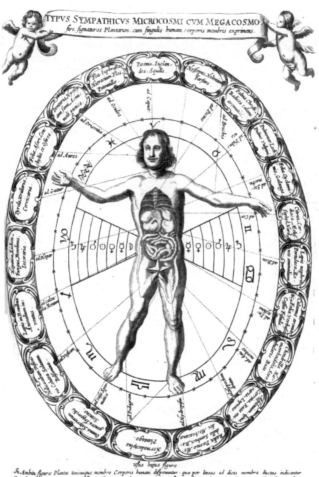

1.
Signos y planetas

Referencias Esenciales sobre los signos y los astros

En las siguientes páginas encontrarán una lista de referencias esenciales con respecto a los doce signos y los astros de nuestro sistema solar, del Sol a Plutón; en cuanto a las patologías individuales – aunque no todas ellas – éstas serán abordadas extensamente en secciones específicas. Las referencias a patologías potenciales deben ser tomadas como se explica a continuación. Consideremos, por ejemplo, aquellas conectadas con Aries.

Deben ser contempladas no sólo para aquellos que nacieron con el Sol en el signo Aries – deben de (también, si no es que "en vez de") contemplarse para aquellos que nacieron con el Sol en la primer casa natal. Y también deben contemplarse del mismo modo para aquellos que nacieron con su ascendente natal en Aries, o con su luna natal en Aries, o con dos o más astros en Aries.

Aries

Como un espejo patológico de su naturaleza, los individuos que pertenecen a este tipo zodiacal suelen desarrollar enfermedades agudas, rápidas e intensas. Durante su vida suelen caerse muchas veces, y con la misma frecuencia sufren de heridas en su cabeza y manos, así como de quemaduras en distintas áreas del cuerpo. Por ejemplo se pegan típicamente en la cabeza contra cualquier tipo de esquina u objetos filosos que pueden encontrarse por lo común en casa, en la oficina o en cualquier otro lado. Ciertamente, con una frecuencia mayor que la del promedio se pueden encontrar cicatrices en sus cuerpos.

Pueden ser la consecuencia permanente de alguna cirugía; o un accidente de coche; o la fractura de un hueso; o un absceso debido a una inyección mal aplicada; o de un tope contra el guardarropa, etcétera. Si observas un Aries en su actividad diaria puedes verlo (o verla) dando vueltas como un disco de acetato a una velocidad mucho más alta que sus rpm's originales.

Su vida es frenética, muy activa, y bastante insomne.

Siempre están con prisa por los miles de compromisos que tienen. Desde este punto de vista, un Aries no tiene suficiente tiempo para enfermarse, así que en la mayoría de los casos 'prefieren' patologías intensas y rápidas, tales como altas fiebres que le permitan quemar una buena cantidad de las toxinas consumidas durante su vida. La peritonitis y/o la extracción del apéndice son dos ejemplos teóricos, y sin embargo prácticos que les pueden permitir a ustedes entender la actitud de estos individuos con respecto a las dolencias y las enfermedades. La cabeza y sus órganos son las áreas favoritas en las cuales un Aries suele ser sujeto a patologías: dolores de cabeza, sinusitis, infecciones auditivas, artrosis cervicales, etcétera. Las palabras clave que pueden guiarlos a ustedes en su búsqueda de las patologías futuras de un bebé Aries son: *prisa, intensidad* y *agudeza*.

De acuerdo con este *leitmotiv* es difícil conocer a un Aries que esté postrado en cama con una enfermedad de largo plazo. Es más fácil encontrar a un Aries en un incesante *crescendo* de actividades, aparentemente inmune a las enfermedades. (Un Aries de hecho no tiene el tiempo suficiente para dedicarle a la enfermedad...). Es una situación que, en un alto porcentaje de los casos, conduce a los nativos de este grupo a morir relativamente jóvenes y de un modo bastante rápido – esto último sólo es verdad si otros elementos de su carta natal lo confirman.

Un accidente, un ataque, un infarto, una úlcera perforada, una anafilaxis, una bronconeumonía extremadamente aguda y fulminante, o cualquier otra enfermedad rápida e infecciosa están ciertamente entre las primeras causas de muerte entre los Arianos – junto con otros elementos de su cielo natal: por ejemplo, en el caso de bronconeumonía aguda también deberían ustedes encontrar fuertes elementos de Géminis y/o Mercurio en la carta natal del nativo. Normalmente, tras la enfermedad, un Aries se recupera bastante rápido y bien.

Tauro

Tauro es un universo arquetípico de un grandísimo, un enorme interés. Toda su energía positiva, sin contar con sus patologías potenciales, gira al rededor de la noción axial de la *oralidad irresuelta*. En el hombre del Zodiaco (libro al que se dedica un capítulo de este volumen) la parte del cuerpo regida por los treinta grados del segundo signo del Zodiaco corresponde a la garganta. En un contexto un poco más amplio: a la cavidad oral. Al intentar entender de un modo más bien exhaustivo el universo de la salud y las patologías del Toro, ustedes deben empezar por considerar sus primeros días de vida. Como todo el mundo sabe, en sus primeras semanas de vida el bebé ve sólo el pecho de su madre. Para el bebé, mamar equivale a vivir.

Después de algunos meses, el bebé empieza a ver a su alrededor. Intenta poseer los objetos que lo rodean de la única manera que sabe – poniéndoselos en la boca. Esta es denominada la *etapa oral*. Pasada ésta, el bebé se da cuenta de que puede alcanzar la ejecución de sus propios deseos – órdenes de un modo más expedito por medio de las palabras. Dice *eche* o *chi-chi* y sus padres corren a alimentarlo. Dice *agua* e inmediatamente aplacan su sed. Dice *pitufo* y le dan un jugete.

En individuos nacidos con fuertes elementos de Tauro – lo que podría implicar también tener su sol y/o otros astros en su segunda casa natal, o un Venus dominante en la carta natal – el paso de la etapa oral a la verbal no sucede *de plano*. Normalmente, en su edad adulta [estas personas] arrastran un problema de oralidad sin resolver.

Este factor puede ser considerado de modo prevalentemente negativo, pero algunas veces también puede implicar algo positivo. Para ser más claro – tal y como sucede con los símbolos y arquetipos fundamentales de cada signo del Zodiaco, en la gran mayoría de los casos los nativos viven este factor tanto positiva como negativamente. Por ejemplo, puede notarse que la 'voracidad por el conocimiento' expresada por Sigmund Freud estaba estrictamente conectada con una fuerte oralidad: solía fumar incesantemente enormes puros – lo cual desafortunadamente lo llevó a la muerte. De hecho, murió después de veintitrés intervenciones quirúrgicas por cáncer de garganta.

Pero procedamos en orden. No es necesario excavar en la prehistoria humana para entender que un individuo joven, fuerte y saludable muestre su sed de vida por medio de un fuerte y saludable apetito. Al igual que su avidez en un sentido amplio – privado de cualquier posible juicio moral – evidentemente se muestra como un signo preciso de la vitalidad del ser humano en cuanto animal de caza. Por ejemplo, Adolfo Hitler no se contentó con invadir Austria y parte de Checoslovaquia: quería desafiar al mundo invadiendo también Polonia. La voz, el canto, son otras características típicas de esta posición solar, la cual es frecuente en gente que desempeña carreras brillantes como dobles, actores, cantantes – todas las personas que tienen una necesidad significativa y positiva de expresarse por medio de su cavidad oral.

Les doy sólo dos ejemplos, pero podrían ser miles. Enrico Caruso y Frank Sinatra pueden ser considerados los mayores cantantes de todos los tiempos, cada cual en su género musical específico. El primero era Piscis y el segundo Sagitario, pero los dos nacieron con el sol en la 2da casa natal – por lo tanto pueden ser considerados Tauro antes que Piscis y Sagitario. Sin embargo, hablando generalmente, el Tauro típico suele sufrir aflicciones de la garganta. En el lapso entre los 30 y 50 años, cuando a un gran número de niños se les extirparon las anginas, ciertamente los nativos de Tauro estuvieron en la cima de la lista de esos 'chivos expiatorios'. Aquellos a quienes no les extirparon las anginas quirúrgicamente, solían padecer de garganta inflamada. Ciertamente hubiera sido muy interesante si se hubiera tenido la oportunidad de llevar a cabo investigaciones estadísticas serias, establecer el porcentaje de niños con anginas inflamadas que ha desarrollado patologías de la tiroides en su edad adulta. Aparentemente las dos enfermedades están completamente distanciadas la una de la otra. Si ustedes preguntaran a un otorrinolaringólogo y a un endocrinólogo, seguramente les explicarían que sólo gente con una fantasía excesiva podría ligar esos dos males.

Pero el *símbolo* es el que está detrás de todo. Es la conexión más extraordinaria que existe en las dinámicas de los procesos vitales, físicos y psíquicos. Esto con respecto tanto a la salud como a las patologías. Muchos textos lo confirman, Tal vez el más importante es *Malattia e destino* de Thorwald Dethlefsen & Rüdiger Dahlke's, ed Mediterranee. Volviendo a los Tauro, tanto los jóvenes como los adultos y también los ancianos de Tauro, sufren, con una frecuencia evidente, de resfriados y problemas de la garganta, con fiebres y las llamadas complicaciones tipo influenza.

Como mencioné más arriba, en varios casos también tienen serios problemas de tiroides y/o de sus cuerdas vocales. Si son fumadores, su riesgo de desarrollar cáncer de garganta crece exponencialmente comparado con cualquier otro individuo.

Otras veces, sus enfermedades siguen un camino aparentemente retorcido, que sigue siendo muy claro, si eres suficientemente experimentado con el lenguaje de los símbolos. Si quieres saber qué tanto la hora de nacimiento de aquellos cuyo ascendente está en los primeros grados de Géminis está mal, a veces basta con preguntarle con respecto a su garganta.

En un alto porcentaje de los casos descubrirán que el tiempo de nacimiento debe adelantarse para que el Ascendente sea Tauro. De hecho, posiblemente tras negar cualquier molestia con su garganta, dichos consultantes podrían admitir que en sus periodos de depresión, ansiedad o sufrimiento más fuerte en el sentido más amplio del término, expresan su inquietud modificando su relación con la comida – en otras palabras: formas leves de anorexia y bulimia, algunas veces se alternan la anorexia y la bulimia. No hace falta decir que las personas extremadamente flacas o excesivamente gordas tienen virtualmente siempre fuertes elementos de Tauro en sus cartas natales.

La condición de su peso casi excepcional es ocasionada ya sea por problemas de hipertiroidismo/hipotiroidismo (por lo tanto su tiroides no funciona bien) o por una inquietud significativa en su relación con la comida (i.e. pueden mostrar un interés excesivo en la comida, o por el contrario, un casi total desinterés por ella). Otro elemento ciertamente perteneciente, de un modo muy claro, a este signo es el olor. Muchas veces la piel de los Tauro tiene un olor placentero y frecuentemente atractivo sexualmente.

Sin embargo, cuando están particularmente molestos o desanimados, pueden tener una transpiración notable, lo que puede ser más bien desagradable para las narices de los demás. Pero si me preguntan mi opinión sobre la patología principal que estas personas sufren, no vacilaría: les diría que inquietud psicológica en general, con una tendencia a la depresión y neurosis. Por suerte, este tipo de problema los conduce en muy raras ocasiones a una situación psicótica, y sólo si existen otros elementos en su carta natal para confirmar dicha tendencia – ve el estudio sobre esquizofrenia en el apéndice de este libro.

Me tomó décadas de experiencia práctica convencerme sin la más mínima duda que el tipo de problemas anteriores marcan, más o menos evidentemente, virtualmente a todos los individuos de Tauro. Ciertamente la 'neurosis primaria' que gobierna su mente es como sigue: "Cuando sea viejo apenas la libraré financieramente". Por favor noten que este síndrome no sólo pertenece a aquellos cuya situación financiera está cercana a la pobreza. Al contrario, puede preocupar incluso a billonarios cuya preocupación es si serán capaces o no de mantener su nivel de vida actual en un futuro más o menos cercano. Sufrir, como nos explican los psicólogos y sociólogos, es un estado subjetivo. Nadie podría jamás asumir el derecho de determinar si un Tauro rico sufre más o menos que un Tauro pobre.

Opino que su fragilidad en un nivel psicológico es más o menos equivalente a la de un Piscis. Igualmente en relación con esta suposición, sería interesante llevar a cabo estudios estadísticos adecuados en un buen número de seres humanos. En conclusión, diría que no sólo es falso el dicho popular que declara que ciertos días como el viernes o el martes son de mala suerte. De hecho, el viernes, junto con el Jueves, son los días de la semana que me han producido siempre las mejores cosas de mi vida. Similarmente, diría que está completamente equivocado aquel que declara que: *está tan sano y fuerte como un toro*.

Géminis

En su hermosa descripción de las doce tipolgías del Zodiaco, el gran astrólogo francés André Barbault explica al tercer signo del Zodiaco delineando la condición de la naturaleza, que en la primavera tardía se expresa también (si es que no principalmente) con los árboles que desarrollan el follaje superior de sus ramas más altas, el más cercano al cielo, subrayando así el 'alto' nivel de intercambio de oxígeno entre el verdor y el ambiente que lo circunda. Entonces no es de sorprender que en Zodiac Man, Géminis esté relacionado a los bronquios y los pulmones, con los pasajes que conducen el aire, con la parte superior del cuerpo humano – aquella que se comunica con el ambiente también por medio del mecanismo de la respiración. Otro punto fundamental que nos permite entender la fuerza y las patologías de esa porción del Zodiaco es la conexión entre el signo Géminis y su planeta regente, Mercurio. Mercurio también es el metal líquido que fluye sobre las superficies sin detenerse nunca y sin siquiera intentar penetrarlas. La superficialidad de Géminis, como todos saben, no se debe a la falta de inteligencia – ¡Al contrario!

Los individuos de Géminis suelen ser extremadamente ingeniosos; están sedientos de conocimiento en cualquier campo del saber; no son capaces de entregarse a una sola cosa; sienten un gran estímulo por saltar de un tema a otro, lo cual constituye el único modo de satisfacer su deseo de conocimiento. ¿Cómo lo hacen en la práctica? Exactamente como lo hace cualquier otro en nuestra época: navegan de un sitio web a otro como si estuvieran leyendo distintas páginas de la Enciclopedia Británica, sin ninguna ruta precisa, en aras de satisfacer sus miles de curiosidades. Su necesidad de comunicación con el ambiente (respirando, bronquios y pulmones) y su necesidad de movilidad, suele llegar a niveles excesivos (en cuanto a la movilidad necesitamos ambas, física y mental, tal y como lo simboliza el mercurio). Esos son los pilares o puntos fuertes de Géminis, al igual que sus patologías.

Por lo común, aquellos nacidos con el sol, o el ascendente, o una buena cantidad de astros en estos treinta grados del Zodiaco (o cuya tercera casa natal esté significativamente ocupada por astros) son fumadores. Algunos de ellos son fumadores pesados. Al menos esto sucedía hasta el principio del tercer milenio. Hoy en día, las campañas de información radical (y acertadamente despiadadas) han convencido a un cada vez mayor número de fumadores de dejar dicha actividad perjudicial. Sin embargo, hasta la fecha el fumar sigue siendo una de las características distintivas de este signo. Ciertamente el número de patologías que caracteriza a este signo (especialmente relacionado con los bronquios y los pulmones) es impresionante.

Y no me refiero al cáncer, sino a enfermedades respiratorias en general. La inteligencia superior evidente de los nativos de Géminis, junto con su necesidad de movilidad física y mental así como su capacidad de trabajo multitarea (e.g. efectuar múltiples tareas simultáneamente) representa con seguridad, en ciertos aspectos, una mezcla bastante dañina para su salud. Estoy hablando de agitación, insomnio, tics nerviosos distintos, situaciones de stress derivadas de su intolerancia hacia otros individuos incapaces de entender con suficiente velocidad lo que les dicen, etcétera. El nativo de

Géminis es un tipo nervioso, en el sentido real de la palabra. Hoy en día la gente tiende frecuentemente a hablar de neurosis cuando se refiere a personas que son simplemente muy 'emocionales' – lo cual es harina de otro costal. Mientras que yo me refiero específicamente al estado nervioso que puede medirse con una electromiografía, y no por medio de las preguntas de un psicólogo. En la mitología, Mercurio era también el rey de los 'ladrones y estafadores'.

Una consecuencia positiva es que, tienen una muy buena actitud hacia las ventas, el comercio, efectuar actividades en el campo de las relaciones públicas y representativas. Por lo tanto también tienen una dosis discreta de astucia, la cual por cierto no es una dolencia pero podría ser un componente importante del carácter de dichos individuos, si es que hay otros elementos que lo confirmen en su carta natal, que los pueden conducir a comportamientos que pueden definirse desde 'sospechosos' hasta 'no exactamente honestos'. De hecho, con mucha frecuencia los nativos de Géminis tienen tendencia a mentir. Pueden ser capaces de mentir incesantemente. De hecho, ellos creen que sólo dicen mentiritas blancas, que no pueden siquiera definirse como tales.

Como un punto de gran fortaleza, en cuestiones de salud, normalmente conservan su frescura mental y física incluso en edad avanzada. Ese es el caso de muchos hombres y mujeres en el mundo del espectáculo, los cuales actúan su rol en el escenario con facilidad incluso a una edad significativamente avanzada. Y lo que es aún más sorprendente, no confunden ni siquiera un verbo cuando hablan.

Cáncer

No puede haber ninguna duda sobre la conexión entre el signo Cáncer y el estómago. Por lo común los niños nacidos bajo este signo parecen criaturas frágiles que casi vomitan cuando deben viajar por largas distancias en autobús, en coche, por mar, etc. En la memoria personal de cada niño Cáncer suele haber una especie de pesadilla como un mal recuerdo recurrente de un balonazo o golpe en el estómago.

Suelen revivir ese momento como si fuera una película en cámara lenta: una inacabable secuencia de cuadros en los cuales les sacaron el aire y pareciera que nadie pudiera ayudarlos nunca a respirar otra vez. Un estómago que no funciona bien puede también determinar una secuela de dolencias secundarias, por ejemplo no ser capaz de soportar algunas medicinas o comidas. Pero el Cáncer típico no entiende que la razón de su mala digestión fue precisamente lo que él/ella comió poco antes. En algunos momentos de su vida, los Cáncer podrían sentirse mal incluso tras beber tan sólo un vaso de agua simple. El riesgo que corren muchos de los niños de este signo es la posibilidad de tragarse pequeños objetos de metal o plástico.

De igual forma, si ustedes tienen a un niño de este signo y notan que él o ella llora incesantemente, su primera idea puede ser que él/ella está sufriendo de algún problema intestinal, de algún problema de digestión que él o ella no es capaz de explicar o comunicar mejor. Recuerdo un episodio muy interesante de mi experiencia profesional como astrólogo – tal vez puede ayudarles a entender a lo que me refiero. La madre de un Cáncer estaba desesperada porque su recién nacido estaba vomitando todo el tiempo después de todas y cada una de sus comidas: se estaba poniendo más débil y más flaco. Hizo que lo vieran varios doctores, que sugirieron ciertos análisis que no llevaron a ningún lado. Esto duró por un lapso de tiempo bastante largo, hasta que un médico muy concienzudo particularmente inclinado a escuchar a sus pacientes interrogó a la madre muy cuidadosamente. Así pues, resultó que ella solía darle a su bebé una cucharadita de aceite de hígado de bacalao antes de cada comida... Los Cáncer intentan demostrar virtualmente todos sus momentos de enfermedad psicológica (ansiedades fuertes, depresiones leves, miedos, estados de angustia menores...) a través de problemas estomacales.

Pueden vomitar frecuentemente y cuando no lo logran, pueden desvanecerse con un sentimiento de 'un estómago cerrado'. Más adelante, a una edad más avanzada, las suyas se vuelven patologías clásicas de tipo psicosomático: normalmente estos nativos empiezan a sufrir de gastritis, luego inflamación del estómago y el duodeno, así como posibles úlceras estomacales. Pero estos nativos sufren con frecuencia también de formas distintas de hernia hiatal, reflujo gastroesofágico, y otras dolencias similares. Por esas razones los nativos de Cáncer deberían estar muy conscientes de que su enemigo número uno es el ácido acetilsalicílico (la aspirina) y todas las demás sustancias que puedan tener un doble efecto: anti-inflamatorio pero que también pueden perjudicar de algún modo su estómago (tales como Aulin, Novolid, Ibuprofeno, Diclofenaco, etcétera). Claro, cuando tomen esas medicinas deben ser mucho más cuidadosos que cuando están bebiendo alcohol o Coca Cola (una bebida de hecho bastante ácida) o jugo de naranja o de limón.

Típicamente, en las buenas y en las malas los nativos de Cáncer tienen mucho que ver con el pecho. Lo que significa que entre ellos puedes encontrar mujeres con un pecho hermoso y amplio, pero también individuos que sufren de variados problemas del pecho. Por ejemplo las mujeres pueden tener fibrosis cística, copas asimétricas, y los hombres pueden tener un pecho prominente. En efecto, a cualquier mujer de Cáncer (ya sea nacida con el sol u otros elementos en Cáncer o en la cuarta casa) debe enseñársele desde pequeña a mantener su pecho bajo control con exámenes de pecho periódicos. A un nivel psicológico/mental, podemos decir sin temor de contradecirnos que los problemas del signo son dos: en primer lugar inmadurez, lo que les impide a los individuos de este signo cortar (al menos en la primer parte de sus vidas) el cordón umbilical – de hecho es el mitologema de la abuela – y en segundo lugar, la compensación que los lleva a ser una especie de falsos 'Nazis': esto es, aparentemente, extremadamente ásperos y despiadados (frecuentemente muy estrictos con ellos mismos), y sin embargo, personas que tienen un enorme potencial humano y emocional.

Leo

En mi experiencia personal, el signo Leo confirma virtualmente todo lo que en la tradición astrológica – que es mi principal fuente de estudio, inspiración y verificación – siempre se ha dicho de ellos. Sólo en algunos puntos la tradición ha mantenido el silencio, o ha dejado información equivocada. Empecemos con las confirmaciones. El corazón es ciertamente el elemento clave en la salud y las patologías de estos nativos.

No puede haber duda al respecto. Desde cualquier punto de vista que consideren a estos sujetos (ya sea desde un punto de vista meramente físico-orgánico o desde un punto de vista psicosomático-analógico) hay muchas referencias que lo comprueban. Tanto el Leo 'clásico' como el 'compensado' tienen siempre una conexión importante con el corazón.

Hablando metafóricamente, un nativo de este signo puede definirse virtualmente y sin excepciones como un 'corazón valiente' o un 'corazón tenaz', él o ella pueden tener un 'corazón fuerte' o un 'corazón débil'. Este milagro increíble de la naturaleza, este músculo bombeador maravilloso es una especie de motor de pistones funcionando con movimiento perpetuo. El TMEF (Tiempo Medio Entre Fallos) es un parámetro usado generalmente para probar equipo militar, midiendo el tiempo promedio entre una falla y otra en un componente electrónico particular, o en un dispositivo mecánico-electrónico.

Pues bien, el corazón humano tiene el mayor TMEF que se ha imaginado nunca – mayor incluso que el motor de propulsión de jets más sofisticado para aviones militares. El rol del corazón en el cuerpo humano puede compararse al del león – el rey de la selva – en la naturaleza. ¡No nos queda más que maravillarnos ante tal milagro de la naturaleza! Aún así, varias veces – como verán pronto, en otra sección de este libro – pueden ustedes verificar que esta máquina de trabajo incesante maravillosa ,que con frecuencia salva muchas vidas humanas gracias a su propia fuerza extraordinaria, este músculo maravilloso – también causa la muerte de los mismos individuos.

Y no lo digo porque la gente se muera cuando su corazón deja de latir: Me refiero específicamente a la gente que se muere del clásico infarto al miocardio. Entonces, para no hacer el cuento largo, el corazón con todas sus energías y posibles fallas, es el fundamento de la salud de la gente nacida con su Sol o Ascendente o un stellium en el signo de Leo, o con un conjunto de astros en su quinta casa natal. Hasta ahora no he dicho nada nuevo con respecto a lo mencionado por la tradición. También la espalda y la columna están estríctamente conectadas con este signo zodiacal.

También, en este sentido, la psicología de estos individuos nos da pistas claras y evidentes. Consideren por ejemplo oraciones como: "¿Estás diciendo que Carlos no tiene caracter? ¡Al contrario! Es una columna." o "María camina como una reina, con la espalda recta." etcétera. Sin embargo con frecuencia los nativos 'compensados' de este signo tienen de hecho problemas de la columna. Por ejemplo, hay muchos Leoninos 'aborregados' que sufren de escoliosis.

Tanto los nativos de Leo clásicos como los compensados presentan casos frecuentes de discos desviados, lesiones de su columna vertebral, etcétera. Sin temor a que nos contradigan, podemos afirmar que el corazón y la espalda son precisamente los dos puntos clásicos de fuerza y debilidad de este signo.

Al nivel psicológico, cuando escribo sobre un Leo 'compensado' o 'aborregado' creo que he descrito con bastante claridad la noción de un nativo de este signo, el cual sin embargo se comporta exactamente como si estuviera a 180° de distancia de las características típicas de esta porción del Zodiaco.

Hay un detalle sin embargo, con el cual nadie ha lidiado jamás antes de mí: la extraordinaria capacidad potencial de oído de este signo. Primero que nada, esta característica se explica con la oposición de Leo y Acuario.

Este último, ustedes pueden leerlo en la sección dedicada al onceavo signo del Zodiaco, sufre frecuentemente de problemas de oído: particularmente relacionado a la enorme necesidad de independencia de sus nativos, los cuales simplemente 'no quieren oír' desarrollando por lo tanto sordera leve o de tipo más severo.

En contraposición, los nativos de Leo suelen ser paternalistas en el mejor sentido de la palabra, y casi sin excepción tienen un oído excepcional. Lo he verificado personalmente en varias ocasiones. Particularmente, una vez tuve evidencias desconcertantes de ello. Entonces mi inconsciente me jugó una mala pasada, como si hubiera pasado antes otras veces... Todo sucedió cuando una señora vino a verme por primera vez para asesorarse. Su esposo, un Leo nativo, estaba esperando en un cuarto contiguo.

No sólo una puerta de madera pintada y masiza nos separaba de él, sino también libreros repletos. La señora estaba hablando conmigo voluntariamente en voz baja. Acababa de confesarme que ella tenía intereses sentimentales por un hombre Acuario, cuando su esposo entró hecho una furia gritando con voz amenazadora a su esposa, "¡Ahora me vas a decir quién es ese Acuario!" Es innecesario contar lo que pasó después. El balance final fue que tanto yo como mi asesorada nos quedamos sin habla, porque no había modo de escuchar y descifrar lo que estábamos diciendo ni siquiera si el hombre hubiera estado pegando la oreja a la puerta – y por supuesto que no lo estaba haciendo.

Existe otro tema en el cual, en mi opinión, la tradición ha fallado por completo en el campo de la astrología médica. Es cuando enseñaba que las patologías de los ojos deben estar conectadas con el Sol (para un ojo) y con la Luna (para el otro ojo), debido a la simetría del cuerpo humano.

De acuerdo con mi experiencia, esto no es para nada cierto. Tal y como lo pueden leer en la sección en la que se describen dichas patologías, tanto las patologías de la vista como las de los ojos están seguramente conectadas – con evidencia contundente – con los signos de Piscis y Virgo, y con la doceava y sexta casa.

Lo que la tradición explica en este caso me hace suponer que sólo pudo ser cuestión de una enorme equivocación, cometida posiblemente por antiguos colegas escribas que mesclaron el antiguo conocimiento con una poca de invención de su cosecha. Algo similar motivó de seguro hace siglos a Francesco Sizzi, en Florencia, a escribir que la cabeza humana sólo puede tener siete orificios y no más, porque hay siete planetas en nuestro sistema solar.

Virgo

También para estos treinta grados del Zodiaco podemos admitir con certeza que la tradición astrológica ha descrito correctamente las características básicas de salud y enfermedades de este signo. Nuevamente el misterio-mágico de Zodiac Man se nos presenta en toda su asombrosa belleza. ¿Podrían alguna vez encontrarse con un nativo de Virgo que no sufra, poco o mucho, de desórdenes intestinales? ¿A uno que no sufra desde constipación hasta colitis, pasando por todas las sub-especies de este tipo de patologías? Bueno, tal vez alguien virgo de ese tipo exista, pero es probablemente alguna de esas personas que nunca ha padecido de nada en su vida. Mi suegra era ese tipo de Virgo: murió a la edad de ochenta y cinco, tras aproximadamente cinco años de agonía en cama.

Nunca le había dado colitis ni constipación ni nada por el estilo – con la única excepción de unos problemas reumáticos leves en las rodillas. Pero si nos referimos a seres humanos normales, estas patologías, ya sean leves o serias, son el estándar.

También en este caso, la hermosa descripción de los doce tipos zodiacales delineada por la inimitable pluma de André Barbault te hace ver la conexión entre el tiempo del año en el que la gente divide los granos de trigo de la espiga en los graneros, y los nativos del signo de Virgo, cuya actividad intestinal tiende de hecho a separar los elementos nutritivos de la comida de los desechos que han de ser eliminados.

Eso, además de ser – estrictamente hablando – la función más crítica de este signo, desde un punto de vista más amplio también es la base misma de la salud y las enfermedades de este tipo humano zodiacal. Pero en este punto, la genialidad extraordinaria de mi colega astróloga Lisa Morpurgo ha sumado un elemento clave totalmente ignorado por la tradición – algo que también implicó un salto verdaderamente extraordinario de inteligencia. Todos saben que los males típicos del signo Piscis suelen estar focalizados en los pies.

De acuerdo con esto, los males típicos de Virgo son considerados tradicionalmente con focalización en la cabeza – como la parte del cuerpo opuesta con respecto a los pies. Pues bien, la línea de argumentación original de Lisa fue que lo opuesto a los pies no es la cabeza ¡sino las manos! Esto puede aparentar ser un paso pequeño, pero es un verdadero descubrimiento. En mi opinión es tan significativo como el descubrimiento hecho por Kepler, quien había estado estudiando por años en vano intentando comprender las leyes del movimiento orbital del planeta Marte, y que fue capaz de darle solución a ecuaciones extremadamente difíciles sólo cuando su genio voló y le permitió asumir que la órbita era elíptica en lugar de circular. Por favor permítanme hacer dos digresiones al respecto.

La primera es acerca del hecho de que otros lo habían señalado antes que Lisa Morpurgo – vean por ejemplo a Léon Vannier. Es cierto, pero sería como decir que el telescopio fue inventado por los Janssens y Lippershey, mientras que colocaron uno en frente del otro una serie de lentes por mera combinación fortuita.

De hecho, el telescopio fue creado sólo cuando – empezando con ese descubrimiento casual – Galileo Galilei teorizó, ideó, planeó y complementó a esos *perspicilli*. Creo que lo mismo debería decirse de la teoría de Lisa Morpurgo. La segunda digresión es la consideración de que, en mi opinión, los maravillosos descubrimientos de Morpurgo – una colega astróloga sumamente brillante hacia la cual profesé una amorosa amistad por una buena parte de nuestra vida – no deberían ser defendidos a cualquier costo, construyendo así 'vallas mentales' – ya que si lo hacen, se corre el riesgo de invalidar mucho de su conocimiento.

Creo que podemos decir con seguridad que Lisa hizo descubrimientos de verdad brillantes, pero también que no alcanzó a notar algunas cosas fundamentales. Notó otras cosas importantes y escribió sobre ellas, pero – en mi opinión – no fueron interpretadas correctamente, como en el caso de la relación entre la vista y la segunda casa.

Estoy convencido, absolutamente convencido, que la segunda casa está íntimamente relacionada con la fotografía, el cine, el teatro, las apariencias, los actores y actrices, la gente fotogénica, etcétera, pero no tiene ningún peso en relación con la vista y las enfermedades de los ojos – estoy listo para demostrarlo en miles y miles de casos. Volviendo a las manos, pueden ustedes darse cuenta de que son la fuerza y la debilidad de aquellos nacidos bajo este signo.

Son su fuerza, porque es casi imposible encontrar a un nativo de este signo que no posea habilidades manuales buenísimas, lo que lo/la hace capaz de hacer muchas cosas, casi a la perfección, con sus propias manos. Por ejemplo los trabajos de precisión, carpintería, reparaciones de todo tipo, trabajos de renovación en el hogar, habilidades tejiendo con aguja o con gancho, construcción de modelos, etcétera. Para los nativos de Virgo, las manos siempre están en el telón de fondo, para bien o para mal.

Suelen tener manos hermosas. Sin embargo algunas veces sus manos son el lugar de varias enfermedades – asimetría, deformación ósea, fracturas y lastimaduras, quistes, verrugas, infecciones recurrentes, raspones constantes, etc. Con mucha frecuencia el Virgo típico gusta de untarse el cuerpo continuamente con cremas, o de dar o recibir masajes (las manos siempre están de por medio).

Otras veces, los nativos de Virgo juegan cartas a lo largo de sus vidas – no por el placer del juego, sino más bien porque les gusta estar tocando algo todo el tiempo. Otras veces, tienen mano verde, aman cocinar, o tocan un instrumento musical en el cual hay necesidad de usar las manos.

Pero un símbolo, como ustedes saben, se extiende trescientos sesenta grados, así que pueden encontrarse con frecuencia con pequeños casos de cleptomanía en los individuos nacidos con fuertes elementos de esta rebanada específica del Zodiaco.

Libra

Indudablemente, el punto débil de este signo son los riñones. Muchas personas con fuertes elementos de la escala de Libra (o en su séptima casa natal) tienen serios problemas en los riñones. Estos pueden incluir piedras o disfunciones que requieren diálisis u otros tratamientos curativos. Sin embargo, en la mayoría de los casos los riñones se expresan – por decirlo de algún modo – de una manera más banal, aunque no menos problemática, al menos desde el punto de vista de los problemas que podría experimentar el paciente Libra. Tiene casi siempre que ver con alteraciones en el flujo o la frecuencia de la orina. Los sujetos con grandes valores de Libra pueden pasar días enteros sin sentir la necesidad de orinar, pero en contraste, en otros días, podrían tener que ir constantemente al baño. Podrían sufrir de retención urinaria desde una edad joven, lo que los obliga a llevar puesto algún tipo de 'toalla para la incontinencia'. Desde el punto de vista psicológico el problema es esencialmente uno, aunque aparentemente se manifiesta desde una distancia de ciento ochenta grados: agresión (o espíritu combativo) y/o pasividad. De manera muy evidente, son dos formas de impotencia. En el primer caso, aquellos que no se sienten seguros atacan muy seguido, quizá sólo con ataques verbales, pero pueden ser beligerantes en todo lo que hacen, aunque sus acciones tienen la estructura de un piquete de abeja más que de la invasión a Normandía. En el segundo caso, se recurre repetidamente al siguiente modo de pensar: "Quiero pensarlo otra vez, quiero pensarlo mañana; tomaré una decisión más adelante." Obviamente esta es también una forma de impotencia o falta de voluntad (el uso de adjetivos y nombres en estos casos, es una cuestión de forma más que de substancia). En el nivel sexual, podemos encontrar casos de falta de libido en los hombres, pero también – algunas veces – formas de eyaculación retardada que podrían hacer que las relaciones sexuales duren incluso horas. En tales casos, mujeres y hombres involucrados en este tipo de acto podrían creer que se trata de algo que tiene que ver con un exceso de fuerza sexual – pero es de hecho un aspecto más de la impotencia.

Los nativos típicos de Libra también tienen una tendencia a no saber decir que no, lo que en mi opinión debería ser considerado una patología real de este signo. Sin embargo, la otra tendencia, – la de la beligerancia – con frecuencia los conduce a pelear una larga secuela de 'guerras' en sus vidas. Creo que incluso esta última característica puede ser considerada como una de las patologías de este signo. En cuanto a lo que ya expliqué en otras secciones de este libro – ustedes no encontrarán ningún 'peso muerto', sino sólo las cosas de las que he llegado a estar bastante seguro tras décadas de experiencia y el almacenamiento de miles de datos – No deseo añadir nada más ya que siento que no hay nada más que decir.

Escorpio

Podría escribirse una enciclopedia entera sobre este signo. Sin embargo, no hay duda de que las enfermedades más comunes de este tipo humano zodiacal son aquellas que se relacionan en primer lugar con los órganos que – ya sea en hombres o en mujeres – están a cargo de dar o sustentar la vida (el nativo de escorpio se llena de nociones de muerte y por lo tanto, tiene una tendencia a afectar, inconscientemente, esas partes del cuerpo). Por lo tanto las mujeres tienden a sufrir de sangrados mensuales anormales desde su menarca.

Puede tratarse de amenorrea, dismenorrea, menstruación dolorosa, etcétera. Encontrarán también frecuentemente casos de cistitis, infecciones

venéreas leves, y posteriormente – conforme el nativo tenga más edad, al paso de las décadas – sus patologías incluirán frecuentemente quistes en ovarios o útero, miomas, y otros males que suelen afectar la vagina, los ovarios, el útero e incluso el pecho. Un número estadísticamente alto de mujeres Escorpio (o mujeres con fuertes valores escorpiónicos: por ejemplo con un stellium en la octava casa) deben someterse en el curso de sus vidas a una histerectomía quirúrgica. Con respecto a los hombres Escorpio, no es necesario decir, la próstata es el primer lugar en la clasificación de sus patologías, seguido inmediatamente por problemas en el escroto o el pene mismo.

En la gran mayoría de los casos, ambos sexos sufren de hemorroides. Por las razones explicadas en la sección dedicada a ello, también el corazón puede estar frecuentemente implicado con este signo. A un nivel más psicológico, contrario a las creencias populares, existen varios casos de impotencia masculina y frigidez femenina. Desde un punto de vista *exclusivamente psicológico*, ustedes deben tomar en consideración particular la tendencia típica de este signo hacia el masoquismo y el sadismo, con todas las consecuencias que conlleva.

Desde mi perspectiva, aquellos que niegan este aspecto tal vez sólo desean considerar al mundo, siempre y con demagogia, con la actitud exclusiva y de falsa conciliación del que siempre ve lo bueno y cierra sus ojos frente a lo malo.

Sagittaro

Es imposible no ver – a menos que estén ciegos – la cercana conexión entre esta porción de treinta grados del zodiaco y el hígado. Desde mi  óptica, a partir de sus primeros meses de vida se debería enseñar a estos nativos sobre la toxicidad del alcohol para el cuerpo humano, haciéndolos escuchar lo que los doctores dicen al respecto. No sólo la opinión de aquellos doctores (son *siempre* cardiólogos) que dedican su tiempo a publicitar productos alcohólicos en programas de TV seudo-científicos, sino también la opinión de sus colegas, los hepatólogos. De hecho, el alcohol de verdad puede ser dañino para el hígado.

Hoy en día, una ley italiana obliga a las familias a vacunar a sus hijos contra la hepatitis A y B. Estoy consciente de que muchos de ellos se oponen a la vacunación, pero personalmente estoy convencido de que deben correr este riesgo y eso hice con mis hijas. Pensé: aunque un caso de cada millón de vacunas profilácticas puede ser mortal, en todos los demás casos se consiguen resultados invaluables que ayudan a extender el promedio de tiempo de vida de la gente y a incrementar su calidad. Cuando nos referimos al hígado, también nos referimos a la vesícula biliar. En un porcentaje realmente alto encontrarán a gente con fuertes elementos de sagitario o una casa novena fuerte en su carta natal, que – tarde o temprano en sus vidas – descubren que tienen cálculos biliares. Al nivel físico externo, no debemos olvidar las piernas: hablando mitológicamente, Sagitario es mitad hombre y mitad caballo, descansando todo su peso en sus piernas-pies.

Hay un número muy alto de Sagitarios que, al menos una vez en su vida, se rompen una pierna o les hacen cirugía en sus piernas. Muchos de ellos se ven obligados a caminar con bastón incluso si no son realmente 'ancianos'. Finalmente, no olvidemos mencionar que los Sagitario pueden ser personas nerviosas. Los nativos de este signo (o aquellos que tienen muchos elementos de su carta natal en este signo o la novena casa) son realmente gente nerviosa, sujetos frecuentemente a las llamadas 'crisis nerviosas'.

Sin forzar la lectura que pueda justificar lo que estoy a punto de decir, creo que soy el primer astrólogo que ha dicho que entre los mayores males de muchos sagitarios, juega un rol importante el hecho de que su vida se vuelve estropeada, revuelta y quebrantada cuando abandonan su propia familia para cohabitar con una pareja – algo que sucede con bastante frecuencia con los nativos de este grupo.

Capricornio

Los huesos y los dientes ocupan el primer lugar entre sus patologías. Es virtualmente imposible encontrar un nativo de este signo que no sufra en esos dos 'indicadores corporales de calcio' – el calcio está directamente relacionado con la edad y Kronos, Saturno, el regente de Capricornio es el tiempo, el anciano. Por las razones que pueden leer en la sección dedicada a ello, las rodillas en particular están fuertemente implicadas – estadísticamente hablando –, en la vida de un nativo de este signo. La espalda/columna vertebral de aquellos nacidos, dentro de estos treinta grados del zodiaco, pueden mostrar la dualidad que existe entre un Capricornio Clásico y un Capricornio 'compensado'.

De hecho, muchos representantes de este signo caminan tan derechos como si fueran almirantes que se han 'tragado un sable'. Otros desarrollan una verdadera joroba, como el senador Giulio Andreotti, como si quisieran decir: "¿Ambicioso? ¿Quién yo? ¿No puedes ver que estoy inclinándome constantemente?" Sin embargo el problema fundamental de este signo es de tipo psicológico. Tienen un sentido de inferioridad que los espolea a escalar hasta la cima de cada jerarquía, lo cual suele tener un efecto agotador que dura a lo largo de la vida. Esto no quiere decir necesariamente que todos los capricornio son simples y vulgares trepadores sociales (aunque algunos de ellos lo son, de hecho).

Esto más bien implica que quieren demostrarle a todo el mundo – especialmente a ellos mismos – que no tienen ningún complejo de inferioridad de ningún tipo. Irónicamente, esto los hace vivir más tiempo que los seres humanos promedio, porque el blanco de su libido está dirigido a logros a largo plazo. Sin embargo, en su extenso paso por la tierra estos nativos son acompañados frecuentemente por las manifestaciones más clásicas de somatización, es decir úlceras estomacales. Recuerden de hecho que a un nivel médico y patológico, hay varios puntos de contacto entre signos opuestos.

Aquario

Ciertamente, uno de mis descubrimientos personales que me gusta recordar con orgullo es la conexión entre el onceavo signo del Zodiaco y la discapacidad auditiva, incluyendo formas más o menos severas de sordera. Según tengo entendido, ningún otro astrólogo lo había notado jamás antes de mí. Al principio no podía ver una conexión lógica, aún cuando es bastante obvia. El lema del verdadero Acuario es: "¡No me importa!" ¿Debe eso interpretarse como que el nativo de este signo es en verdad el más independiente del Zodiaco? ¿Y cómo puedes medir la independencia de un individuo? En mi opinión, uno es realmente independiente en cuanto a él o ella de verdad no le importe lo que otros piensen y digan de él o ella.

Así, para un 'Acuario de primera clase certificado' la sordera, usualmente en edad avanzada, enfatiza exactamente esa actitud: ¡No quiero escuchar! En este sentido, quiero traer a colación un episodio de verdad excepcional. Uno de mis asesorados, Acuario, una persona muy inteligente y educada, estaba casi completamente sordo de los dos oídos. A menos que pudiera leer los labios estaba totalmente aislada del mundo. Después de un retorno solar excelentemente dirigido, Yo lo convencí de que se sometiera a una operación quirúrgica muy difícil, una que los doctores habían juzgado con muy bajas probabilidades de obtener buenos resultados. Por razones obvias, la intervención debía de hacerse sólo en un oído.

La operación fue todo un éxito, pero mi asesorado no quiso volver a verme nunca más, maldiciéndome en público. Solía decir: "¡Yo estaba en una paz total y ahora estoy nuevamente obligado a escuchar a los demás!" Otra patología que virtualmente está siempre presente en aquellos nacidos debajo de este signo (aunque en este caso no es un descubrimiento – de hecho, los astrólogos siempre han estado conscientes de ella) tiene mucho que ver con defectos en la circulación sanguínea, o con baja presión, o hipertensión. En este signo, los problemas de circulación suelen manifestarse principalmente a un nivel periférico.

Esto resulta en tener manos y pies fríos; piernas que duelen tras horas y horas de pie; capilares acrecentados; venas varicosas; la necesidad de cirugía en la vena safena, etc.... En casos severos, los acuarianos también pueden sufrir infartos – causados normalmente por picos de presión muy alta – o colapsos cardio-circulatorios. De jóvenes, los acuarianos tienen con frecuencia dientes un poco sobresalientes y 'de conejo'. Al nivel psicológico, si se trata de un acuario egoísta en lugar de uno desinteresado, el nativo puede ser un individuo sumamente árido, bordeando en lo cínico y malvado. Como todo lo demás y como siempre sucede en estos casos, esto también puede afectar la salud y la calidad de vida de un ser humano.

Piscis

Piscis casi siempre tiene problemas en los ojos o patologías de la vista o sufre problemas con los pies, – aún cuando pueden negarlo con vehemencia. Pero si conduces un interrogatorio atractivo, riguroso y astuto con ellos, seguramente se encontrarán con que la realidad es distinta de la que ellos afirman. Tarde o temprano los nativos de Piscis admiten que tienen un juanete; o que sus pies les duelen, por algún problema (de hecho, podría ser cualquier problema); que tienen o tuvieron quemadas o heridas o fracturas en las extremidades inferiores de su cuerpo; o uñas enterradas; o tal vez puedan apenas soportar llevar zapatos, etcétera.

En cuanto a los problemas de los ojos, el Piscis típico seguramente los negaría, pero si llevaran a cabo un acercamiento cauto y le preguntaran – por ejemplo – si es que alguna vez han tenido 'un ligero estrabismo venusino en su adolescencia', muchos nativos lo confirmarían. Otras veces pueden encontrar a Piscis con un ojo más chico, o con una mancha de un color diferente en uno de sus ojos; o a gente parpadeando muy frecuentemente; tal vez nativos con una miopía exagerada, o una presión intraocular anormal. Algunos individuos de este grupo podrían reportar que una vez una astilla entró en uno de sus ojos; o que algunas gotas de ácido dañaron en algún momento sus ojos. Otros pueden reportar que sus ojos son hipersensibles, o que tienen fotofobia, etcétera. Piscis, como ustedes leerán en la sección que se le dedica a esa parte del cuerpo en este libro, también puede tener mucho que ver con el hígado. Desde el punto de vista psicológico, creo que junto con Tauro, también Piscis mantiene el record de las ansiedades, las fobias, las depresiones, el desánimo, y el cansancio de todos los tipos. También muestran una tendencia significativa a quejarse; pero también tienen una vocación a hacer el bien, a ayudar, a preocuparse y asistir a los demás. Por lo tanto, con no poca frecuencia, el Piscis típico es una especie de 'monja' que asiste y se queja al mismo tiempo.

Sol: un 'planeta' de fuego, regente del signo Leo. Al sol le toma cerca de un año completar una órbita completa (visto desde la tierra) y por lo tanto su avance diario es aproximadamente un grado. Representa el concepto masculino, junto con la luz, el calor, lo seco, la acción, la voluntad, la fuerza centrípeta – en pocas palabras: todo lo que los orientales incluyen en la noción del *yang*. Desde un punto de vista psicológico, el sol simboliza el *ego*, la lucidez racional. Estudiar su posición en una carta natal nos permite clarificar la dirección en la que el nativo se mueve; cuales son sus objetivos básicos; cual es su grado de determinación con respecto a su destino; de qué naturaleza es su libido, y con cuánta libido puede contar el nativo – cuando hablo de libido me refiero a la energía física sin distingos del nativo. En términos sociales, el rol del Sol corresponde a la figura de la cabeza, en el más amplio sentido del término. Esto incluye la noción de un comandante, un gerente, la cabeza de un hogar, el presidente de un pueblo, el capo de un cártel de la Mafia, un líder político, etc... Los individuos nacidos con un Sol fuerte en su horóscopo – por ejemplo en conjunción con el Ascendente y bien aspectado con Marte o Júpiter – tienden a dominar, a surgir de la masa, a ocupar cargos prestigiosos. Las siguientes son las palabras clave de este astro: grandeza, expansión, triunfo, generosidad, integridad.

Si está mal aspectado y es dominante, el Sol puede dar pie a la presunción, el orgullo, el egoísmo, la indiferencia por los propios vecinos, la exageración, la arrogancia, la tiranía, la vanidad y/o el exhibicionismo. El periodo de la vida que corresponde al Sol es entre los veinte y cuarenta años de edad. Este astro también está ligado al mundo del entretenimiento, el cine, el teatro, los juegos, el ocio, la creatividad, la educación y los hijos. Desde el punto de vista médico, se relaciona con el corazón, el cerebro, la columna vertebral y la vista. En una carta natal el Sol también es el indicador del padre, hermano, hijo, abuelo.

En una carta femenina simboliza el principio masculino (animus) al igual que a la pareja de la nativa en la esfera afectiva. Las personas nacidas con el Sol cerca del Ascendente suelen tener extremidades largas, ser gente delgada con cabello oscuro y grueso; visten bien, tienen proporciones elegantes, y generalmente atractivas. El metal que corresponde al sol es el oro; su color es el naranja claro.

Luna: un 'planeta' de agua, regente del signo Cáncer. La luna da una vuelta completa al Zodiaco en cerca de 28 días. A la luz del conocimiento actual, la astrología puede explicarse como una emanación del principio de sincronicidad que considera al macrocosmos en relación análoga directa con el microcosmos, de modo que los astros y los hombres son las imágenes reales y simbólicas en un espejo.

En su nacimiento, la astrología fue el resultado de las aplicaciones más arcáicas del principio de causa y efecto. En ese contexto, está claro que el rol de la luna siempre ha sido de principal importancia en el proceso de identificación de las correspondencias entre el ser humano y los astros. Mutable físicamente, la luna ha atraído la atención del hombre debido a su proximidad relativa a la tierra y por la velocidad con la que orbita a su alrededor.

Además, algunas manifestaciones del mundo físico terrestre están claramente relacionadas con sus movimientos, y los antiguos no pudieron evitar notarlo. Sólo piensen en las mareas y en el ciclo menstrual – el cual incluso la ciencia moderna ha reconocido que de algún modo está ligado a la influencia de nuestro satélite natural.

Las siguientes son las características fundamentales de este astro desde el punto de vista astrológico: feminidad, pasividad, oscuridad, sensibilidad, movilidad, fertilidad, pereza, inestabilidad, arbitrariedad. Concuerda con el precepto oriental del yin, es decir, el principio femenino del universo – opuesto al masculino, el yang, el cual es representado por el sol.

Una persona marcada astrológicamente por la luna tiene seguramente una naturaleza romántica. De hecho la Luna ha conservado su halo mágico y romántico, incluso después de que los primeros astronautas alunizaron en ella, encontrandola desertica y polvosa. Sin embargo hoy aún mucha gente envía sus pensamientos hacia ella con la misma emoción que lo hacian los antiguos chinos adorando a la diosa Kwan-Yin.

La posición de la luna en una carta natal es muy importante – al menos tanto como la posición del ascendente y la del sol – principalmente porque echa luz sobre la personalidad, de naturaleza inconsciente, del nativo (como ya lo explicó el astrólogo W.J.Tucker), contraria a la individualidad y el temperamento del nativo: la primera conectada a la relación del nativo con su propio superconsciente y el segundo, con su consciente (aún de acuerdo con Tucker). En la carta natal de un hombre, la luna representa el anima, por ejemplo el principio femenino. Lo que también les provee a ustedes información sobre las fuerzas inconscientes del nativo. La luna también representa a la esposa y/o la madre. Así pues, al determinar su posición en la carta natal, ustedes pueden obtener información de la esposa y/o la madre del nativo. En cuanto a la etapa en la vida humana, corresponde a la infancia. También está unida a los conceptos de familia, padres, nacimiento, lactancia, maternidad, privacidad, sugestión, encanto, influencia, multitud, popularidad, país, y hogar.

Desde un punto de vista médico está conectada al estómago, al pecho y a desórdenes relacionados con los ciclos (epilepsia, problemas menstruales, etc). Hablando profesionalmente, este astro está sintonizado con la arquitectura, la ginecología, los análisis históricos, las instituciones del estado, el cuidado de los niños, y la familia. Los individuos nacidos con la luna en su ascendente suelen tener aspecto linfático y tener cara ovalada, una manzana de Adán bastante pronunciada, piel pálida, y músculos débiles. El metal correspondiente es la plata; el color, el blanco.

Mercurio: un planeta de tierra, regente de Géminis y Virgo. Mercurio tarda cerca de un año en dar una vuelta completa del zodiaco. En la mitología griega Mercurio era el mensajero de los dioses, el informante de Júpiter, el alcahuete en las aventuras galantes del señor del Olimpo. Su rol era el del gregario, del canjeador, del mediador, de la interfaz. Corresponde con el (sucio) Pepito de los chistes de la infancia: un chico astuto que hacía permanentemente trampas, bromas, comentarios ingeniosos, picantes y maldades. Es el metal líquido que, debido a su condición física, corre por cualquier superficie en que lo pongan y es por lo mismo 'elusivo'.

En sus cualidades más positivas, mercurio corresponde con las habilidades oratorias, la inspiración, la inventiva, la versatilidad, la habilidad para improvisar, la destreza física y mental, la prontitud de reflejos, una mente abierta hacia los estudios, la habilidad para aprender lenguas, un talento resolviendo rompecabezas, crucigramas, acertijos, enigmas. Por otro lado, en su parte negativa, puede conectarse con la superficialidad, la duplicidad, el engaño y el fraude. Estimula conocimiento enciclopédico aunque superficial, haciéndole difícil al nativo ahondar en el entendimiento del conocimiento.

En un nivel social, corresponde a los hermanos, los primos, los amigos, los socios. El periodo de la vida que se identifica con Mercurio es la edad entre el momento en que el niño empieza a hablar (y muestra por lo tanto sus primeras trampas) y el de la pubertad. Los comercios y ocupaciones profesionales que son más adecuados para un individuo mercuriano son los de periodista, orador, escritor, empresario, traductor, relaciones públicas, chofer, transportista, intermediario, político, animador, publicista, etc...

Desde el punto de vista médico, está relacionado con los pulmones, los brazos, la lengua y el tracto respiratorio. Los individuos que tienen un Mercurio prominente en sus cartas natales suelen fumar mucho; esto es un verdadero peligro para ellos, que son naturalmente inclinados a las enfermedades pulmonares.

El sistema nervioso es otra de las debilidades de estos nativos. Los individuos nacidos con mercurio en su ascendente suelen ser un poco más altos que el promedio. Normalmente tienen piel más bien oscura; ojos vivaces y brillantes; y son en general agradables, placenteros, y de comportamiento afable. Su metal es el mercurio, su color el amarillo.

Venus: un planeta de aire, regente de Tauro y Libra. A Venus le toma cerca de un año y medio dar la vuelta completa del Zodiaco. Representa al amor, el afecto y las relaciones en general; la simpatía, la ayuda, la diplomacia, la cortesía, los buenos modales, el savoir-faire; los ornamentos, el vestido, la decoración, la estética; el mobiliario, el dibujo, la pintura y las artes en general. La belleza, la elegancia, el encanto y la sensibilidad. Junto con Júpiter, Venus es el planeta de la gratificación, la abundancia, y la 'buena suerte'. Cuando Venus está bien aspectado en una carta natal, anuncia un desarrollo color de rosa de la existencia del nativo y una secuela de 'manos benditas' en las áreas identificadas por la casa natal que lo hospeda.

A la inversa, cuando está mal aspectado puede indicar problemas emocionales y de salud, al igual que problemas debidos a los excesos en los que el nativo se complace. Si este astro es particularmente fuerte en una carta natal, significa que una buena parte de las energías de la libido del nativo están enfocadas en la dirección de uno o más de los atributos de Venus. Por lo tanto el nativo se puede volver un aspirante a Casanova, un prostituto, un filántropo, un pintor, un decorador, un estilista, etcétera – depende de las otras energías expresadas en la carta natal. Los oficios relacionados a Venus son los de cantante, músico, showman, estilista, barbero, masajista, especialista en belleza, sastre, cocinero, artesano, narrador, diseñador, etc… La edad que le corresponde es la que sigue de la pubertad, cuando los jóvenes se acercan al misterio del amor.

Desde el punto de vista médico, está conectado con la garganta, la tiroides, y la sangre. En una carta natal, Venus es el indicador del ser amado, novias, hijas, pero también representa a obras de arte, fiestas, etc… Los individuos nacidos con Venus cerca del ascendente tienen tendencia a ser bien parecidos, bien proporcionados, agradables, amistosos y encantadores.

En contraste, cuando está mal aspectado, Venus frecuentemente implica que el nativo se ve como sea menos agraciado estéticamente. El metal correspondiente es el cobre; los colores son azules y rosas.

Marte: un planeta de fuego, regente de Aries y Escorpio. Marte se toma cerca de dos años en dar la vuelta completa del Zodiaco. Representa todo aquello que sucede dentro (y al rededor) de una energía manifiesta. Esto puede incluir hervir agua; un rayo pegándole a un árbol; un motor funcionando a pesar de la torsión contraria, una flecha penetrando la carne de un venado; un herrero pegándole al acero al rojo vivo; un hueso fracturado; una grulla alzando el vuelo; tijeras cortando, etcétera.

Los antiguos, en parte por verlo brillante, adoraban a Marte como al Dios de la guerra. Mejor que cualquier otro, el Dios Marte representa la fuerza, la lucha, la tensión, la competencia, la voluntad, el carácter, la determinación, la energía, la agresividad, la violencia, el rompimiento, el accidente, la herida, el dar muerte, la acción, la pasión, y las órdenes que requieren acción inmediata. Los antiguos lo consideraban un planeta maléfico, junto con Saturno. Hoy solemos rechazar tales etiquetas negativas por simplistas; por otro lado, nadie puede negar que este astro juega un rol concreto en la mayoría de las desaventuras humanas. El astrólogo estudia su posición en la carta natal para ver en qué áreas de la vida del nativo debe poner particular atención para evitar los daños que suele prometer. Si está en buena posición, Marte conlleva energía, voluntad, actividad. De otro modo, anuncia rompimientos, accidentes, peleas, disonancias. En su mejor expresión, puede dar valor, sinceridad y entusiasmo al nativo.

Los peores atributos de este planeta son la arrogancia, la intimidación, la crueldad. La edad que le corresponde es la madurez, la cual es al mismo tiempo la cima del poder y el inicio del decremento en la energía humana.

Los siguientes trabajos están relacionados con Marte: médico, cirujano, deportista, militar, carnicero, herrero, mecánico, policía, bombero, etc. Desde el punto de vista médico, Marte está relacionado con la cabeza, la cara, los órganos genitales masculinos, los glóbulos rojos, y el metabolismo. En una carta natal, puede también señalar al rival, al enemigo. Los individuos nacidos con Marte en el ascendente suelen ser fuertes, de espaldas anchas, con una nariz aquilina, y cabello corto y espeso. El metal correspondiente es el hierro; el color es rojo.

Júpiter: un planeta de Aire, regente de Sagitario y Piscis. A Júpiter le toma cerca de doce años el dar la vuelta completa del Zodiaco. Representa la más grande fortuna: abundancia, prosperidad, satisfacción, éxito, expansión, optimismo, elocuencia, buen humor, conformidad, justicia, orden social, autoridad; a los abogados y jueces, a la iglesia, al poder.

Desde un punto de vista psicológico, este astro simboliza la condición de satisfacción resultante del éxito, el cumplimiento del deseo. Júpiter tiene ciertos puntos de similaridad con el sol, siendo este último también una expresión de éxito, y cumplimiento.

Pero mientras que la expansión del sol debería ser considerada en dirección vertical, la expansión de Júpiter debe verse más bien en el plano horizontal, y – debería interpretarse como una 'expansión seguida de una relajación auto-complaciente'. En otras palabras, podemos decir que a diferencia del sol, en Júpiter hay un elemento de frenado que consiste en alcanzar un estado de saciedad (psicológica).

A nivel social, Júpiter personifica a los jueces, a los sacerdotes de alto rango, a los burgueses, a los políticos, y a los hombres de poder, aquellos que pueden dar y quitar su protección. Cuando el astro está bien posicionado en la carta astral, lleva al optimismo; le da al nativo confianza, apertura, y la voluntad para superar obstáculos.

Cuando está mal aspectado, en la mayoría de los casos anuncia tendencias hipertróficas en el nativo, el cual es estimulado a sobre-actuar en uno o más aspectos de su vida, con los subsecuentes daños obvios. El periodo de la vida al que corresponde este astro es la edad entre la madurez tardía y la temprana vejez. Los oficios conectados con Júpiter son: posiciones clericales, dirección de institutos, gobiernos, negocios, promoción, oficinas eclesiásticas, gerente de hotel,

chef en restaurants, etc... Desde el punto de vista médico, está relacionado con el hígado, los muslos, y los males que resultan de excesos alimentarios.

En una carta natal, este planeta también es el indicador de tíos y amigos influyentes. Los individuos nacidos con Júpiter en el Ascendente suelen ser altos, personas masivas con piel rojiza; tienden a ser joviales y exuberantes, fáciles de enojar. El metal correspondiente es el estaño; el color es púrpura/rojo.

Saturno: un planeta de Tierra, regente de capricornio y acuario. Saturno se toma aproximadamente veintinueve años en dar la vuelta completa al Zodiaco. Es el 'gran maléfico' de la tradición; sin embargo, los astrólogos le conceden a este astro al menos tantas virtudes como defectos.

Este planeta representa los conceptos de cristalización, condensación, corporación, polarización. Es el ánodo hacia el que convergen los pensamientos sueltos y desordenados; al cual también convergen las experiencias de la infancia en búsqueda de dirección, al igual que los sentimientos en búsqueda de paz.

Saturno es la vejez; es la sabiduría, la madurez, la racionalidad, el control, la censura; representa la medida, la frialdad, al mismo tiempo que la severidad, frugalidad, soledad, el sacrificio, los juicios, los obstáculos, el desgate. Está conectado también con las conquistas lentas y dolorosas; con las consecuencias de cualquier tipo de sacrificio; así como con la ambición. Todo lo que pasa por Saturno es el resultado del trabajo duro y renuncias dolorosas.

Tener a un Saturno 'pesado' en la carta natal significa tener una gran cruz que cargar, pero también significa ser capaz de alcanzar alturas poco comunes de crecimiento espiritual. De hecho, da el mayor grado de madurez por medio de los juicios. Saturno hace a los niños tan sabios como si fueran ancianos; les da paz mental que les ayuda a comprender la vejez.

En términos sociales, el rol de Saturno corresponde a la figura de un padre o abuelo severo; de un maestro anciano; de un guía espiritual, moral, e incluso práctico; de un científico, de un filósofo, de un ermitaño. Aquellos nacidos con Saturno en una posición dominante en su carta natal son llevados a racionalizar mucho; a suprimir sus propios sentimientos; a planear; a ser estrictos con ellos mismos y con otros; a confinarse y limitarse; a eliminar lo superfluo; a sonreír raramente, y sólo muy poco; a aislarse de los demás; a elegir el celibato. Aún en una posición natal prominente, aunque mal aspectada, Saturno da pie a la dureza, la insensibilidad, la firmeza, la crueldad. El periodo de la vida correspondiente es la vejez. Desde un punto de vista médico, está conectado a los huesos, dientes, al bazo y la vesícula.

Aquellos nacidos con Saturno en el Ascendente suelen ser individuos de estatura baja a mediana, delgados con bordes afilados y huesos salidos. Su cara, algunas veces melancólica y otras resuelta, siempre expresa un fondo de severidad. El metal correspondiente es el plomo; los colores son gris y verde oscuro.

Urano: un planeta de fuego, regente de Acuario. Urano da la vuelta completa al zodiaco en aproximadamente 84 años. Fue descubierto en 1781 por el astrónomo germano-británico William Herschel; por lo tanto la tradición no podía enseñarnos nada, ya que no era conocido antes de los eventos socialmente perturbadores que sucedieron en los tiempos de su descubrimiento.

El vacío de información en el cual Urano se impuso ante la atención de la astrología mundial fue pronto llenado con la 'claridad de expresión' con la que este planeta suele manifestarse. Bien podrías elegirlo para poner el buen ejemplo en la eterna discusión en pro y en contra de la astrología – su lenguaje expresivo es muy similar al del inconsciente individual y colectivo: es 'primitivo' y por lo tanto puede ser fácilmente entendido.

En contraste con la complejidad de Plutón, el cual posiblemente permanezca en las sombras por siglos, la claridad uraniana es cristalina. Este astro provee retroalimentación inmediata, aguda, directa, transparente y monovalente.

Urano está en sintonía con el principio revolucionario, con los cambios rápidos, con las acciones súbitas, con las elecciones radicales; con el individualismo, la originalidad, la excentricidad; con la tecnología, el progreso, la electricidad, el cine, la psicología, la psiquiatría, la astrología, la ciencia ficción, la aeronáutica, y el vuelo espacial.

Haber nacido con un Urano fuerte en la carta natal significa – frecuentemente – ser excéntrico, original a toda costa, tener vocación distinta; ser radical, absolutista, arrogante, incluso si se profesan ideales igualitarios y principios socialistas. El ciclo de Urano pasando por el propio horóscopo natal es de la mayor importancia, porque marca todos los puntos de quiebre significativos en la vida.

Desde el punto de vista médico, está relacionado al sistema nervioso, a ciertas glándulas, a accidentes y a operaciones quirúrgicas. El metal correspondiente es el uranio; su color es el verde azulado.

Neptuno: un planeta de agua, regente del signo Piscis. Neptuno completa un giro del zodiaco en 165 años. Fue descubierto el 23 de septiembre de 1846, en un observatorio de Berlin, por Johann Gottfried Galle y Louis d'Arrest, basado en predicciones astronómicas hechas por el astrónomo francés Urbain Jean Joseph Le Verrier.. Junto con Plutón , Urano, es considerado un planeta generacional. Esto quiere decir que puesto que permanece mucho tiempo en cada signo del Zodiaco, sus atributos positivos y negativos se extienden por generaciones enteras de seres humanos. Su elemento es el agua.

Esto podría implicar al agua de los océanos, sin límites, caracterizados por el caos, por la dilatación extrema, por lo ausencia de fuerzas de cohesión, por la transparencia que se vuelve turbia conforme bajas al fondo.

Neptuno es también el astro de la gran sensibilidad – normal y paranormal. Es el señor de esa zona fronteriza llamada 'tierra de nadie' que se extiende entre el genio y la locura; esa que corresponde a 'La hora del lobo' mostrada por el director de cine Ingmar Bergman; y es en estricta analogía con el tiempo en el que el invierno le deja el paso a la primavera.

Las siguientes son las palabras clave de este astro: dilatación, expansión, receptividad, pasividad, fertilidad, transferencia, olvido, sueño, imaginación, fantasía, confusión, caos, desorden, nebulosidad, oscuridad, misterio, traición, locura, genio, premonición, metamorfosis, fundirse con el colectivo, identificación con la multitud. Además, Neptuno es el indicador astrológico del misticismo y el sacrificio. La carta natal de muchas personas de fe, y de aquellos que viven para servir al bienestar humano, está frecuentemente marcada significativamente por Neptuno.

Cuando está mal aspectado, este planeta puede nublar la mente, quitar la voluntad del ego, desvanecer el carácter, inclinar al nativo hacia el vicio, y hacer a la persona esclava de las drogas, el alcohol, el cigarro, el sexo. Desde el punto de vista médico, está relacionado con el sistema linfático, los pies, las patologías motoras, y las discapacidades del sistema sensorial. El metal correspondiente es el latón; su color es el violeta.

Plutón: es el planeta regente de Escorpio – aunque los autores contemporáneos no están de acuerdo con respecto a su posición en cuanto a los elementos: ¿Fuego, Tierra, Aire o Agua? Plutón se toma aproximadamente 250 años en completar una vuelta del zodiaco. Su descubrimiento es muy reciente: el 18 de febrero de 1930, por parte del Astrónomo Americano Clide William Tombaugh. Sabemos muy poco de este planeta, porque muy pocos años han pasado desde que los astrónomos empezaron a lidiar con él.

Al igual que los otros planetas recientemente descubiertos, también la existencia de Plutón había sido indicada por los astrólogos que habían percibido su presencia en puntos clave de ciertos horóscopos cuya lectura mostraba huecos masivos. Tras su descubrimiento, los astrólogos recalcularon su posición zodiacal para estudiar su rol en las cartas natales de celebridades del pasado reciente.

Hoy en día, no todos están de acuerdo con su afinidad analógica, sin embargo la mayoría de los estudiosos creen que – al igual que su nombre mitológico –, también el planeta Plutón gobierna sobre la oscuridad y las profundidades, en todos los niveles, por lo tanto: el inconsciente, las pasiones ocultas, las energías sumergidas, los instintos animales; los conflictos que no salen a la superficie. La muerte, con todos sus atributos, es otra de sus emanaciones; sin embargo la muerte no debería considerarse como el final de todo, sino como un lugar de tránsito para la transmutación, para el renacimiento.

Por medio de Plutón se pueden alcanzar picos aparentemente inviolables, pero también se puede tocar el fondo de los abismos cuyo fondo no se ve. Con él pueden alcanzar el ascenso espiritual, pero también alcanzar el estado más siniestro de depravación. Como su energía es profunda, atávica, animalística, no siempre es posible controlarla. Así, una vez que abren la reja que la contiene, pueden ser sumergidos por ella. Muchos estados de fuerte tensión neurótica y psicótica, de perversidad e inhibiciones sexuales, están ciertamente conectadas con Plutón – el último planeta en ser descubierto oficialmente en nuestro sistema solar.

Cuando es fuerte y está bien aspectado en la carta natal, Plutón otorga gran energía, determinación, ambición, deseo de poder y capacidad para surgir, para efectuar actos que conduzcan al nativo a la inmortalidad histórica. Sin embargo, cuando está mal aspectado, Plutón es una fuente de depresiones y ansiedades serias, de profundos conflictos internos, de erotismo enfermo, y algunas veces de una voluntad criminal y destructiva. Igual que Neptuno, y de modo más pronunciado, la influencia de Plutón es más discernible en un nivel global.

Su presencia actual en el signo de Libra está caracterizando estos tiempos: serán recordados como la era de los grades actos de diplomacia, en la cual las naciones buscan soluciones negociadas a conflictos internacionales grandes y añejos. Estos son los años del acercamiento de los dos antiguos poderes, comunistas y occidentales. A nivel fisiopatológico, Plutón está conectado a los órganos sexuales y al ano.

2.
¿Porqué dos cartas pueden ser iguales?

Dejemos claro un asunto importante. Para poder demostrar – en hechos y no sólo en palabras – la verdad de mis declaraciones sobre dolencias específicas y/o condiciones patológicas vistas desde un punto de vista astrológico, les voy a presentar bastantes cartas.

Pueden pertenecer a cualquiera. Por obvias razones de privacidad, no voy a revelar ni su fecha ni su lugar de nacimiento. Si me es posible, tampoco voy a revelar su profesión o sexo.

Si alguien te dice que de hecho puedes recobrar los datos de nacimiento del nativo a partir de su carta natal, pues bien, eso es al mismo tiempo una verdad y una mentira. Permítanme explicarlo de inmediato con el siguiente ejemplo. Consideren dos niños, ambos nacidos el 18 de abril de 2004, a las 00:38 am.

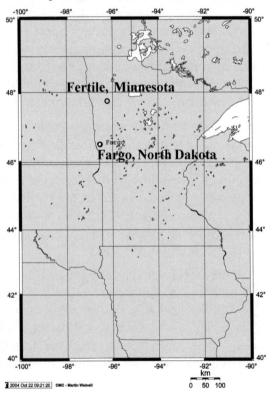

Uno nacido en West Fargo, North Dakota (longitud 96°58'W, latitud 46°53'N) y el otro en Fertile, Minnessota (longitud 96°17'W, latitud 47°32'N). Sus cartas natales se ven exactamente iguales – a no ser que consideremos los minutos de los grados,

Así que, si alguno de ustedes cree que de hecho reconoce a uno de sus amigos filipinos, Americanos o Rusos en cualquier carta que puse de ejemplo en las siguientes secciones, podría muy fácilmente estar equivocado – ya que, como pueden ver en mi ejemplo, los dos niños nacieron en dos estados distintos de los E.U: no muy cerca de la frontera, y en dos lugares bastante lejanos entre sí. De manera similar, podría demostrarles que la misma carta (siempre ignorando los minutos de los grados, los cuales no pueden verse en las cartas expuestas en este libro) puede pertenecer a cualquiera de otras dos personas, nacidas en momentos diferentes y en países diferentes. Dejo claro esto para beneficiar la privacidad de todos, y también por el bien de mi libertad de compartir casos reales para beneficio de todos los estudiantes de astrología.

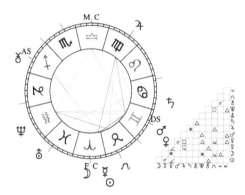

Carta natal de Bill; nacido en Fertile, Minessota el 18 de abril de 2004, a las 0:38 am
Sol: Aries 28°31'30.7392
Luna: Aries 13°20'55.1867
Mercurio: Aries 26°30'15.3107, retrógrado
Venus: Géminis 12°40'49.5495
Marte: Géminis 17°50'18.1029
Júpiter: Virgo 09°21'06.1712, retrógrado
Saturno: Cancer 07°49'56.2008
Urano: Piscis 05°40'46.2595
Neptuno: Acuario 15°09'36.1052
Plutón: Sagitario 22°05'09.6964, retrógrado
Nodo Medio: Tauro 11°58'14.6278, retrógrado
Nodo Verdadero: Tauro 11°13'25.3253, retrógrado
Lilith (Apogeo medio): Géminis 18°00'08.1953
Apogeo osculador: Géminis 15°53'04.8880
Quirón: Capricornio 26°00'19.0323

Folo: Escorpión 25°44'39.0334, retrógrado
Ceres: Cancer 19°57'38.5360
Palas: Tauro 26°25'02.5693
Juno: Capricornio 22°31'50.5462
Vesta: Piscis 00°48'34.7354
1ra Casa: Sagitario 18°10'02.3004
2da Casa: Capricornio 26°11'06.3262
3ra Casa: Piscis 10°17'33.3801
4ta Casa: Aries 15°53'45.0415
5ta Casa: Tauro 11°18'27.0692
6ta Casa: Géminis 00°51'56.7309
7ma Casa: Géminis 18°10'02.3004
8va Casa: Cancer 26°11'06.3262
9na Casa: Virgo 10°17'33.3801
10ma Casa: Libra 15°53'45.0415
11va Casa: Escorpión 11°18'27.0692
12va Casa: Sagitario 00°51'56.7309

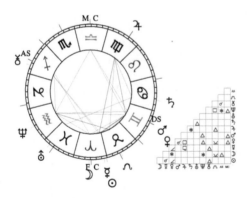

Carta natal de Mary Ann; nacida en West Fargo, North Dakota, el 18 de abril de 2004 a las 00:38am
Sol: Aries 28°31'30.7392
Luna: Aries 13°20'55.1867
Mercurio: Aries 26°30'15.3107, retrógrado
Venus: Géminis 12°40'49.5495
Marte: Géminis 17°50'18.1029
Júpiter: Virgo 09°21'06.1712, retrógrado
Saturno: Cancer 07°49'56.2008

Urano: Piscis 05°40'46.2595
Neptuno: Acuario 15°09'36.1052
Plutón: Sagitario 22°05'09.6964, retrógrado
Nodo Medio: Tauro 11°58'14.6278, retrógrado
Nodo Verdadero: Tauro 11°13'25.3253, retrógrado
Lilith (Apogeo medio): Géminis 18°00'08.1953
Apogeo osculador: Géminis 15°53'04.8880
Quirón: Capricornio 26°00'19.0323
Folo: Escorpión 25°44'39.0334, retrógrado
Ceres: Cancer 19°57'38.5360
Palas: Tauro 26°25'02.5693
Juno: Capricornio 22°31'50.5462
Vesta: Piscis 00°48'34.7354
1ra Casa: Sagitario 18°09'20.2662
2da Casa: Capricornio 26°51'29.0237
3ra Casa: Piscis 09°30'55.6738
4ta Casa: Aries 15°09'34.1735
5ta Casa: Tauro 10°48'42.3665
6ta Casa: Géminis 00°37'05.0591
7ma Casa: Géminis 18°09'20.2662
8va Casa: Cancer 25°51'29.0237
9na Casa: Virgo 09°30'55.6738
10ma Casa: Libra 15°09'34.1735
11va Casa: Escorpión 10°48'42.3665
12va Casa: Sagitario 00°37'05.0591

3.
El increíble 'misterio' del Hombre del Zodiaco

Esta sección trata de un tema que probablemente sea tanto la cosa más increíble del arte de Urania, como su realidad más asombrosa.
Me refiero a la relación que hay entre los doce signos del Zodiaco y las partes del cuerpo humano. Los orígenes históricos de esa relación son desconocidos, se perdieron en la niebla del tiempo.
Creo que es virtualmente imposible fecharla con exactitud. Seguramente su origen se remonta a un periodo muy anterior al nacimiento de Ptolomeo en el segundo siglo DC. Desde la perspectiva de un escéptico, esto podría resolverse bastante rápido.
De hecho uno podría argumentar que un día, algunos hombres primitivos con una imaginación muy fértil, subyugados por creencias supersticiosas, decidieron relacionar una parte del cuerpo con cada signo del Zodiaco. Empezaron con la cabeza, relacionándola con el primer signo del Zodiaco, Aries. Siguieron con el cuello y la garganta, relacionándolos con el segundo signo, Tauro. Continuaron con los pulmones y Géminis...
Ok, esto es tan sencillo que incluso un idiota podía haberlo hecho. ¡Ah, pero hay un pero! Y un *pero* importante – la posición funciona, ¡ciertamente funciona! Este es precisamente el 'misterio increíble' y la 'sorprendente realidad' a la que me estaba refiriendo.
Si tan sólo se tomaran la molestia de estudiar aunque fuera sólo una pequeña fracción de parientes, amigos y colegas, incluso los ciegos o nuestros adversarios más cerrados verían con certeza que el Hombre del Zodiaco es un hecho absoluto, indisputable y espectacular. Por supuesto, el misterio sigue ahí.
¿Cómo es posible que las áreas de nuestro cuerpo estén de hecho conectadas, una después de la otra, únicamente, y siguiendo exactamente la misma secuencia, que los doce signos del Zodiaco?
Nadie puede responder, pero cualquier cerebro pensante puede verificar la asombrosa verdad que yace detrás de esta simple regla. A continuación la secuencia exacta:

Aries: la cabeza con sus órganos y enfermedades correspondientes – sinusitis, migrañas, neuritis, otitis, neuralgia trigeminal, artritis cervical, etc.

Tauro: la garganta y el cuello con sus enfermedades correspondientes – amigdalitis, problemas con las cuerdas vocales, ronquera, con la tiroides o problemas respecto a la relación personal con la comida, etc.

Géminis: los pulmones y el tracto respiratorio con sus patologías – neumonía, bronquitis, enfisema pulmonar, silicosis, etc.

Cáncer: el estómago y el pecho con sus enfermedades relevantes – gastritis, úlceras gastroduodenales o gástricas, reflujo del esófago, hernia hiatal, quistes de mama, deformidades del pecho, etc.

Leo: el corazón y la espina dorsal con sus patologías correspondientes – infarto al miocardio, problemas de la válvula cardiaca, hernia de disco de la columna, escoliosis, etc.

Virgo: el intestino y las manos con sus enfermedades correspondientes – estreñimiento, colitis, llagas en las manos, etc.

Libra: riñones y vesícula con sus enfermedades – piedras de riñón, falla renal, exceso o ausencia de orina, etc.

Escorpio: los genitales, el sistema reproductivo masculino y femenino, el ano y sus enfermedades correspondientes – enfermedades venéreas, problemas uterinos, en los ovarios, ciclo menstrual anormal o patológico, problemas con los testículos, la próstata, hemorróides, lesiones anales y otras anormalidades, etc.

Sagitario: Los muslos, las caderas, el hígado y sus enfermedades correspondientes – problemas para caminar, tendencia a fracturarse algunas áreas, enfermedades hepáticas, etc.

Capricornio: huesos y rodillas en particular, con sus desórdenes correspondientes – problemas con los meniscos, fracturas frecuentes de huesos, etc.

Acuario: tobillos y enfermedades relacionadas – dislocaciones, fracturas, etc.

Piscis: los pies y sus enfermedades – hallux valgus, uñas encarnadas, pie plano, pies particularmente llagados, fracturas y quemaduras en los pies, etc.

Déjenme repetirles nuevamente que todo esto es de verdad asombroso, especialmente cosiderando que las analogías recién mencionadas funcionan de modo ¡verdaderamente espectacular!

Hasta Leonardo da Vinci estaba convencido de ello. Es por eso que en su mural La última cena pintó la realidad de la astrología. De hecho, cada uno de los doce apóstoles personifica un signo.
Es más, los apóstoles están situados en grupos de tres al rededor del sol (Jesús). Y para enfatizar todavía más lo que quería expresar por medio de su arte, Leonardo pintó a Bartolomeo(el doceavo apóstol, relacionado con el doceavo signo del zodiaco, Piscis) con sus pies evidentemente debajo de la mesa.

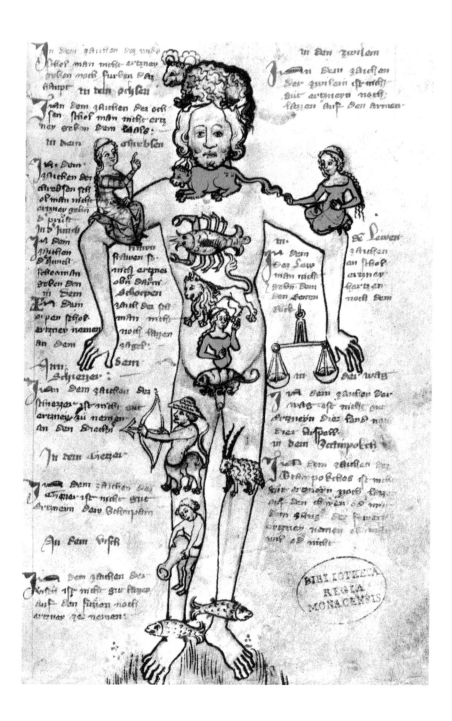

FUNDAMENTOS DE ASTROLOGÍA MÉDICA

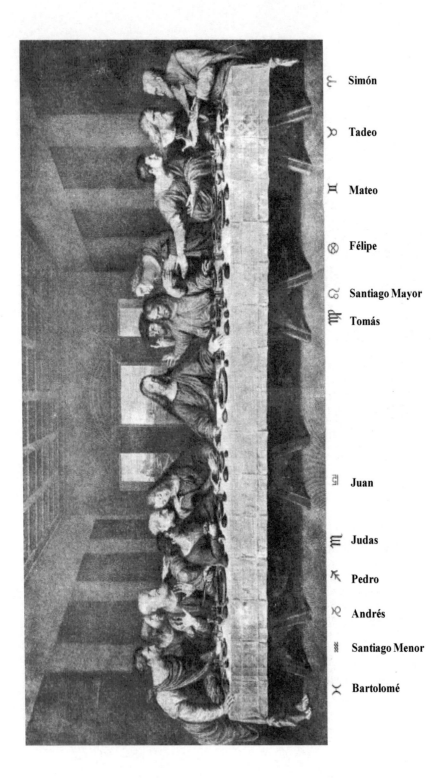

♌ Simón
♑ Tadeo
♊ Mateo
♉ Félipe
♋ Santiago Mayor
♍ Tomás
♎ Juan
♏ Judas
♐ Pedro
♓ Andrés
♒ Santiago Menor
♈ Bartolomé

4.
La astrología médica con referencia a la 'Astrología Mundial'

Breves notas introductorias

No teman – no estoy dispuesto a lanzarme a un tema en el que declaro mi notable (y voluntaria) incompetencia. A diferencia de mi gran maestro, el astrólogo francés André Barbault, que ha estado lidiando con astrología mundial mucho más que con astrología individual, y ha escrito textos extraordinarios sobre la primiera.

No, no deseo hablar de astrología mundial. Aquí subrayaré simplemente algunos puntos útiles, creo que pueden ser de ayuda para situar el tema de este libro dentro del marco de la 'astrología mundial'. Por favor observen con cuidado las tres gráficas de más abajo. Muestran el Índice Cíclico Planetario (ICP – explico el índice en mi *Nuovo Dizionario di Astrología*, publicado en Italia por la editorial Armenia).

Cada gráfica muestra el ICP a lo largo de un siglo: la primera el siglo XV, la segunda el XX, y la tercera el XXI. Muy bien, consideremos cuatro picos negativos particularmente significativos en el valor del ICP. Como ustedes pueden ver, una caída notable ocurrió cerca de 1492 (inmediatamente después de una subida abrupta): el año en el que Cristobal Colón 'descubrió' América.

De algún modo, ese mismo año el mundo no sólo dio un enorme paso hacia adelante con ese evento histórico. De hecho, también se registró una de las epidemias más espantosas de la historia: la propagación mundial de sífilis. Hasta en nuestros días, los historiadores especulan si fueron los europeos los que le contagiaron la enfermedad a los indios, o viceversa.

De acuerdo con ciertos investigadores europeos, los Indios fueron responsables de la infección: de hecho, ellos estaban supuestamente acostumbrados a la sodomia (con llamas).

Tal vez, tales hábitos sexuales constituyeron el vehículo principal de la infección. Lo que sea que haya ocurrido, el hecho es que hubo una enorme propagación de la temida enfermedad a partir del mismo año 1492.

Si ustedes consideran ahora la curva de ICP en el siglo pasado, pueden notar dos caídas muy significativas. La primera se refiere al periodo entre 1915-1918, y la segunda sucedió al rededor de 1982-1983. Ahora bien, si le preguntas a una persona común qué pasó entre 1915 y 1918, incluso el más educado les dirá: *La primera guerra mundial que causó millones de bajas*. De hecho la imaginación colectiva nos hace ver solamente la guerra, como un evento sumamente temible y repulsivo.

Pero si ustedes fueran más críticos, y procedieran usando la lupa del investigador que no se detiene en los detalles superficiales de las cosas, tal vez recordarían que en esos años también hubo una epidemia llamada la gripe española – uno de los peores flagelos de todos los tiempos.

La gripe española causó entre veinte y sesenta millones de muertos: más mortífera, por mucho, que la guerra misma. No hay necesidad de llamar a una gitana para adivinar de qué se trata el siguiente vado, corresponde a cuando empezó a esparcirse a nivel global – El SIDA (que empezó precisamente entre 1982-1983).

Ahora consideremos el siglo actual. Lo que ustedes pueden ver es que estamos en el medio de una aguda caída del ICP (entre 2003 y 2013) – la cual André Barbault había señalado con décadas de anticipación. Pues bien, de acuerdo a muchos esto indicaría una escalada del terrorismo en el mundo, al igual que la guerra de Irak. Yo personalmente y humildemente no creo en eso para nada.

No lo creo porque los números simplemente no cuadran. De hecho, incluso si los terroristas fueran capaces de producir cientos de bajas cada día; e incluso aunque las "bombas inteligentes" de los americanos fueran capaces de balancear la cuenta; e incluso si una planta de energía nuclear fuera golpeada – incluso así estaríamos muy lejos de los 20 a 50 millones de muertos a los que se refiere el pico de 1915-18.

Desgraciadamente, creo que la verdadera bomba ya fue detonada. Ésta ha estado quemándose en una explosión lenta contínua e irrefrenable al menos hasta el 2013. Es la bomba de nuestro planeta tierra y de todos sus habitantes, que durante siglos de locura colectiva han estado eructando todo el veneno que había estado previamente guardado.

Por ejemplo, sólo consideren las desquiciadas políticas económica, agrícola e industrial que se han estado desarrollando estos años, con un desprecio total por los principios más básicos de la ecología.

El resultado es obvio para todos. Pero quería subrayarlo para ustedes, según mi punto de vista que expliqué una vez en un artículo publicado por mi revista *Ricerca '90*. No lo juzguen como una visión apocalíptica, porque mi *Astrología Activa* les ofrece un modo de defenderse – en parte – rechazando que la única alternativo es sucumbir.

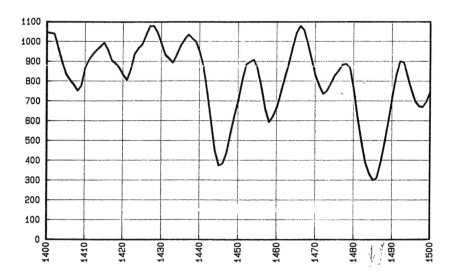

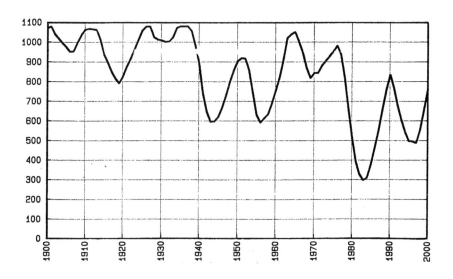

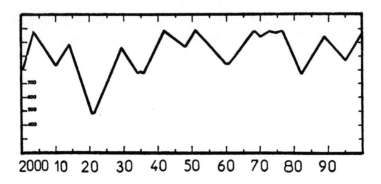

EL PROBLEMA DE LA SALUD

(Aún cuando está súper distante del tema tratado en la sección anterior, este texto está estrictamente conectado con lo recién expuesto – el lector pronto entenderá porqué.)

Este breve informe busca identificar lo que considero ser la situación actual de la salud en este planeta y de la especie humana que vive en él. Les recomiendo que lo lean con amplio criterio. No se refiere a ningún individuo en particular – no habla de Jaime o Jorge o de mí, ni de mi hija de 19 años, ni del presidente de ningún país, ni del líder de la oposición.

Se ocupa de toda la humanidad – nadie está excluido – desde los niños hasta los adultos mayores. Debo admitir que lo que diré a continuación puede parecer alarmante e incluso angustiante. Sin embargo es mi convicción que puede tener algún uso práctico. Si no fuera así sólo sería un lamento generalizado hecho para empujar a la gente hacia la depresión y el suicidio. Por el contrario, en la perspectiva de la *Astrología Activa*, lo que intento lograr es la meta opuesta: por ejemplo proteger la vida de la gente.

El alcance de esta disertación mía es estimular la reacción de los lectores, llevarlos a poner en práctica los recursos que cada uno de ustedes considere útiles y apropiados para la mejora de su propia salud.

En este punto debo dar un paso atrás, empezar desde una cifra objetiva como preámbulo. ¿De qué cifra objetiva estoy hablándoles? Escribo estas líneas en junio de 2003. He estado practicando los Retornos Solares Dirigidos (RSD) ya desde hace 33 años. Calculo – y es una aproximación defectuosa – que hasta ahora he 'mandado' al menos a 16,000 personas (digo diez y seis mil) a pasar su cumpleaños dirigido en algún lugar, lejos de sus casas, en el sitio más apropiado. Los resultados de esta práctica serán discutidos en breve. Hace tres años... Hace tres años ya había mandado a muchísima gente (aproximadamente doce mil personas) a pasar su cumpleaños en los lugares más adecuados.

Bueno, pues esta porción nos muestra que para doce mil sujetos que partieron para su cumpleaños dirigido durante treinta años de esta práctica astrológica, solamente supe de un sólo caso (uno sólo) de una joven mujer que reportó un evento dramáticamente negativo doce meses después de su RSD.

Ella es una mujer de treinta años, una buena amiga mía, de Roma. Después de su primer cumpleaños dirigido le dio un carcinoma de mama; un tumor muy difícil de tratar, y en un estado tan avanzado que sólo le quedó someterse a una operación de mastectomía total.

Frente a dicha tragedia yo estaba perplejo. Primero pensé que la hora de nacimiento estaba mal. Luego revisé los documentos, los testimonios de la mujer y su carta natal, y llegué a la conclusión de que la hora de nacimiento estaba bien. La falla de la que sospechaba no estaba ahí. Por otro lado, creo que no cometí ningún error metodológico al elegir el sitio correcto para el cumpleaños de esa mujer.

Mantengo esa misma opinión hasta hoy en día. De cualquier modo, las estadísticas estaban de mi lado con la abrumadora cifra de 12,000 personas a lo largo de 30 años de Retornos Solares Dirigidos que reportaron eventos positivos en sus vidas los siguientes doce meses, contra un sólo caso de error. Esto podría querer decir sólo una de las siguientes posibilidades: quizá nuestro Señor me ama tanto que me ayudó de un modo extraordinario; o mi método funciona.

Puesto que no creo que de verdad me merezca tal estima o benevolencia o protección de nuestro Señor, creo que la segunda hipótesis es la correcta: i.e. este método de verdad funciona. Seamos claros en esto, frente a ese único caso infructuoso no hice nada para cubrirlo en las noticias. Al contrario, le di amplia difusión.

El lector encontrará rastros de ese caso – obviamente omitiendo el nombre de la mujer así como sus datos de nacimiento – en internet, en mi boletín Ricerca '90, y en mis libros. Escribí sobre ese caso en todos esos medios simultáneamente. Si tuviera muertos en el armario, habrían sido fácilmente descubiertos.

Quiero decir que habiendo escrito públicamente de mi único caso de fracaso, aquel sobre una joven mujer, abogada en Roma, muchos otros 'muertos' habrían salido a flote. Lo más seguro es que alguien habría aparecido en Internet, donde todo el mundo tiene acceso, declarando que yo había olvidado mencionar al 'contador de Torino', o que había borrado el archivo del 'ama de casa de Cuneo', y enterrado 'el caso del arquitecto de Florencia', etcétera.

Sin embargo, les digo, tales posibles 'muertos en el armario' nunca han salido a flote, lo que indica con mucha certeza – y este es un punto fundamental – que las estadísticas mencionadas hace algunas líneas, son absolutamente verdaderas. En otras palabras, de más de doce mil individuos que viajaron hacia un cumpleaños dirigido hasta hace aproximadamente tres años, **he tenido solamente un caso de patología severa**. Luego escribí: – *Soy incapaz de explicar qué sucedió. Cuando sea capaz de hacerlo, y sólo si soy capaz de hacerlo, les explicaré porqué fue que las cosas se dieron de ese modo.*

Hagamos ahora un paso adelante hacia el futuro: Marzo de 2002. En Marzo del 2002 se me vino encima todo el mundo. En el lapso de unos pocos días cinco mujeres jóvenes de entre 40 y 50, a las que solía dar seguimiento astrológico, llegaron a mí con la noticia de que tenían cáncer.

Ahora bien, cuatro de ellas tenían Retornos Solares terribles y no querían viajar para una reubicación activa de su RS, aún cuando yo les había recomendado insistentemente hacerlo. Reconocieron mis esfuerzos al respecto. De hecho posteriormente recordaron que les insistí en que partieran, hasta el último minuto en que las escolté a la puerta; pero simplemente no me escucharon. Eventualmente el saldo fue cuatro tumores de mama y uno de garganta.

La quinta mujer partió hacia su cumpleaños dirigido. El día después de su cumpleaños, de regreso en Italia, los doctores le diagnosticaron el cáncer de mama que obviamente ella ya tenía, antes de viajar hacia su reubicación. Así que no estaba perturbado por posibles responsabilidades por mi parte, porque no había de hecho ninguna responsabilidad. Sin embargo estaba desconcertado y pensé: – en un lugar tan pequeño como mi consultorio, en un tiempo tan corto como diez días más o menos, de una población tan restringida como aquella a la que le brindo mis consultas, registré cinco casos de cáncer.

Esto significa que esa patología literalmente se está esparciendo a gran velocidad al rededor del mundo. Yo he estudiado estadística, y sé que ese no es el modo en que funcionan las estadísticas – aún así mi intuición me llevó a investigar.

Una angustia muy profunda me acompañó a lo largo de una investigación incesante. Evité fuentes de información inseguras como revistas de chismes o sitios web sensacionalistas. Obtuve cuidadosamente mis datos de fuentes primarias y originales tales como los mayores centros de investigación del cáncer en el mundo, entre las que se cuenta el portal de internet del National Cancer Institute (www.cancer.gov).

Es decir, el centro de investigaciones sobre tumores más importante del mundo, manejado por el gobierno de los Estados Unidos. También consulté el sitio web del oncólogo Umberto Veronesi y de otros institutos similares franceses – los cuales según mi opinión están en la vanguardia de las investigaciones y curaciones del cáncer – y muchos más.

Durante esos meses me enfoqué particularmente en el cáncer de mama. Envié un e-mail solicitando información a los centros más importantes de investigación sobre el cáncer en el mundo preguntándoles lo siguiente:

– *Estoy realizando una investigación. ¿Podrían decirme por favor cuántos casos de cáncer de mama han registrado anualmente entre 1980 y 2002 en mujeres de más de 50 años de edad?*

Todos mis mensajes recibieron una respuesta pronta y amable. Cada centro respondió según su propio lenguaje diciéndome que me podían dar la información solicitada, pero sólo hasta 1997.

Entonces tomé el teléfono y gracias a mis contactos pude llamar al oncólogo que se dedica a las estadísticas en el Hospital Pascale de Nápoles – un hospital especializado en la investigación y cura de tumores, y le pregunté:

– *Doctor, ¿por qué no hay datos disponibles después de 1997?*

Me respondió:

– *Ya sabe, la burocracia... las estadísticas... la epidemiología... normalmente vamos atrasados con los datos un par de años...*

Insistí:

– *Discúlpeme, señor. No han sido un par de años. Estamos hablando de un periodo de cinco años completos desde 1997 a 2002. Discúlpeme si insisto, pero no estoy preguntando cuantos casos se han registrado de remisión, mortalidad, complicación, metástasis y demás... No – simplemente estoy preguntando cuantos pacientes han entrado a su hospital, día tras día, en 1998, 1999, 2000, etcétera. Supongo que usted podría haber abierto un registro y leído: tres casos hoy, dos ayer, tres antier... Entonces con la calculadora de su escritorio podría haber sumado los números para darme un resultado final. ¿No me puede decir esa cifra?*

– No, no puedo

– ¿Y Porqué no puede, doctor?

– Ya sabe, la burocracia... la epidemiología... las estadísticas...

– OK doc, – le dije – ¡gracias por su ayuda, nos vemos!

Entonces empecé a creer – y sigo creyendo – que los datos que pueden conseguirse públicamente – son falsos. Por supuesto, mi investigación llegó más allá de los datos publicados (que creo falsos). Recogí testimonios de varios médicos – algunos padeciendo un tumor ellos mismos – y de algunos oncólogos que conozco personalmente. Suelen pedirme que apague mi grabadora, y entonces susurran: *– Le diré algo, ahora que su grabadora está apagada. Pero si lo publica lo negaré oficialmente.*

Cuando la grabadora está apagada, confiesan: *– Sí, estamos convencidos de que al menos en cuanto a las pacientes mayores de 50 años, la proporción no es una entre siete como en 1997; estimamos que la proporción es de hecho de una de cada 3 mujeres.*

Una de cada tres: esto significa que una mujer tiene cáncer y las otras dos podrían tenerlo muy pronto, dentro de los cuatro o cinco años o en el futuro cercano. Es un escenario impresionante.

Prosiguiendo mi investigación personal se me ocurrieron las causas que pudieron haber provocado dicha 'caída del muro de Berlín'. En este caso no son el capitalismo y la democracia los que están conquistando al mundo: es el progreso de su patología en la población médica en general de toda la raza humana.

Mi estimación, mi modo de razonar fue simple. Pensé: – Ha habido un enorme aumento de la contaminación en las últimas décadas; nuestras defensas inmunológicas se han caído – y el resultado es que la patología progresa.

Desde ese momento el cáncer ha sido como el rompimiento de una presa: cada día he estado recibiendo de dos a cuatro llamadas telefónicas de gente que conozco, diciéndome que tienen un tumor.

Pero además de los tumores, incontables individuos me reportan haber adquirido alguna otra patología: nódulos de la tiroides, celiaquía (intolerancia alimentaria, particularmente al gluten); alergias extremadamente molestas de la piel, los ojos, y respiratorias; hepatitis viral; otras patologías virales...

Además, según he sabido formas endémicas antiguamente erradicadas de tuberculosis, sífilis, y otras enfermedades infecciosas se están esparciendo nuevamente. Otras enfermedades 'nuevas' como el SARS han aparecido por primera vez – como ustedes sabrán, la que se contagió el invierno pasado fue sólo la primera ola: me temo que otras más llegarán.

Ha habido epidemias de Citomegalovirus, y otras enfermedades ocasionadas por un virus que puede ser inhalado del aire, y te confina en cama por un mes con fiebre por encima de los 40°C. Casos de astenia general le han dado a varias personas. La mitad de la población arriba de cuarenta años ha quedado estéril.

Innumerables hombres se enfrentan a la impotencia sexual antes de llegar a los cuarenta; en el mejor de los casos padecen de una caída significativa en el deseo sexual, en la fuerza física y demás. La lista de esta triste encuesta podría abarcar muchas páginas.

Eso sin mencionar las depresiones, los dolores de cabezas, los dolores reumáticos, etcétera. Todo sucede en dimensiones mucho más altas que hace una década.

Pero lo que necesitaba para probar este teorema era un dato objetivo, el cual eventualmente encontré. El invierno pasado, es decir a principios de 2003, se publicó un artículo primero en los Estados Unidos (Washington Post) y luego en Italia (Corriere della Sera), que informaba que un grupo de líderes ambientalistas americanos habían tenido una idea brillante.

Son gente que lidia a tiempo completo con problemas ambientales, son gente que sabe – entre ellos estaba la compañera estable de un líder ambientalista americano que ha estado alimentándose con dieta macrobiótica por los últimos 10 años.

Esta es su idea: Hasta ahora hemos monitoreado la contaminación *del basurero llamado La Tierra*; hemos examinado la contaminación en el agua, en el aire, en el suelo... pero nunca hemos examinado la contaminación *del basurero llamado Hombre*. Empecemos a hacerlo.

Entonces esta gente se sometió a un examen muy especial que puede llevarse a cabo sólo en unas pocas universidades del planeta. El examen se hizo en una de las universidades más prestigiosas de los Estados Unidos y costó 5000 dólares por persona.

El resultado fue que cada uno de ellos tenía en su cuerpo 101 sustancias altamente cancerosas, principalmente dioxinas, pero también cianuro, arsénico, plomo, mercurio, etcétera. El resultado fue exactamente el mismo para todos – incluyendo a la mujer que mantenía la ilusión de ser la más saludable por comer sólo macrobióticos.

Digo que era una ilusión, porque la pobre mujer cosechaba su propio arroz en el jardín de su propia casa al Noreste de Frisco, en esos bosques que pareciera que nunca acaban en donde se filmó la película Rambo, donde no hay ninguna planta industrial importante, donde no hay cables de alta tensión, y donde no hay contaminación atmosférica significativa.

Por supuesto, no usó ningún tipo de químico en su jardín, y no entendió cómo era posible que todas las veces que llovía su jardín se llenara de dioxina, cianuro, arsénico, plomo, mercurio, etcétera. ¿Qué podemos aprender de esto? Primero que cada uno de nosotros tiene las arriba mencionados 101 sustancias altamente cancerosas en nuestro cuerpo (con leves fluctuaciones individuales).

Segundo, que no podemos expulsarlas. Para darles una idea, el nivel de contaminación hoy en día es mucho más alto del que sufrieron las víctimas de la nube tóxica de dioxina en el desastre de Seveso. La gente solía ver esas imágenes en el noticiero de la TV en 1976, pero en nuestros días ya estamos más contaminados que esa pobre gente.

Así pues en breve esto es lo que pienso: creo que con tan espantosa contaminación en nuestro propio organismo, al menos a aquellos que tienen más de 50 años, aquellos que están entre los 55 y los 60 como yo – nos va a dar cáncer a todos. Todos – significa todo el mundo, cada uno hasta el último. Por otro lado también estoy convencido de que la ciencia médica ha hecho progresos notables, por lo tanto una buena cantidad de aquellos afectados por un tumor maligno se salvarán.

Ahora recorramos este camino nuevamente desde el punto de vista de la *Astrología Activa*. Si tienes en tu cuerpo una enfermedad que está ahí desde hace 10 años, un cumpleaños dirigido no puede protegerte al 100%. Podría protegerte, aproximadamente, 80 por ciento, y podría protegerte hacia el futuro, no del pasado.

Desde este punto de vista entiendo el caso de mi amiga de Roma, a quien probablemente le empezó el tumor tres o cuatro años antes. Su cáncer ya estaba ahí, y simplemente se había revelado durante un buen Retorno Solar. Creo que ese evento representó una contribución para su salvación, porque desde entonces salió cada año a un cumpleaños dirigido.

Ahora si recuerdo bien, está haciendo su cuarto Retorno Solar dirigido y está muy bien. Su estado de salud es bueno, y no ha recaído.

Es por esto que les sugiero a ustedes que tomen en cuenta la posibilidad de reubicar su Retorno Solar cada año. No sirve hacerlo cada dos años o periodos por el estilo. Mi segunda sugerencia es la siguiente.

Puesto que no pueden protegerse de patologías que ya existen, deberían poner en práctica un rango de medidas que considero útiles para defender su salud. Confíen en soportes como la medicina homeopática, las flores de Bach, la terapia pránica, la acupuntura, el Shiatsu. Cada quien encontrará su camino preferido. ¿Por qué no? Rezar también. Entonces rézale a los santos, rézale a los ángeles, rézale al profeta, rézale al Buda.

Algunas personas encontrarán una buena medicina en el amor. El amor es un fuerte antioxidante: cuando estás enamorado rara vez te enfermas. Otros encontrarán beneficios en los medios tradicionales de la ciencia.

Por ejemplo muchos de los doctores ya están convencidos que las dosis masivas de vitamina C y E, así como la melatonina, efectúan una fuerte acción antioxidante y pueden ayudar contra el cáncer. Recuerden, cuando pregunten: *Puesto que toda la comida está envenenada, ¿cuál es el modo adecuado de alimentarme?* Los mejores doctores responderán del siguiente modo; 1) come muy poco; 2) cambia cada día lo que comes. Pequeñas dosis de venenos distintos tomadas día a día dañan menos que el mismo veneno ingerido todos los días.

De acuerdo con este modo de ver las cosas, si comes queso mozzarella todos los días en grandes cantidades, probablemente morirás antes que otros que no comen de ese modo. De hecho ingerirías el mismo tipo de veneno todos los días, acumulándolo en tu organismo. Si comes tantito veneno de los vegetales; tantito de otro veneno de la pasta; o de la carne; o del pescado; etcétera... tienes mayores oportunidades de sobrevivir.

Otra consideración más o menos importante: recomiendo no pedir descuentos en las distancias cuando estén considerando un lugar adecuado para la reubicación activa de su Retorno Solar. De hecho no hay razón para ahorrar kilómetros cuando tienen que enfrentar a un enemigo tan terrible. Lo que deberían preguntarle a su astrólogo es – *¿Debo ir acaso a la luna para defenderme mejor? Porque si fuera posible, iría ahí*

En pocas palabras, los invito a todos ustedes a ser más agresivos en contra de los enemigos de los que estamos hablando: la contaminación y la enfermedad. Obviamente les recomiendo evitar especialmente esas toxinas que uno ingiere voluntariamente: cigarro, bebidas alcohólicas, drogas, píldoras y demás. Finalmente admito que confío en las generaciones más jóvenes, porque creo que el ser humano está experimentando un proceso de mutación genética. Las ratas se acostumbraron a las trampas envenenadas; ya no las matamos. Perdimos nuestra guerra en contra de ellas. Similarmente, creo que le ser humano está lentamente acostumbrándose al veneno.

Por desgracia el proceso toma mucho más tiempo en los hombres que en las ratas. Así que es probable que los niños de hoy vayan al doctor a la edad de 60 años con sus análisis de sangre y el doctor les diga:'Señora, su nivel de dioxina es demasiado alto; debe de hacer que baje', exactamente como un doctor de hoy en día dice 'Su glucosa está muy alta; debe de hacer algo'.

Desafortunadamente esto preocupará sólo a los niños del futuro. Nosotros, que estamos ahora arriba de los 50 o 60 años de edad, estamos demasiado expuestos. Así pues según mi opinión un Retorno Solar Dirigido no es una lámpara de Aladino, un peregrinaje a Lourdes, o una plegaria a los Santos.

Es uno de los respaldos más importantes; uno de los escudos más protectores que tenemos a nuestra disposición para cuidarnos de la enfermedad. Su eficiencia puede estimarse alrededor del 80% comparándolo con la amenaza. Estoy consciente de que el restante 20% de desprotección es terrible de cualquier modo.

Por otro lado, hay una diferencia evidente entre confiar en una protección del 80% y no confiar en ninguna protección. Desde un punto de vista astrológico, la falta de protección significa pasar tu cumpleaños en casa con el riesgo de tener posiciones astrales que, algunas veces, pueden ser realmente traicioneras. Es mi firme creencia que no podemos en lo absoluto, y digo en-lo-ab-so-lu-to correr ese riesgo.

Por lo tanto les sugiero que tomen medidas concretas en esa dirección, e.g. hacia la práctica de los cumpleaños dirigidos así como con respecto al *exorcismo del símbolo*.

Todavía en el tema de la salud – el cual espero que hayan leído con interés – quisiera darles otro consejo: no intenten para nada convencer a los escépticos de la validez de los Retornos Solares Dirigidos.

Muchos de mis estudiantes y una pareja de colegas míos obliga a sus padres de 80 años de edad a partir hacia su cumpleaños dirigido incluso si estos no creen para nada en esta práctica; esos familiares aceptan hacerlo, normalmente sometiéndose a angustias significativas, sólo por darle gusto a sus hijos.

En 1995, estudiando la situación astrológica de nuestra familia, llegué a la conclusión de que a lo largo del siguiente año perdería a mi padre y a mi madre. Aún así no hice nada para que ellos se fueran a su cumpleaños dirigido, porque ellos no creían en esta práctica. Así pues, este es mi exhorto: ustedes viajen, partan, y váyanse cada año.

Si también pueden hacer que sus hijos se vayan entonces háganlo, porque tienen una responsabilidad directa sobre sus propios hijos. No obliguen a nadie más sin embargo, ya que sería violencia mental, especialmente cuando tiene que ver con sus padres o individuos ancianos, si esas personas no creen en los Retornos Solares Dirigidos, entonces, eso es todo. Por supuesto que pueden consultar mi página web y mi revista Ricerca '90 para mantenerse al tanto de esta investigación en curso pues la considero un archivo temporal que debo actualizar regularmente. Mantendré a mis lectores informados sobre todas las noticias que pueden ser útiles para defendernos de las amenazas modernas.

¿Porqué tiene todo esto que ver con la validez de las predicciones en astrología?

Intentaré explicarlo en las siguientes líneas. Pero antes que nada debo hacer nuevamente énfasis en algo que he estado repitiendo por varios años ya.

Cuando evalúen la evidencia conectada con sus movimientos 'dirigidos', no deben olvidar considerar las variables implicadas. Nuestros oponentes históricos y viscerales no tienen la más mínima intención de incluir la influencia de los astros entre las variables implicadas.

En el otro extremo, nuestros partidarios más fanáticos y ciegos olvidan que existen varias otras variables implicadas, además de la 'influencia' de esos guijarros que están rotando sobre nuestras cabezas. En 1997 la TV italiana trasmitió un show en el que este tema fue parcialmente discutido. El 30 de marzo a las 23:45 el canal 5 trasmitió el programa titulado Corto Circuito, conducido por Daria Bignardi y Gian Arturo Ferrari.

El filósofo Giacomo Marramao, el sacerdote Roberto Colombo, el musulmán Gabriele Mandel, el biólogo Edoardo Boncinelli (con quien solía trabajar en el CNR de Nápoles, en 1967) y un escritor cuyo nombre no recuerdo participaron en el debate.

El tema era La clonación (o "El clonar" como el biólogo insistió en puntualizar). Fue un debate interesante, desde distintos puntos de vista. El temor (¿del hombre?, ¿de la iglesia?) de crear 'dobles' de seres humanos fue puesto sobre la mesa, entonces – afortunadamente – ese disparate fue inmediatamente puesto de lado. Sin embargo, los extremadamente cultos participantes olvidaron subrayar un detalle bastante importante, e.g. la relación entre los hombres y las estrellas.

Olvidémonos del tema del alma del ser clonado: no quiero decir que ese no sea un problema significativo. Simplemente quiero decir que nos llevaría a discusiones estériles, totalmente inútiles a un nivel práctico.

Entonces consideremos otros temas. Todos los participantes parecían más o menos convencidos de la existencia de dos variables fundamentales que de hecho impedirían la posibilidad de que dos seres humanos – sólo aparentemente similares, como por ejemplo dos gemelos monocigóticos – fueran absolutamente idénticos.

Las dos variables fundamentales de las que hablaron son: 1) el contexto genético, e.g. la información contenida en el ADN, y 2) el contexto histórico, dejando este último muy claro cómo los seres humanos son influenciados por las condiciones geográfica, económica, política, social, y cultural del tiempo y lugar en el que nacen y viven. En ese momento un pequeño coup de theatre sucedió. El biólogo, doctor Boncinelli trajo a la mesa una variable nueva, que según mi buen entender nunca había sido mencionada antes, en debates previos sobre el tema: cuando la nueva vida intrauterina se desarrolla, las conexiones entre las neuronas se llevan a cabo de modos totalmente aleatorios.

De este modo se determinaría por sí sola esa unicidad absoluta que caracteriza cualquier ser humano individual. Al biólogo no se le concedió suficiente tiempo para explicar su noción a profundidad; pero me parece que lo que quiso decir, desde su absolutamente válido punto de vista laico, fue que esa tercer variable es nada menos que el alma. Podemos llamarla alma o podríamos intentar definirla en un modo más específico y biológico; pero en pocas palabras el asunto es que existe una tercer variable implicada. ¿Y qué hay de las estrellas? Si de verdad queremos enumerar todas las variables implicadas, la astrológica es la cuarta variable, y tal vez no la menor – de hecho yo la considero la más importante.

Esta breve premisa presenta otra noción fundamental, conectada con las predicciones en astrología: la vigencia del lenguaje predictivo.

Doy un ejemplo. De todos los párrafos de este libro, consideremos aquel sobre Júpiter del Retorno Solar en la 3ra Casa. Entre otras cosas, pueden leer ahí que el sujeto se dedicará a escribir por un año, tal vez se enrole para cursos de cómputo.

Es más, sólo para proveer al lector de un ejemplo concreto: una mujer de más de 50 está en un trabajo intelectual y altamente calificado. Ha estado toda su vida odiando intensamente a las computadoras. Tiene un Retorno Solar en el que Júpiter está en la 3ra casa.

Empieza a tomar clases de informática e inicia la producción de una cantidad significativa de documentos con el procesador de textos MS–Word, mientras que había estado escribiendo a lo largo de toda su vida con pluma y papel hasta entonces.

Bien – creen ustedes que dentro de 50 años, ¿esto todavía será posible? Claro que no, pues todo el mundo empezará a escribir en computadora desde los primeros años de escuela elemental. Sin embargo el sentido básico no va a cambiar mucho. Tal vez una mujer de más de 50 empezaría a escribir novelas con Júpiter en la 3ra Casa del Retorno Solar.

Para ponerlo de manera concisa, el símbolo debe ser seguido en su expresión conectado con los tiempos y desarrollos culturales del hombre: la *biga* Romana de hace dos mil años corresponde al automóvil de nuestros días.

Del mismo modo podemos declarar que las reglas explicadas en este libro funcionan muy bien en la gran mayoría de los casos; pero deben leerlas con astucia.

De manera casi necesaria declaro que aquellas personas, que regularmente se embarcan en un viaje para sus cumpleaños, estaban virtualmente resguardadas en contra de cualquier enfermedad significativa que puede darle a un individuo a la edad de 50 o 60. Ahora bien, por las razones arriba mencionadas, esto ya no es cierto.

Sin embargo aquellos que se embarcan en un viaje para celebrar su cumpleaños de modo que, por ejemplo, Marte nunca caiga en la 1ra, 6ta, o 12va Casa del retorno solar, tienen muchas mayores probabilidades de sobrevivir que aquellos cuyo mapa del retorno solar tiene el Ascendente en la 1ra casa natal, o el Sol en la 6ta casa o un stellium en la 8va casa.

Como una demostración más de lo anterior, pongo los mapas de dos mujeres extranjeras pertenecientes a diferentes generaciones. La primera (fig. A) es la anciana. Tenía a Marte en Cáncer en la 1ra casa en el momento de su nacimiento. En su época, e.g. cuando era joven, con esa combinación astrológica se podía predecir sin ninguna duda – o mejor dicho, con un muy alto porcentaje de confianza – que ella caería seriamente enferma durante su vida, y que las partes de su cuerpo que fueran afectadas serían: su estómago y su pecho. De hecho esta persona tuvo un tumor de mama en una época en la que los tumores eran muy raros.

Ahora consideremos a la sujeto de la fig. B, la más joven. Fue recientemente víctima de la misma patología, pero – como pueden ver – no tiene ninguna característica astrológica específica similar a las de la otra víctima del tumor de mama. Por supuesto que pueden forzar la lectura, y declarar que esta última tiene el ascendente en Cáncer y la luna en conjunción con Marte; pero esa sería una interpretación forzada, porque yo podría enseñarles otros casos de jóvenes mujeres que tuvieron o tienen tumores en el pecho sin que sus mapas muestren la más mínima referencia al signo de Cáncer o a la Luna.

Nuevamente debemos llegar a la conclusión de que las predicciones pueden hacerse sobre todo si ustedes tienen una riqueza significativa de experiencia; y mientras más sea el astrólogo digno de pertenecer a la especie llamada Homo Sapiens, más confiables serán sus predicciones.

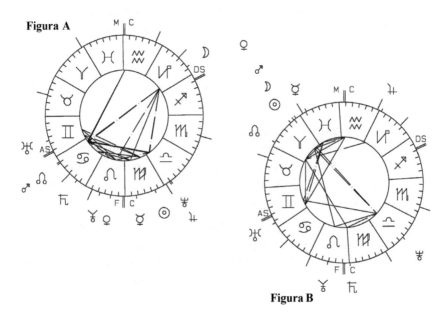

Figura A

Figura B

5.
Cefalea

Aparentemente, las cefaleas son algo muy común en la población mundial – especialmente entre occidentales – los dolores de cabeza deberían estar entre aquellos males sin características distintivas, desde un punto de vista astrológico.

Pero ese no es el caso en lo más mínimo. De hecho, en nuestro caso tenemos un estigma claro apuntando hacia una molestia que no puede considerarse algo leve, pues está en los primeros lugares del "salón de la fama" de los factores que ocasionan una mala calidad de vida. Sabemos que nuestro cuerpo usa el mecanismo del dolor para protegernos. De otro modo, ¿cómo podríamos saber instintivamente que no debemos acercarnos a un hierro al rojo vivo? Dentro del cuerpo humano se producen las llamadas 'endorfinas': sustancias similares a la morfina, pero fabricadas dentro de nosotros. Federigo Sicuteri fue el mundialmente famoso líder del *Centro Cefalea* de Florencia, Italia, así como primo del astrólogo y psicoanalista Roberto Sicuteri (ambos difuntos ya).

Federigo Sicuteri mostró piezas extraordinarias de conocimiento científico sobre la relación entre una baja producción de endorfinas en el cuerpo, y una cefalea crónica. Desafortunadamente, cuando intentó administrar endorfinas a pacientes con dolores de cabeza, tuvo que entender que eran más tóxicas y menos efectivas que la morfina.

Pero regresemos a los astros, ahora.

En la mayoría de los casos, pueden sospechar con certeza la presencia de cefalea en sus varias formas (dolores de cabeza, cefalea de racimo, migrañas, etc.) cuando detecten los siguientes elementos astrológicos en la carta natal de alguien:

- Elementos significativos de Aries (la presencia de la Luna en el signo puede ser suficiente),

- Elementos significativos en la 1ra casa – el sol en la 1ra, antes que nada,

-Marte, bien aspectado o también mal aspectado,

- La 6ta casa en Aries (incluso si solamente una porción de la casa ocupa el signo).

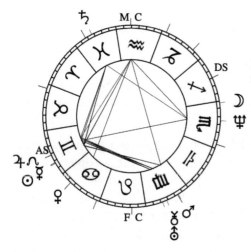

Ejemplo #1. El sol y un *stellium* significativo en la primera Casa.

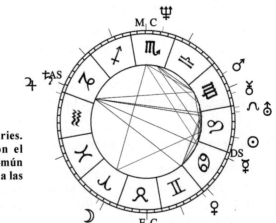

Ejemplo #2. La luna en Aries. Saturno en conjunción con el Ascendente, lo cual – por lo común – le da al nativo la tendencia a las enfermedades crónicas.

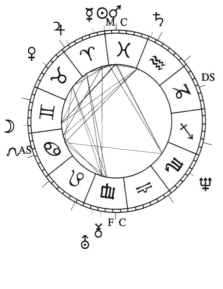

Ejemplo #3. El Sol y un *stellium* en Aries. Marte es extremadamente fuerte. Está en conjunción con el Sol y rige la carta, pero también recibe malos aspectos de otros elementos del mapa.

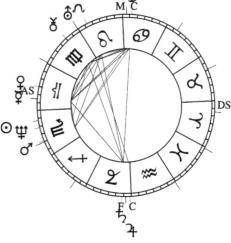

Ejemplo #4. El Sol y un fuerte *stellium* en la 1ra casa. Sexta Casa en Aries.

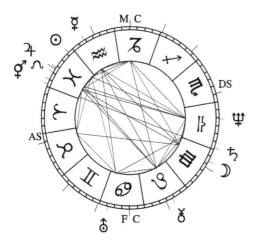

Ejemplo #5. Este es un caso que puede ayudarles también a rectificar la hora de nacimiento del nativo. La hora de nacimiento de la carta que pongo de ejemplo aquí fue recordada por la madre del consultante, pero no puede estar bien. Esta persona seguramente nació antes, porque su padre es Aries y porque siempre ha sufrido de migrañas muy fuertes.

Ejemplo #6. Nuevamente, es evidente que la hora de nacimiento de este consultante fue redondeada. Con el 'interrogatorio' usual con que empiezo cada sesión de consultoría, pude entender que esta persona sufre mucho de problemas con la vista, los ojos, los pies, así como de sinusitis y dolores de cabeza. Por lo tanto, creo que el Sol del nativo cae exactamente sobre el Ascendente.

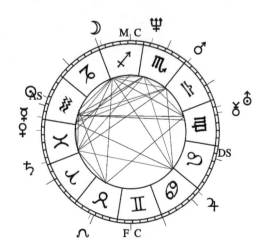

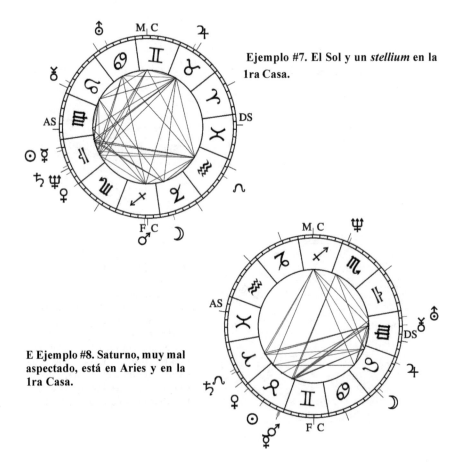

Ejemplo #7. El Sol y un *stellium* en la 1ra Casa.

E **Ejemplo #8.** Saturno, muy mal aspectado, está en Aries y en la 1ra Casa.

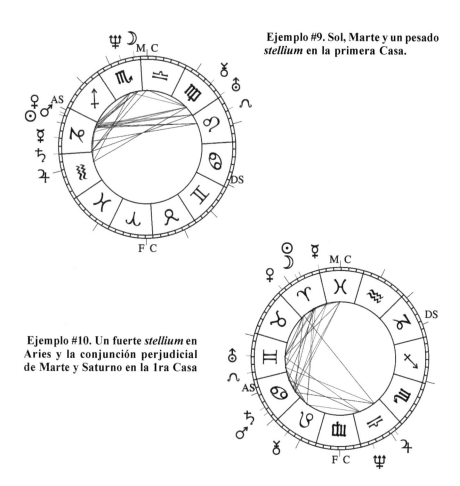

Ejemplo #9. Sol, Marte y un pesado *stellium* en la primera Casa.

Ejemplo #10. Un fuerte *stellium* en Aries y la conjunción perjudicial de Marte y Saturno en la 1ra Casa

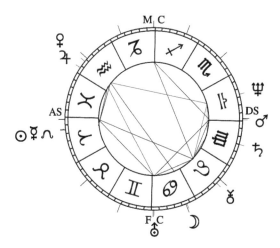

Ejemplo #11. El Sol, el Ascendente y Mercurio están en Aries. Sin embargo, consideren con particular atención el hecho de que el Sol está en la 1ra Casa – esto más que nada hace Aries al nativo más que cualquier otro aspecto de la carta natal. Consideren también al Marte regente en el Descendente.

Ejemplo #12. Marte mal aspectado en la 1ra Casa.

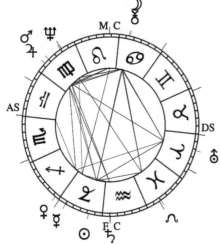

Ejemplo #13. Urano, muy mal aspectado, en la sexta Casa y en Aries.

Ejemplo #14. Giulio Andreotti. El político italiano nació con el Sol y un stellium en la 1ra Casa.

Ejemplo #15. Sigmund Freud. Nació con parte de su 6ta casa en Aries.

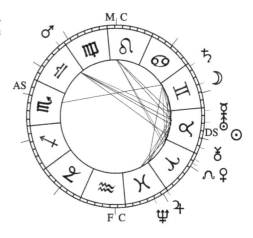

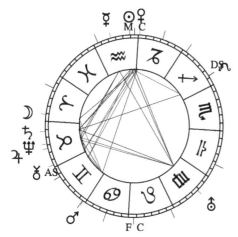

Ejemplo #16. Virginia Wolf. Nació con la Luna en Aries, y Marte en la cúspide misma de la 1ra Casa.

6.
La ceguera y otros problemas serios de los ojos

En relación con la ceguera y con los problemas más graves de los ojos y del sentido de la vista, creo haberme ganado el derecho a algún tipo de *copyright*.

De hecho, tengo entendido que ningún otro autor, antes de mí, ha escrito nunca que esos problemas están estrechamente relacionados con los signos de Piscis y Virgo, y con las casas doceava y sexta, así como con el planeta Neptuno. Mientras que en todos los libros en los que he estudiado (o en la mayoría de los mismos) podía leer que la conexión astrológica era con el Sol y la Luna (respectivamente, el ojo derecho y el ojo izquierdo) o con otras posiciones cuya correspondencia con este grupo de patologías, que yo, personalmente, no he podido constatar.

Sin embargo debo informar que Lisa Morpurgo una vez escribió sobre Júpiter y la segunda casa. Mi llorada colega astróloga escribió cosas de una importancia excepcional sobre la relación entre apariencia, visión, fotogenia, fotografía, televisión, cine, gráficos, etc., por un lado; y sobre la segunda casa y júpitaer por el otro. Eso es cierto, muy cierto. Sin embargo en mi experiencia, esto sólo tiene que ver con el carácter de la gente y con su estilo de vida, que transcurre positiva o negativamente – pero no con patologías. Déjenme explicarles. No hay duda de que aquellos que nacieron con Júpiter en su segunda casa, por naturaleza son personas extraordinariamente fotogénicas – incluso si júpiter está mal aspectado en su carta natal.

Uno puede tranquilamente afirmar que lo opuesto pasa con aquellos que tienen un Saturno excelente en su segunda casa natal. Si siguen el razonamiento, serán capaces de expresar juicios muy acertados incluso si no conocen personalmente a los individuos cuya carta natal están leyendo.

Por ejemplo, sin forzar la interpretación general de una carta natal, tienen la mayor de las posibilidades de dar en el clavo si afirman que una persona con un Saturno muy bien aspectado en su segunda casa podría haber sufrido – de joven – el fracaso en su gran interés por la fotografía, o el cine, o el teatro.

Todo eso es verdad. Es tan cierto como el evangelio y se lo debemos al genio de Lisa Morpurgo. Sin embargo, no tiene nada que ver con la ceguera, como demuestran con facilidad los siguientes ejemplos. ¿Pero porqué están involucradas la doceava y la sexta casa, y no otras? Bueno, primero porque por lo general se han consolidado una gran cantidad de sospechas sobre el eje formado por la 6° y la 12° Casa.

Recuerden por, ejemplo, el diálogo entre Caperucita Roja y el lobo, "Dios mío, qué ojos tan grandes tiene". "Son para verte mejor". En el universo de las analogías y los símbolos – los cuales no son meros bocetos dibujados con lápiz sobre el papel – "ojos grandes" también significa "problemas de los ojos". Por ejemplo, esto es particularmente cierto de los nativos de Virgo. Cuando ven a las personas con quienes están hablando, efectúan una especie de escaneo con rayos X sobre ellas.

Por lo tanto se vuelven capaces de ver (… con un poquito de ayuda de su propia imaginación) las costillas mismas debajo de la camisa de su interlocutor. En una especie de ley de la revancha, conforme envejecen estos individuos empiezan a sufrir de problemas de la vista – es como si su inconciente quisiera 'castigarlos' por haber 'visto demasiado' durante sus vidas. Comunmente, si les haces a tus consultantes la pregunta directa, negarán incluso lo evidente.

Mujeres que te miran con el ojo derecho mientras que el otro se va hacia donde quiere, negarán por completo que son incluso levemente biscas, y sólo la presencia de un testigo podría restablecer la verdad. Otras personas de este tipo podrían haber sido lastimados, quizá en una forma banal y sin embargo significativa, en sus ojos.

Sin embargo no lo informarán, declarando que ellas simplemente no lo recordaban – como en el caso de uno de mis consultantes, un arquitecto que se cortó accidentalmente la superficie de su ojo con el filo de una hoja de papel. O como en el caso de otras personas que conozco, que se lastimaron los ojos con quemaduras de cigarro o gotas de ácido.

Otras personas pueden tener una pequeña mancha de un color diferente en uno de sus ojos. Otras veces, en este grupo de personas se puede ver que tienen uno de sus ojos más pequeño que el otro, o que parpadean de uno de los ojos más frecuentemente que del otro, etcétera.

Por supuesto, existen también casos frecuentes de miopía muy fuerte, secuelas de cataratas, y cualquier otra forma de severa discapacidad visual.

Aún así, no deben olvidar que la vista es sumamente afectada.

Como todos ustedes saben, la diabetes es hereditaria – se dice que normalmente afecta una generación sí y otra no – por lo tanto, incluso no teniendo la posibilidad de diagnositcar la diabetes simplemente leyendo las estrellas, podría sospecharla si viera que la carta natal del individuo que tiene fuertes elementos en la 12° y 6° casa, o en los signos Piscis y Virgo, o un Neptuno regente, o un Neptuno que recibe influencias significativas de otros elementos de la carta natal.

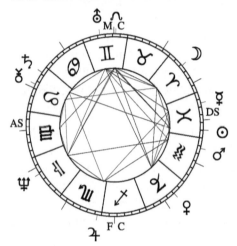

Ejemplo #1. Es un caso verdaderamente ejemplar. El nativo es Piscis con ascendente Virgo; El Sol y Marte están en la 6ta Casa. Él/Ella es presidente de una asociación que se encarga de perros guía para los invidentes.

Ejemplo #2. Elementos significativos de Virgo. Esta persona adoptó a un niño con una invalidez visual tan seria que se podría definir como invidente. No olviden que la información que pueden obtener de una carta natal individual no se refiere exclusivamente a su dueño. También recuerden que el lenguaje de los símbolos se esparce por los 360 grados.

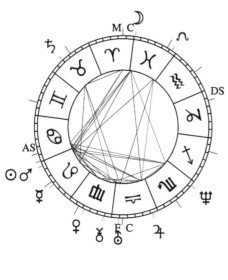

Ejemplo #3. Esta chica está casi ciega. Su Luna está en Piscis, y Neptuno recibe influencias bastante significaivas. Sospecho muy intensamente que su Sol está en la casa 12 porque, a pesar de su discapacidad, esta joven mujer tiene una fuerte vocación de enfermería, y lo demuestra cada día.

Ejemplo #4. Este es mi padre: Sol y Mercurio en la 6ta Casa, y Neptuno rige su carta natal. Pasó los últimos años de su vida en una ceguera casi total por culpa de la diabetes.

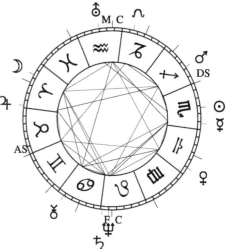

Ejemplo #5. Hay un stellium en la doceava Casa y en Virgo; el sol está en conjunción con Neptuno en la Casa 12, y la 6ta Casa está en Piscis. Este individuo está totalmente ciego de un ojo.

Ejemplo #6. El sol y el Stellium en la doceava Casa. Diabético de niño, este individuo tuvo desprendimiento de retina a los veinte años; está ciego de un ojo, el cual parece totalmente hinchado e irregular.

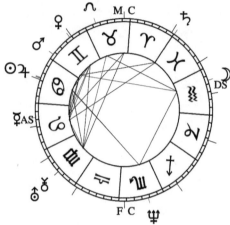

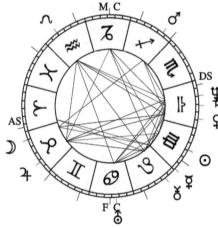

Ejemplo #7. Sol y Stellium en la 6ta Casa. Ciego de un ojo debido a una enfermedad muy seria.

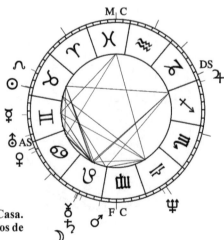

Ejemplo #8. Sol y Stellium en la 12vaCasa. Este individuo sufre de problemas serios de presión ocular (glaucoma).

LA CEGUERA Y OTROS PROBLEMAS SERIOS DE LOS OJOS

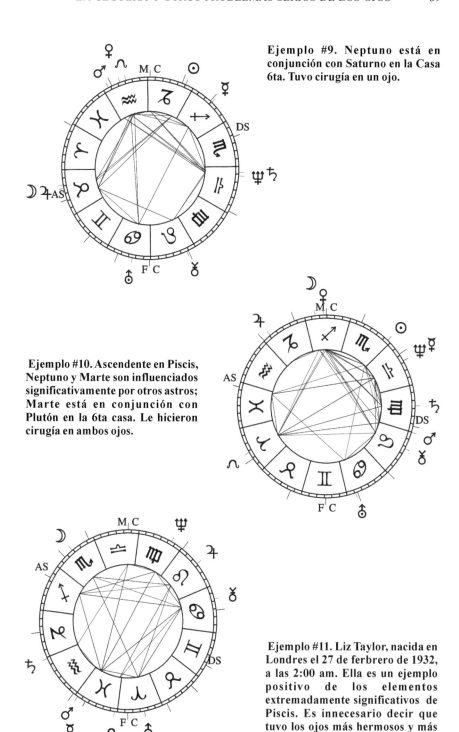

Ejemplo #9. Neptuno está en conjunción con Saturno en la Casa 6ta. Tuvo cirugía en un ojo.

Ejemplo #10. Ascendente en Piscis, Neptuno y Marte son influenciados significativamente por otros astros; Marte está en conjunción con Plutón en la 6ta casa. Le hicieron cirugía en ambos ojos.

Ejemplo #11. Liz Taylor, nacida en Londres el 27 de ferbrero de 1932, a las 2:00 am. Ella es un ejemplo positivo de los elementos extremadamente significativos de Piscis. Es innecesario decir que tuvo los ojos más hermosos y más famosos del mundo.

Ejemplo #12. Gabriele D'Annunzio, nacido en Pescara, Italia, el 12 de Marzo de 1863, a las 7:15 am. Piscis con el Sol y Neptuno en la 12va Casa; Saturno en la 6ta. El poeta italiano perdió la vista de un ojo en un accidente de vuelo – estaba piloteando un pequeño avión caza y se lastimó el ojo en un aterrizaje de emergencia. Sin embargo, omitió recibir el cuidado adecuado para su herida.

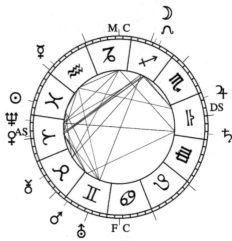

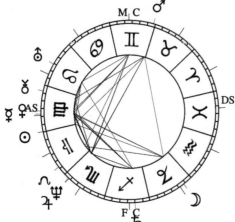

Ejemplo #13. Andrea Bocelli, nacido en Lajatico (Toscana, Italia), el 22 de septiembre de 1958, a las 5:15 pm. Sol en Virgo, cuatro planetas en Virgo, Ascendente Virgo, tres astros en la 12va Casa, y la sexta casa en Piscis. Nacido con una vista mala, este tenor italiano quedó totalmente ciego a la edad de doce años tras un accidente de futbol.

Ejemplo #14. Annalisa Minetti, cantante ciega nacida en Rho, Italia, el 27 de diciembre de 1976 a las 5:50 pm. Tiene al Sol, Marte y Neptuno en la 6ta Casa, así como la Luna en Piscis.

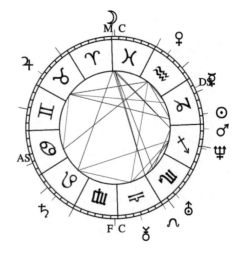

LA CEGUERA Y OTROS PROBLEMAS SERIOS DE LOS OJOS   91

Ejemplo #15. Timothy Knatchbull, nieto del Conde de Birmania, nacido en Londres el 18 de noviembre de 1964, a las 6:00 pm. Era ciego. Su Sol natal, Neptuno y Venus estaban en la 6ta Casa, tenía dos astros en la 12va casa, y tres astros en Virgo.

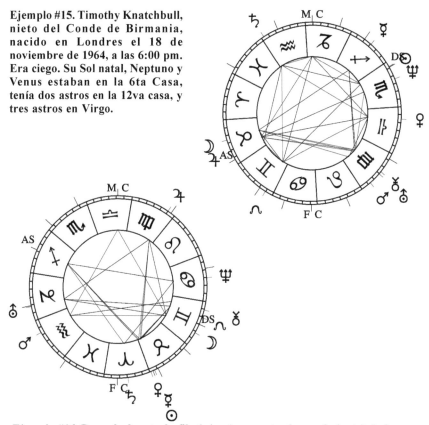

Ejemplo #16. Después de este desfile único (en cuanto al conocimiento) de famosos (y no famosos), aunque seguramente incontrovertibles casos de ceguera, con el deseo de demostrar la teoría que expuse al principio de esta sección, me gustaría mostrarles la carta natal de Rita Levi-Montalcini, nacida en Torino, Italia, el 22 de abril de 1909, a las 11 pm. Como ustedes sabrán, la científica – Premio Nobel de Fisiología o Medicina – se quedó casi ciega hace no mucho, en su muy avanzada edad. En su carta de nacimiento el único elemento significativo al que podríamos apuntar es la Luna en la 6ta Casa. Sin embargo, la Luna por sí sola no puede justificar su enfermedad de acuerdo con las reglas puestas más arriba. Por otro lado, es verdad que – como se explica en otras partes de este libro – hay casos de enfermedad que se le escapan (hablando astrológicamente) de nuestra comprensión; tal vez podrían tener una explicación, por ejemplo en los grados individuales del Zodiaco, o en algún otro factor astrológico. Sin embargo, también es cierto que una fuerte discapacidad visual puede ser considerada virtualmente la regla, cuando se trata de gente muy anciana.

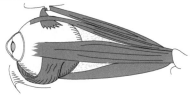

7.
Cirugía en general, pero con particular referencia a fracturas y varias heridas ocasionadas por accidentes de cualquier tipo

La necesidad de verificación y replicabilidad de las reglas especificadas en los capítulos anteriores como ya antes mencioné, aplica para todas las secciones y capítulos de este libro. Diría que a lo largo del ciclo de vida de un individuo es casi imposible no encontrar confirmacion factual de las reglas astrológicas y las posiciones celestes descritas a continuación.

En los primeros lugares de esta clasificación pueden encontrar a Marte en la 12va o en la 1ra casa, especialmente si está en conjunción con el Ascendente o con el Sol. Si el nativo nació con Marte en cuadratura (pero también en conjunción u oposición) con Saturno, una o más fracturas son casi inevitables a lo largo de su vida. Un ángulo disonante entre Marte y Urano – especialmente si se relaciona con la 1ra, 12va, 6ta, 3ra o 9na casas – representa un muy álto índice de accidentes de todos los tipos, lo que no siempre quiere decir huesos rotos: de hecho más bien significa heridas. Mientras que elementos significativos de Capricornio/Saturno podrían auspiciar posibles fracturas de huesos.

To A esto tenemos que añadir que aquellos que nacieron con el Sol o el Ascendente en Aries tienen ciertamente tendencia a sufrir cortadas y heridas en su cuerpo más frecuentemente comparado con otros signos. Lo mismo aplica para aquellos nacidos con la 6ta casa en Aries (podrían lastimarse más fácilmente o podrían tener cirugías más frecuentemente que otros individuos), así como aquellos nacidos con la casa 6ta en Capricornio (son más propensos a las fracturas). Otros factores de riesgo en este campo específico de astrología médica son: Urano regente o ángulos disonantes entre Saturno y Urano.

Como expliqué en otra sección de este libro, confirmado lo que mi maestro francés André Barbault enseñó en su hermoso ensayo que está incluido en el apéndice, si Marte o Urano o Saturno reciben una buena cantidad de ángulos en una carta natal ustedes deben sospechar que el nativo corre riesgos de cirugías, accidentes, y/o fracturas – incluso si la mayoría de los aspectos son armónicos.

Ejemplo #1. Marte está ciertamente en la 1ra casa, tanto porque este individuo ha sufrido dos fracturas (también debido a Saturno en la 6ta casa y Urano en el ascendente) como porque él/ella suele tener una actividad sexual intensa.

Ejemplo #2. Este nativo ha tenido varios huesos rotos y varios accidentes. Marte, al mismo tiempo que es regente, también tiene cuadratura con Saturno en Capricornio, en la 1ra casa.

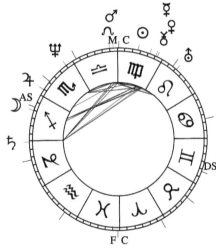

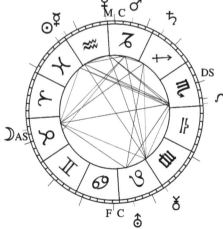

Ejemplo #3. Esta persona tuvo un grave accidente de auto con múltiples fracturas en los brazos y el pie izquierdo. Marte está en Capricornio, en la 9na casa, y tiene muchos aspectos. Urano también está relacionado en varios aspectos – uno de ellos con Saturno.

Ejemplo #4. Esta persona ha sufrido muchas enfermedades en su vida. Pero la peculiaridad de este individuo es que se cae frecuentemente, lo que le ocasionó fracturas en varios huesos del cuerpo. Marte está en la 9na casa, en conjunción con el Sol y en aspectos angulares con el Ascendente. Pero sobre todo, tiene cuadratura con Saturno en la cúspide de la 6ta casa.

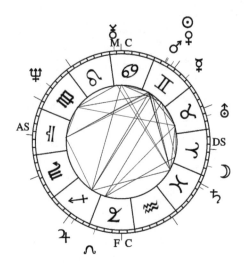

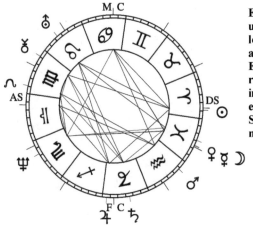

Ejemplo #5. Este nativo ha tenido una buena cantidad de fracturas en los huesos, producidas mientras andaba en bicicleta o jugaba futbol. El Sol está en Aries, en la 6ta casa, recibiendo muchos ángulos, incluyendo uno de Urano. Marte está en gran oposición con Urano, y Saturno en Capricornio recibe y da muchos ángulos.

Ejemplo #6. Este individuo tuvó varias fracturas y ha tenido cirugías muchas veces. Marte está en la 12va casa, en conjunción cercana con el Ascendente, involucrado con varios aspectos angulares – uno de ellos con Urano. El Sol está en la 6ta casa. Saturno también tiene un aspecto con Urano.

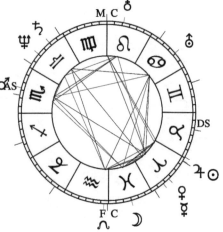

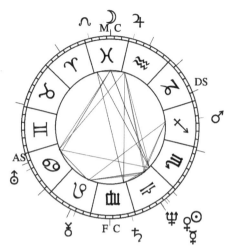

Ejemplo #7. En este caso, tenemos una docena de operaciones y accidentes con este individuo. Marte está en la 6ta casa y Urano está en conjunción cercana con el Ascendente; la 6ta casa yace – en parte – en Capricornio.

Ejemplo #8. Varias fracturas en los hombros, el muslo, el codo y los brazos. Marte en Sagitario en cuadratura con Saturno; hay un stellium repartido sobre la 1ra y la 12va casas. Urano está en la 9na casa, y parte de la 6ta casa está en Aries.

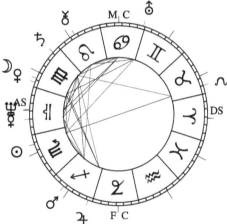

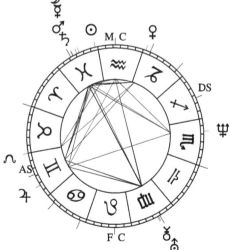

Ejemplo #9. Varias intervenciones quirúrgicas y fracturas. La conjunción detrimental Marte-Saturno en oposición con la conjunción Urano-Plutón.

Ejemplo #10. Muchas fracturas jugando futbol. Este es un joven individuo. Marte está en la 6ta casa, el Ascendente está en Aries, y la triple conjunción Saturno-Urano-Neptuno está en capricornio y en el Medio Cielo.

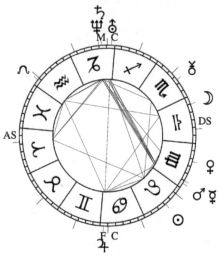

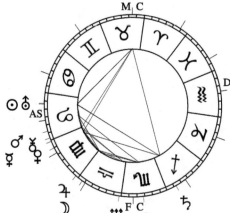

Ejemplo #11. Muchos accidentes de carretera y fracturas, especialmente manejando una motocicleta. Está la conjunción Sol-Urano en la 12va casa, aunque cerca del ascendente. Marte en la 1ra casa, en conjunción con el Ascendente. La sexta casa en Capricornio.

Ejemplo #12. Este individuo tuvo cuatro fracturas en las piernas, y varios accidentes automovilísticos serios. La carta natal tiene elementos significativos de Capricornio; Marte está en la primera casa y Urano en la 6ta.

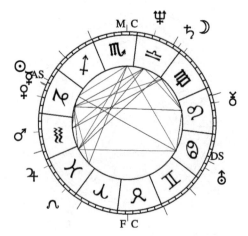

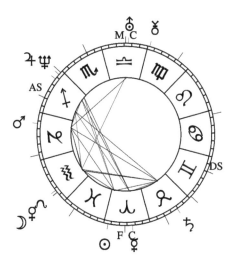

Ejemplo #13. Este es un piloto de carreras de coches y motocicletas. Muchas fracturas, heridas, caídas e intervenciones quirúrgicas. Marte está en Capricornio, en la 1ra casa, y hace sextil con Saturno. Urano es el regente de la carta, en la 9na casa, en el sector Gauquelin.

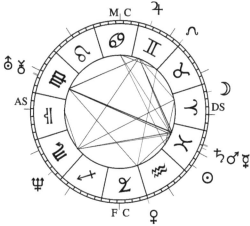

Ejemplo #14. Este es un individuo jóven, que ha tenido varias fracturas en los dedos de los pies. La fea conjunción de Marte-Saturno yace en Piscis y en la 6ta casa, en oposición a Plutón y Urano..

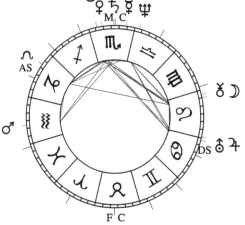

Ejemplo #15. Este es un jóven individuo, que también monta a caballo. Ha tenido varios accidentes y fracturas. Saturno es regente de su carta natal en el Medio Cielo, cuadratura con Marte en la 1ra casa. El Ascendente es Capricornio.

Ejemplo #17. Esta persona fue atropellada una vez por un camión cuando era niña. Esto ocasionó varias heridas y fracturas de huesos. Marte rige en la carta desde la 9na casa, cuadratura con Urano. Saturno está en Capricornio, en la 12va, enfrascado en múltiples ángulos.

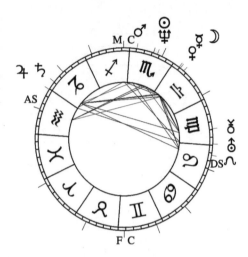

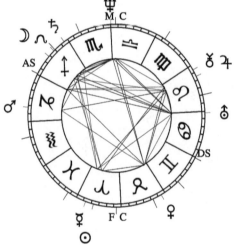

Ejemplo #18. Fue herida al menos siete veces: intervenciones quirúrgicas, fracturas y abortos. Ella es Aries, el Ascendente Capricornio, y Marte está en Capricornio, en la 1ra casa.

Ejemplo #19. Este individuo una vez se cayó de un tren. La consecuencia fueron varias fracturas y cuatro úlceras como resultado de las píldoras del fuerte analgésico que tuvo que tomar. La conjunción Saturno-Urano también en conjunción con el Medio Cielo. También hay un stellium en la 6ta casa, cuya cúspide está en capricornio.

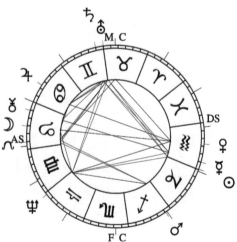

CIRUGÍA EN GENERAL

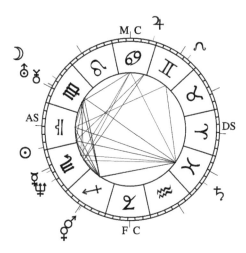

Ejemplo #20. Tuvo once cirugías con anestesia general, incluyendo intervenciones para reacomodar varios huesos rotos y otras relacionadas con abortos y embarazos ectópicos. Tiene un triángulo terrible en su carta natal, cuyos vértices son: Plutón-Urano en la 12va casa, Saturno y Marte.

Ejemplo #21. Tuvo algunas cirugías menores y fracturas. Marte en Aries y en la 12va casa, recibiendo y dando varios ángulos.

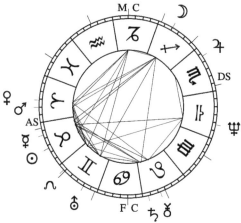

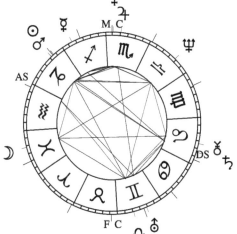

Ejemplo #22. Varias intervenciones quirúrgicas y fracturas, relacionadas también con los pies. Sol y Marte están en Capricornio, en la doceava casa.

Ejemplo #23. Esta persona fue lastimada cuatro veces, incluyendo cirugías y fracturas. La presencia de Marte en la primera casa, cuadratura con Saturno, es suficiente para explicar este caso desde un punto de vista astrológico.

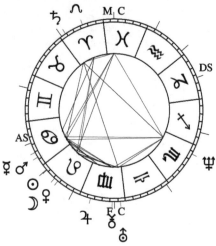

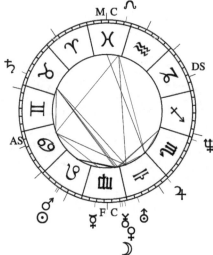

Ejemplo #24. Esta persona tuvo heridas y fracturas en su codo, muñeca y mano. El Sol está en conjunción cercana con Marte, y Marte tiene una amplia cuadratura con Saturno.

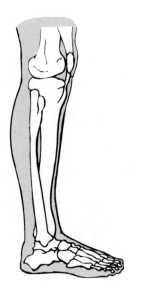

8. Colitis

Desde el punto de vista astrológico, los problemas de colitis están entre los que pueden predecirse más fácilmente en el nacimiento de un ser humano. En la abrumadora mayoría de los casos pueden detectarse por elementos significativos de Virgo (Sol o Luna o el Ascendente o un stellium en ese signo). También pueden ser señalados por el Sol o un stellium en la 6ta casa, o por Mercurio – si está particularmente bien o mal aspectado en la carta natal. Una breve antología de casos sorprendentes de colitis a continuación:

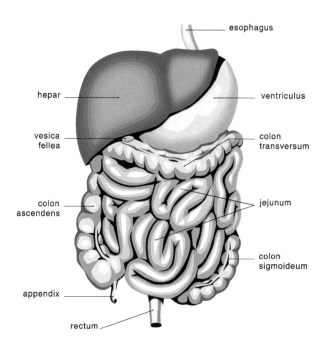

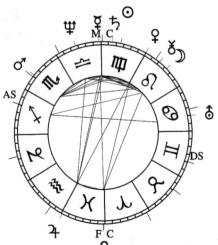

Ejemplo #1. Sol, Venus, Saturno y el Medio cielo en Virgo. Mercurio regente.

Ejemplo #2. Marte en Virgo, rigiendo la carta, y la (muy mal aspectada) conjunción Saturno-Plutón en la 6ta Casa.

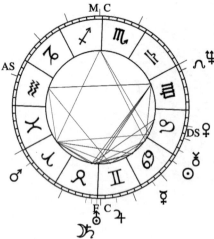

Ejemplo #3. Sol en la sexta Casa.

Ejemplo #4. *Stellium* en Virgo.

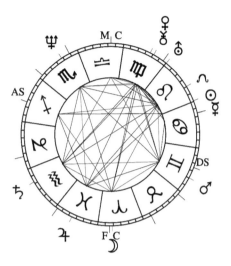

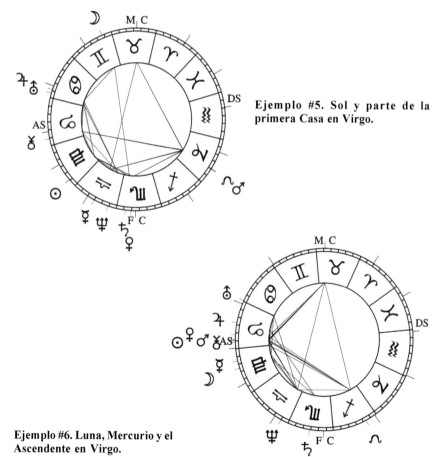

Ejemplo #5. Sol y parte de la primera Casa en Virgo.

Ejemplo #6. Luna, Mercurio y el Ascendente en Virgo.

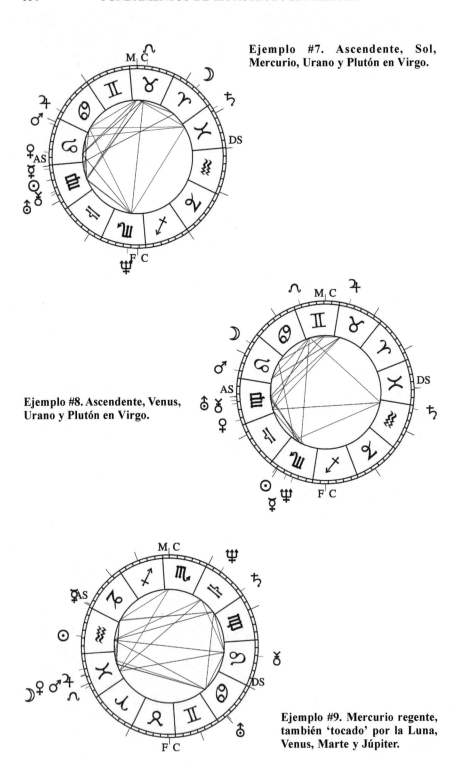

Ejemplo #7. Ascendente, Sol, Mercurio, Urano y Plutón en Virgo.

Ejemplo #8. Ascendente, Venus, Urano y Plutón en Virgo.

Ejemplo #9. Mercurio regente, también 'tocado' por la Luna, Venus, Marte y Júpiter.

Ejemplo #10. Cuatro astros, incluyendo al Sol y a Marte, están en Virgo; y hay un *stellium* en la 6ta Casa.

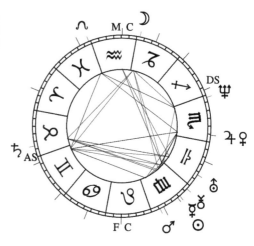

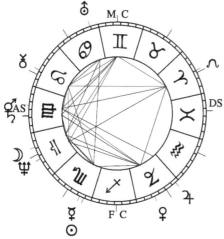

Ejemplo #11. Marte regente, también en conjunción con Saturno, y puesto sobre el Ascendente Virgo.

Ejemplo #12. Cuatro astros, incluyendo al Sol y Marte, están en Virgo; además, hay un *stellium* muy fuerte en la sexta Casa.

Ejemplo #13. Ascendente en Virgo.

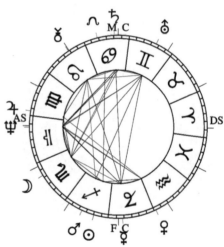

Ejemplo #14. Este es un caso asombroso de hora de nacimiento redondeada. De hecho, el Ascendente seguramente es Virgo.

Ejemplo #15. Ascendente en Virgo.

Ejemplo #16. Ascendente en Virgo.

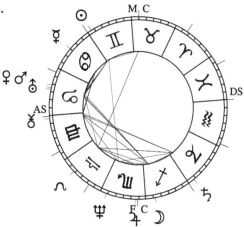

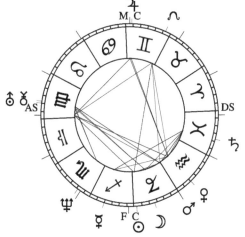

Ejemplo #17. Ascendente en Virgo.

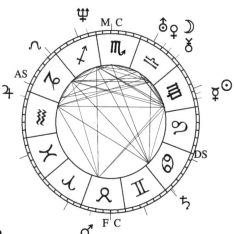

Ejemplo #18. Sol y Mercurio en Virgo.

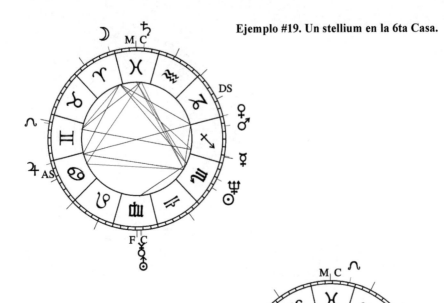

Ejemplo #19. Un stellium en la 6ta Casa.

Ejemplo #20. Cuatro astros en Virgo.

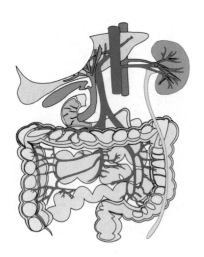

9.
Corazón

Primero que nada, déjenme decirles que – desde mi punto de vista – aquellos que se enferman del corazón son bastante afortunados. Lo digo por las siguientes dos razones. La primera razón es que tienen altas probabilidades de partir de esta vida (cuando llegue su tiempo) por causas relacionadas al corazón, y no de cáncer – Considero que hay ventajas enormes en morir de un mal del corazón en vez que de cáncer.

No creo que se requieran más aclaraciones para explicar porqué. La segunda razón es que, según la opinión de la mayoría de los mismos doctores , la cardiología y cirugía cardiaca han dado con seguridad en las décadas recientes grades zancadas, enormes pasos, muy por encima del progreso que la medicina ha tenido nunca en otros campos de la curación. En particular, la cirugía del corazón ha llegado a efectuar verdaderos 'milagros'. Por ejemplo, gracias a la bioingeniería es ahora posible 'revascularizar' la zona infartada del corazón, 'reparando así el infarto' y devolviéndole al paciente virtualmente un órgano nuevo. Igualmente consideren las cosas fantásticas obtenidas con los transplantes.

Especialmente el transplante de corazón ha superado la etapa de pruebas y funciona casi a toda velocidad hoy en día. Las intervenciones en si mismas y la vida de los pacientes después de la cirugía ya no salen en los titulares – y los periódicos no publican estas noticias ni siquiera en la segunda plana. En resumen, estoy convencido que, hoy en día, enfermarse de males cardiovasculares es casi una clemencia. Debe notarse también que casi siempre (pero no siempre) las efermedades que afectan el músculo más importante de nuestro cuerpo están relacionadas, de algún modo, también a la circulación sanguínea o a la presión arterial.

De hecho, tal y como se explicará en las siguientes líneas, cuando examinen bastantes casos de enfermedades vasculares serias y específicas, encontrarán elementos astrológicos significativos principalmente en Leo y Acuario. Es cierto que esto podría llevarlos a verlo del modo opuesto: que las enfermedades relacionadas con el flujo sanguíneo y la presión arterial pueden corresponder con la presencia prácticamente constante de fuertes elementos de Leo en una carta natal.

Pero no es así. De hecho, sólo para dalrles un ejemplo, tenemos muchos casos de isquemia cerebral cuando el signo Leo y sus astros relacionados están virtualmente ausentes en la carta natal del paciente. Por otro lado, con frecuencia hay también elementos significativos de Escorpio –lo que puede llevarlos instintivamente a hacerse la pregunta: ¿Por qué Escorpio? Bueno, algunas razones son bastante obvias. Tomen de ejemplo los comportamientos sexuales 'rudos' y a veces 'salvajes' adoptados comunmente por los nativos de Escorpio a lo largo de sus vidas.

De hecho, esta gente vive por lo común su sexualidad de un modo bastante 'atlético' (por no decir 'brutal') durante toda su existencia. Por supuesto, lo siguiente es una visión simplificada, así que permítanme dejar de lado todas las distinciones obvias que deberían hacerse en este caso – pero generalmente, es evidente que dos horas de 'cama' pueden ser muy relajantes para un individuo 'sensible e imaginativo', mientras que la misma cantidad de tiempo transcurrida por un Escorpio nativo en esa misma actividad puede causarle con certeza algún leve daño a su corazón: especialmente si el acto sexual es reiterado frecuentemente.

Hay también otra razón de porqué el octavo signo del Zodiaco está involucrado en este grupo de patologías. Nuevamente debemos estar agradecidos con nuestra colega Lisa Morpurgo y su flashazo de inspiración sobre la dialectica de los elementos astrológicos, especialmente la de las cuadraturas – mientras que en mi humilde opinión, creo haber aportado contribuciones mayores a la dialéctica de las oposiciones al describir los signos llamados 'compensados'. Está muy mal, sin embargo, que varios discípulos de Lisa Morpurgo no están dispuestos virtualmente nunca a celebrar los descubrimientos de los autores de otras escuelas de pensamiento astrológico. Así que, ¿por qué Escorpio? Porque escorpio está en cuadratura con Leo y Acuario. Sean cuidadosos, sin embargo.

Al decirlo no quisiera que ustedes creyeran que estoy intentando poner los fundamentos de una etiología general que deba permitirles 'mapear' con precisión las bases del tema principal de este libro – la astrología médica. ¡Para nada! Recuerden que yo me considero a mí mismo un simple 'reparador de radios/TVs'. Tal y como expliqué en otras partes de este libro al igual que en otros textos míos, mientras hacía los bocetos de este volumen sobre la Astrología Médica estaba básicamente inspirado *in primis* por el magnífico texto de André Barbault que podrán leer en el apéndice.

En segundo lugar, fui inspirado por un enfoque simbólico, de tipo Dethlefsen (1). También – y quizá, especialmente – lo que me inspiró es mi considerable experiencia personal colectada en cerca de treinta y seis años de intensa práctica (hasta hace unos meses, cuando decidí reducir drásticamente mi actividad de consultoría).

Por último pero no menos importante, fui inspirado por todo el cuerpo de conocimientos y algunas piezas singulares de entendimiento derivadas de la tradición astrológica; por las contribuciones únicas e importantes de los estudios de los más grandes investigadores de ayer y hoy (Morpurgo, Hadès, Ebertin, Gouchon, Addey, Discepolo, y demás); por los estudios estrictamente estadísticos de Michel y Françoise Gauquelin, Ciro Discepolo, Didier Castille; por la profunda exploración de 'terrenos' que aparentemente no tendrían nada que ver con la astrología, aunque tienen correspondencia factual con ella – tales como el principio de medicina holística, medicina homeopática, acupuntura, yoga, macrobiótica, psicoanálisis y muchas otras disciplinas. Volviendo a las enfermedades cardiacas, la siguiente lista contiene lo que considero los indicadores más significativos de las posibles patologías:

- Fuertes elementos de Leo-Acuario;

- Ocupación significativa de las casas 5ta y/o 11va;

- Un rol fuerte (tanto armónico como disonante) jugado por el Sol o Urano;

- La sexta casa en Leo o Acuario;

- Un astro muy mal aspectado en Leo o Acuario;

- Fuertes elementos de Escorpio también podrían ser relevantes, pero también si detectan otros puntos de esta misma lista en la misma carta natal;

- Un Marte muy fuerte o mal aspectado (regente de Escorpio) en la carta natal, especialmente si el nativo vive intensamente a nivel sexual.(2).

Observaciones
1) Me gustaría repetir un par de cosas sobre el valor del símbolo, sobre el que he escrito muchas veces, particularmente en los libros: Astrología Attiva, publicado en Italia por Edizioni Mediterranee, y Nuovo Trattato delle Rivoluzioni Solari, publicado por Armenia.
  Déjenme recordarles un ejemplo tomado del arte del cine: el hermoso filme Padre patrón dirigido por Paolo y Vittorio Taviani, basado en el libro autobiográfico Padre padrone de Gavino Ledda. Como algunos de ustedes saben, se trata de la verdadera historia de la infancia de Gavino Ledda, representa los años que marcaron su vida entera con el yugo dominante de su severo padre. Entre otras cosas, esto causó su abandono dramático de la escuela, y su vida en aislamiento pastoreando ovejas en las montañas de Sardeña. Por muchos años el pobre Gavino Ledda no pudo siquiera intercambiar una sola palabra, viviendo en una situación de casi total y

doloroso aislamiento. Tiempo después, fue llamado al servicio militar. En el ejército, desarrolló un creciente deseo de estudiar. Ustedes podrían argumentar que – hasta ahora – hay poco de 'especial' que señalar en su historia. Sin embargo, consideren cual fue la disciplina en la que se especializó, que también lo llevó a convertirse en un profesor universitario: los hará reflexionar cuidadosamente. ¡Fue lingüística histórica, la ciencias de la comunicación verbal.!

¡Aquí es donde pueden ver la grandeza del símbolo!

Ahora bien, partiendo del ejemplo apenas mencionado, aquellos que estudiaron psicología y psicoanálisis por un largo periodo pueden fácilmente entender porqué – por ejemplo – la gente que siente que le falta espacio ("necesito mi espacio", "necesito un poco de aire fresco") puede padecer eventualmente alguna enfermedad asmática; de modo similar, la gente que rechaza 'ver' una verdad particularmente dolorosa puede sufrir eventualmente de problemas de la vista.

2) Con mucha frecuencia, muchos hombres viejos o adultos sufren un ataque cardiaco o problemas serios del corazón si tienen a una joven amante o una vida sexual intensa.

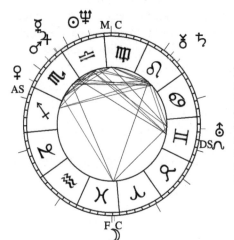

Ejemplo #1. Urano es uno de los astros regentes de esta carta natal. También, la conjunción de Saturno y Plutón que está en Leo, recibiendo varios aspectos disonantes. Cuatro astros, incluyendo a Marte están en Escorpio. Este y los otros ejemplos más abajo se relacionan todos con enfermedades cardiacas serias.

Ejemplo #2. Urano es uno de los dos regentes de esta carta natal. El ascendente es Acuario; la 6ta casa está en Leo, y tres astros – incluyendo al regente Marte – están en Escorpio.

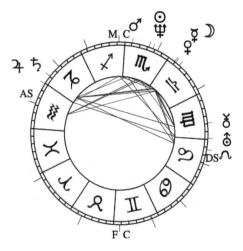

Ejemplo #3. El Ascendente es Leo: la 6ta Casa está en Acuario; Marte – regente y mal aspectado – está en Escorpio.

Ejemplo #4. El Ascendente y la Luna están en Leo; tres astros están en Acuario; La sexta casa está en Acuario, y Urano rige la carta.

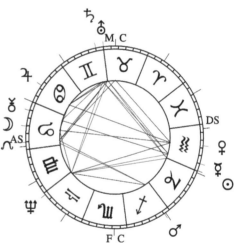

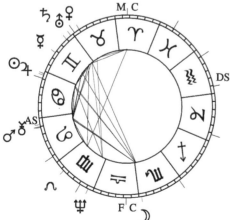

Ejemplo #5. Marte esta en conjunción cercana con Plutón y con el Ascendente en Leo; una porción de la 6ta Casa yace en Acuario, y pueden ver la luna mal aspectada en Escorpio.

Ejemplo #6. Sol y Mercurio en Acuario; Urano en la 12va casa, particularmente mal aspectado. Marte rige y está mal aspectado.

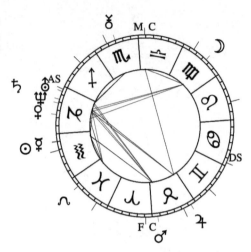

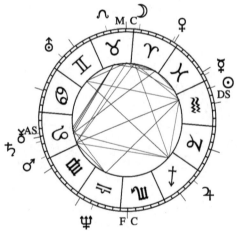

Ejemplo #7. El Ascendente y tres astros, incluyendo a la conjunción Marte-Saturno, están en Leo. El Sol y parte de la sexta Casa están en Acuario.

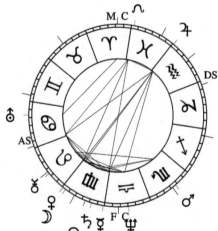

Ejemplo #8. El Ascendente cubre casi por completo al signo de Leo; Urano está en la doceava casa, y Marte está mal espectado en Escorpio.

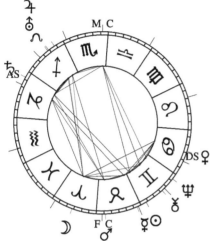

Ejemplo #9. Eduardo De Filippo, nacido en Nápoles, Italia el 24 de Mayo de 1900, a las 22:00. El actor, dramaturgo, guionista, autor y poeta nació con una buena porción de su 1ra casa natal en Acuario; un stellium – incluyendo al Sol – mal aspectado en la 5ta casa; Urano también está mal aspectado. Marte rige y está mal aspectado.

Ejemplo #10. Massimo Troisi, nacido en 'San Giorgio a Cremano' cerca de Nápoles, Italia, el 19 de febrero de 1953, a las 02:00 am. El actor, que interpretó el rol principal en el filme de 1994 Il postino, nació con un Marte regente y mal aspectado en Aries.

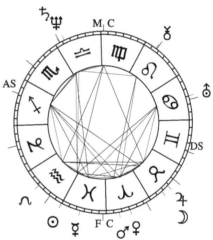

Ejemplo #11. Umberto Bossi, nacido en Varese el 19 de Septiembre de 1941, a las 09:00 pm. El lider del partido político Lega Nord nació con Urano en la 1ra casa, mal aspectado y en conjunción estricta con Saturno. Parte de su 6ta Casa está en Escorpio, mientras que marte es regente y está mal aspectado, y yace en la 12va Casa en Aries.

Ejemplo #12. Paciente de ataque cardiaco de la base de datos de Grazia Bordoni. Tanto Marte (en Acuario) como Urano son regentes de la carta y están muy mal aspectados; el Ascendente está en Escorpio.

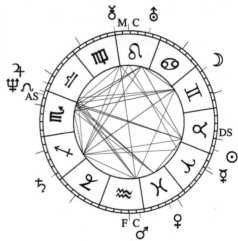

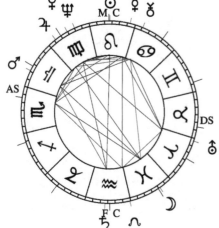

Ejemplo #13. Paciente de ataque cardiaco de la base de datos de Grazia Bordoni. El Sol regente en Leo está en fuerte oposición al Saturno mal aspectado en Acuario. También Urano en la 6ta Casa está mal aspectado y el Ascendente es Escorpio.

Ejemplo #14. Gianni Agnelli, nacido en Turín, Italia, el 12 de Marzo de 1921, a las 2:30 am. El antiguo accionista principal de la industria italiana de automóviles Fiat, nació con un Marte regente en Aries, en conjunción con la Luna y en semicuadratura con Urano (las semicuadraturas y sesquicuadraturas tienen exactamente el mismo poder que las cuadraturas).

También, a su edad ya bastante avanzada – al menos hasta el momento de su infarto – seguía teniendo una actividad sexual intensa, con jóvenes mujeres.

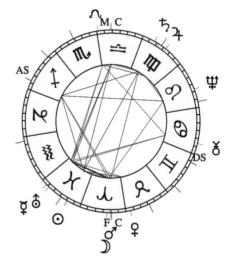

Ejemplo #15. Según mi opinión, este caso y el siguiente son de mucho interés. Este nativo tienen un Marte muy dominante en Leo y en la doceava casa; el Ascendente en Leo; la Luna en Acuario; la 6ta casa en Acuario, y Urano repetidamente mal aspectado. Es un individuo bastante anciano. Este caso también podría probarle a los escépticos la validez del escudo protector de los cumpleaños dirigidos (e.g. la rehubicación de retornos solares), especialmente cuando se trata de salud. De hecho, él ha estado rehubicando sus RSs cada año por siglos.

En sus retornos más recientes, cuando Urano en Acuario transitó por la 6ta casa, en oposición a Marte, creo que la gran mayoría de mis colegas habrían predicho serios problemas con su corazón o su presión sanguínea, mientras que – gracias a Dios – con sus rehubicaciones constantes ¡no sufrió del más mínimo problema de salud!

Ejemplo #16. Este es mi abuelo paterno. Marte está en conjunción cercana con el Sol y con Venus en Leo, a 135 grados del Ascendente. Urano es el regente y está mal aspectado. La luna está en Escorpio, y hay un stellium importante en la 8va casa y en Escorpio. Mi abuelo, que tenía exactamente el mismo nombre y apellido que yo, estuvo cerca de la muerte muchas veces en su vida, incluso de joven. Sin embargo siempre se salvó gracias a su 'corazón excepcionalmente fuerte'. Eventualmente murió a la edad de 82 años de un infarto

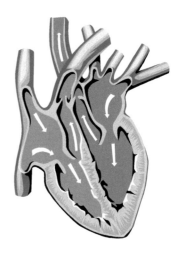

El corazón tiene sus razones, que la razón no conoce.
(Blaise Pascal *Pensées*)

10.
Enfermedades del hígado

En esta sección podría listar con facilidad al menos dos o trescientos ejemplos asombrosos de serias enfermedades del hígado tomadas directamente de mi base de datos personal de nacimientos. Creo que los elementos astrológicos que estoy por exponer son tan verificables que, tal vez, incluso un enemigo de la astrología sería capaz de verlos claramente. Por encima de cualquier otro elemento, Júpiter juega un rol decisivo en los casos de las enfermedades del hígado.

Júpiter puede ser regente; puede ser uno de los astros más importantes de la carta natal; puede ser el astro que recibe una cantidad significativa de ángulos. Pero sobre todo, puede estar en Sagitario, pero también en Piscis o en el exilio (en Géminis). Puede también estar muy mal aspectado – por ejemplo, por la conjunción cercana con Saturno, o en cualquier ángulo disonante con el Ascendente, el Sol, Marte, Urano, Neptuno, y Plutón. Inmediatamente después del rol de Júpiter, en el segundo lugar de esta clasificación pueden encontrar fuertes elementos de Sagitario y Piscis .

Puede ser uno de estos signos [Sagitario y Piscis] el Ascendente de la carta natal, pero también puede estar la 6ta casa natal empezando en Piscis o Sagitario. En algunos casos es la cúspide de la 9na casa (como co-significadora de la 6ta) que cae en Sagitario o Piscis. De igual modo la presencia de Saturno o Marte en esos signos puede jugar un papel significativo en los males del hepáticos, etcétera.

Estos son los valores centrales al rededor de los cuales giran las patologías del hígado, vistas desde un telescopio astrológico. Eso explica también un hecho importante de mi investigación en 13,498 casos de enfermedades hepáticas serias (que ustedes pueden leer en el Apéndice). Los resultados de ese estudio son definitivamente positivos – mi hipótesis inicial de que encontraría a Júpiter en Sagitario más frecuentemente que en los otros once signos se comprobó verdadera – pero al mismo tiempo, en sentido estríctamente estadístico mis resultado también fueron endebles.

Al no saber la hora de nacimiento de estos casos, no pude contar cuantas veces el Ascendente también era Sagitario, o cuantas veces Júpiter estaba en conjunción con el Ascendente, y cosas por el estilo. Los datos de los ejemplos listados en esta sección fueron tomados, uno detrás de otro, de la base de datos de Grazia Bordoni.

Sin embargo, uno de ellos – uno sólo – no parece coincidir con ninguna de las reglas arriba mencionadas. Añadí también las primeras dos celebridades (tal vez las más representativas) que llegaron a mi mente: Peppino De Filippo y Vittorio De Sica.

Todos los casos enlistados más abajo tienen que ver con enfermedades hepáticas extremas – cirrosis. Una excepción es el caso de mi madre quien, en los últimos años de su vida, estaba acercándose mucho a la cirrosis hepática, pero su hígado nunca llegó a ese estado. También podría haber añadido, tal vez como el caso más sorprendente, la carta natal de Moana Pozzi, la actriz italiana que murió de cáncer de hígado.

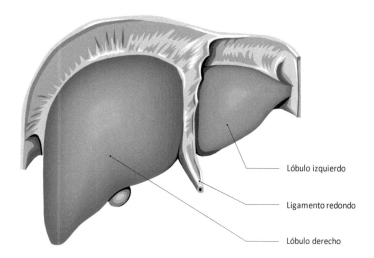

Lóbulo izquierdo

Ligamento redondo

Lóbulo derecho

Pero desde el punto de vista médico su caso no está claro, porque su tumor de hígado podría no haber sido el principal: de hecho, podría haber sido la metástasis final, o (según la opinión de algunas personas) la consecuencia de una infección ocasionada por el Sida – un añadido a las consideraciones expuestas en este libro, en la sección dedicada al cáncer. Según mi experiencia, las mismas posiciones astrales indicadas aquí aplican para problemas de la vesícula también.

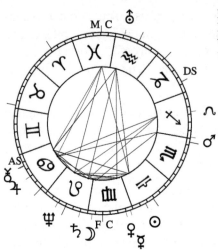

Ejemplo #1. Júpiter está en la 1ra casa, Marte en Sagitario y en la 6ta casa, y casi toda la 6ta casa está en Sagitario. Este es un caso de cirrosis hepática.

Ejemplo #2. Júpiter es el regente, la cúspide de la sexta casa está en Piscis, y hay un stellium en la 9na casa. Este es otro caso de cirrosis hepática.

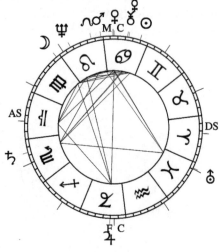

Ejemplo #3. Júpiter recibe multiples ángulos, la 1ra casa toma el primer signo de Sagitario, Saturno está en Sagitario y en la primera casa. Cirrosis hepática.

ENFERMEDADES DEL HÍGADO

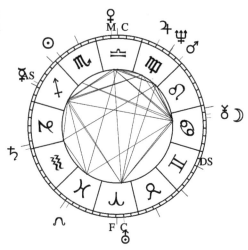

Ejemplo #4. Ascendente en Sagitario, Júpiter y Neptuno en la novena casa. Cirrosis hepática.

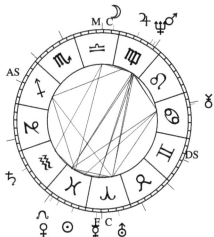

Ejemplo #5. Ascendente en Sagitario, fuertes elementos de Piscis, un fuerte stellium en la novena casa, y Júpiter también en la novena casa. Cirrosis hepática.

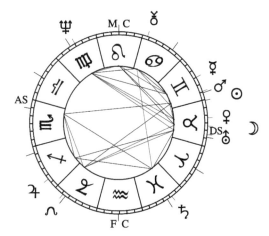

Ejemplo #6. Júpiter en Sagitario en cuadratura con Saturno en Piscis. Cirrosis hepática.

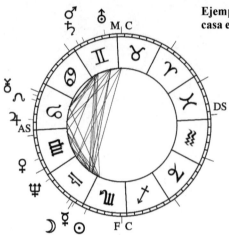

Ejemplo #7. Júpiter regente, y parte de la 6ta casa en Piscis. Cirrósis hepática.

Ejemplo #8. Parte de la primera casa en Sagitario, Júpiter es regente y en la novena casa (sector Gauquelin). Cirrosis hepática.

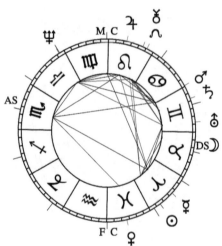

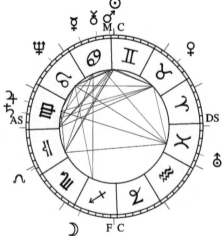

Ejemplo #9. Júpiter en conjunción con Saturno en la 12va casa, la Luna en Sagitario, la 6ta casa completa está dentro de Piscis, y el sol pude considerarse tanto en la 9na como en la 10ma casa. Cirrosis hepática.

ENFERMEDADES DEL HÍGADO

Ejemplo #10. Ascendente en Sagitario, un fuerte stellium en la 9na casa, Júpiter en la 9na casa, en conjunción cercana con Saturno. Cirrósis hepática.

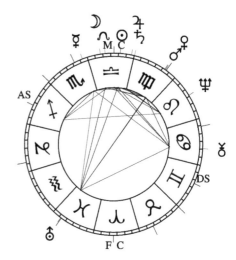

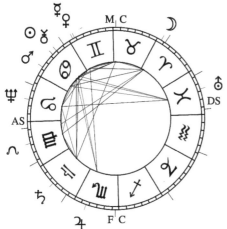

Ejemplo #11. Esta es la única anomalía que encontré en los primeros 18 casos de enfermedades hepáticas enlistadas en la base de datos de Grazia Bordoni. Podría ser que la hora de nacimiento esté mal. Sin embargo pueden notar que la Luna está en la 9na casa, y una porción de la 5ta casa está en Piscis. Sin embargo son pistas muy débiles. Este es un caso de cirrosis hepática también.

Ejemplo #12. Aquí tenemos a un Júpiter importante, porque está en conjunción cercana con el Sol, y en trino con el Ascendente. Parte de la primera casa está en Sagitario. También, hay dos astros en la novena casa. Cirrosis hepática.

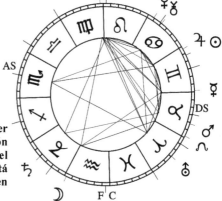

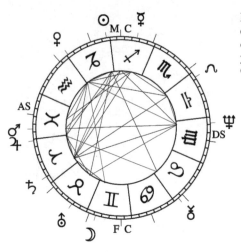

Ejemplo #13. El ascendente y Marte están en Piscis, Júptier en conjunción con Marte en la 1ra casa, y la novena casa está en Sagitario. Cirrosis hepática.

Ejemplo #14. Júpiter regente en conjunción cercana con Urano y con el Ascendente; una buena porción de la 1ra casa está en Piscis, y parte de la 9na en Sagitario. Cirrosis hepática.

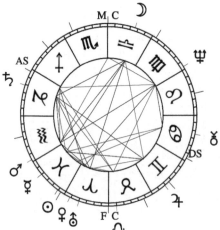

Ejemplo #15. Sin querer forzar la lectura de esta carta, parece bastante claro que en este caso el tiempo de nacimiento debería anticiparse tan sólo unos minutos. Si es así, tendríamos a Júpiter en la cúspide de la 6ta casa, exiliado en Géminis; El Ascendente estaría en Sagitario; la carta tendría muchos elementos importantes de Piscis, y la Luna estaría en la 9na. Este es otro caso de cirrosis hepática.

ENFERMEDADES DEL HÍGADO

Ejemplo #16. Júpiter está exiliado en Géminis; el Sol y la Luna están ambos en la novena casa. Cirrosis hepática.

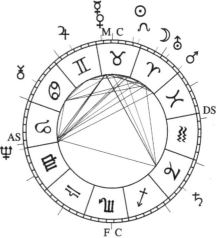

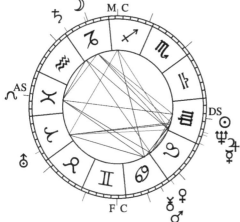

Ejemplo #17. El Ascendente es Piscis, Júpiter está en la novena casa junto con un fuerte stellium, y la novena casa está en Sagitario. Cirrosis hepática.

Ejemplo #18. Júpiter es regente de la carta; el Sol y Mercurio están en Sagitario. Cirrosis hepática.

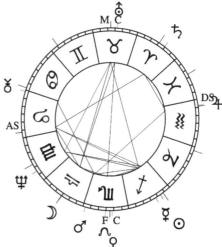

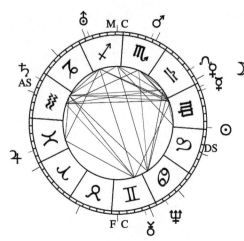

Ejemplo #19. Peppino De Filippo, hermano del actor y dramaturgo Eduardo De Filippo, nació con un Júpiter mal aspectado en Piscis, en la 1ra casa. La 1ra casa incluye a todo el signo de Piscis, Marte en la 9na casa, y parte de la 9na casa está en Sagitario. También sufrió de cirrosis hepática.

Ejemplo #20. Vittorio De Sica nació con una Luna severamente mal aspectada en Piscis y en la 6ta casa; Júpiter estaba demasiado cerca de Saturno, y había dos astros en la 9na casa. Este es otro caso de cirrosis hepática.

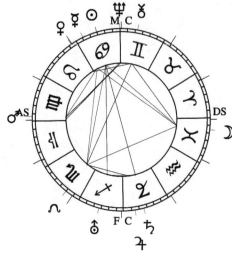

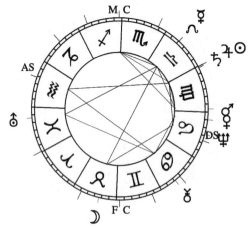

Example #Ejemplo #21. Mi madre nació con Júpiter en exacta conjunción (con precisiónn de un grado) con el Sol y Saturno. Parte de su 1ra casa esta en Piscis. Riesgo de cambios cirróticos en los últimos años de su vida.

11.
Garganta

Astrológicamente hablando, las patologías relacionadas con la garganta son tan evidentes que ustedes deberían ser capaces de detectarlas incluso con los ojos cerrados.

De hecho, en la carta natal de los nativos con tales males siempre se pueden encontrar elementos significativos de Tauro (lo cual simplemente significa que el Sol o la cúspide del Ascendente están en Tauro), elementos importantes en la 2da casa, la sexta casa en Tauro, Venus enredado en varios ángulos, o a Venus como regente de la carta.

Aquí hay tan sólo algunos ejemplos de las enfermedades de la garganta. Según mi opinión, no necesitan siquiera comentarios. Son casos de amigdalectomías, problemas con las cuerdas vocales y la tiroides, desórdenes de la alimentación, etc.

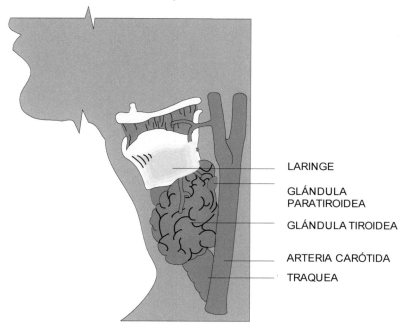

128 FUNDAMENTOS DE LA ASTROLOGÍA MÉDICA

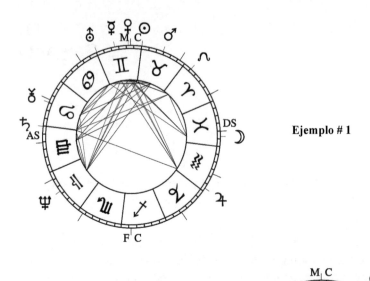

Ejemplo # 1

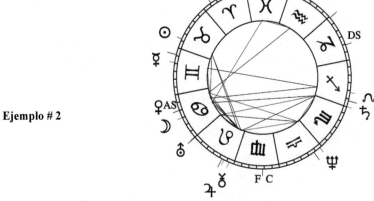

Ejemplo # 2

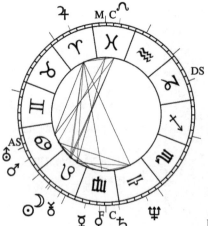

Ejemplo # 3

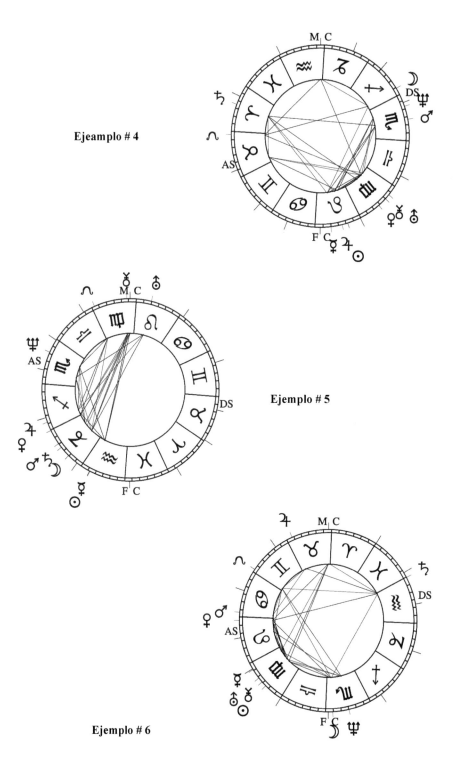

Ejeamplo # 4

Ejemplo # 5

Ejemplo # 6

12.
Huesos, dientes y rodillas

Aquí estamos en medio del territorio de la milenaria tradición astrológica. Ya en el *Tetrabiblos* de Ptolomeo, si no es que siglos antes, fuertes elementos de Capricornio o Saturno en la carta natal eran indicados como relevantes para los huesos y los dientes.

La analogía es muy clara, y no podría ser de otro modo. Saturno es Kronos, el anciano – el sinónimo del envejecimiento y la vejez. Así, ¿que hay en el cuerpo humano que sea indicador de la edad de la persona? Su calcio, en su mayoría concentrado en nuestros huesos y dientes. También nuestras rodillas están relacionadas estrechamente con los huesos.

Sin exagerar, podríamos decir que en la vida de virtualmente cualquier capricornio o de cualquier nativo fuertemente saturnino tarde o temprano hay una operación quirúrgica en los meniscos. Esta puede parecer una sentencia exagerada o dogmática, pero es tan real en la vida de la gente, que muchas veces puedo corregir la hora de nacimiento de un consultante que nació supuestamente con ascendente en Acuario, pero que reporta lesiones o cirugías en las rodillas – dejándome así detectar que su ascendente es más bien Capricornio.

El índice de confianza de esta regla es sorprendentemente alto. Podemos incluso decir que es casi imposible que una persona, cuya carta natal está marcada por elementos predominantes de Capricornio y/o Saturno, nunca sufra de ninguna enfermedad duradera relacionada con los huesos o los dientes – y esto es incluso más verdadero con las rodillas en particular.

Por otra parte, es virtualmente imposible predecir cual de los tres grupos de patologías prevalecerá sobre los otros dos. Sucede algo similar con los llamados signos del destino en una sinastría.

Todos pueden verificar en la vida diaria que las parejas más importantes – para bien y para mal – son aquellas cuyos respectivos soles natales forman un ángulo de cero o 90 o 180 grados. Por ejemplo, ambos miembros de la pareja podrían tener el Sol en Géminis; o uno podría haber nacido con el

Sol en Géminis y la otra con el Sol en Piscis, o Virgo, o Sagitario.

¿Pero se han preguntado porqué ciertos nativos de Géminis tienen tendencia a casi siempre ser estables con aquellos de Piscis mientras que otros nativos de Géminis son estables con aquellos de Virgo? He estudiado este asunto, pero nunca he logrado encontrar una respuesta satisfactoria.

La mísma línea de razonamiento podría aplicar a las tres patologías arriba mencionadas. Claro que, una cosa es leer la carta natal de un niño sin conocer su atmósfera familiar, y otra muy distinta si articulan el análisis astrológico cuando el consultante, como adulto, se sienta en frente de ustedes permitiéndoles conocer su historia familiar.

Si por ejemplo supieran, recorriendo el árbol de familia del consultante, que hay un elemento genético específico que discrimina, digamos, los dientes (e.g. si te enteras que muchos miembros de su familia tuvieron problemas dentales a lo largo de generaciones), sería súmamente fácil entender que entre los tres grupos de patologías arriba mencionados, el consultante podría ser afectado más fácilmente por desórdenes dentales.

Del mismo modo, si ven que un consultante Capricornio o saturnino es obeso y que él/ella vienen de una familia de gente obesa, sin forzar las reglas de la astrología pueden predecir ciertamente que él/ella sufre probablemente severos y continuos dolores en la columna.

Algunas veces hay otros elementos – me atrevo a decir, elementos 'contundentes' – que requieren que se apeguen a una práctica estricta de la lectura formal de la carta natal, la única que puede decirles de verdad qué tipo de patología podría afectar al nativo.

Por ejemplo, tomemos a una persona nacida con fuertes elementos de Capricornio y con Ascendente en Leo o la 6ta Casa en Leo. Como en el ejemplo anterior, también en este caso, incluso si dicha persona es aún un bebé sobre el que no saben virtualmente nada, la mera lectura de su carta natal es suficiente para permitirles predecir – con un alto grado de certeza – que de adulto sufrirá seguramente de dolencias en la columna y/o los huesos en general (por ejemplo: la cervical, las lumbares, etc).

Lo que sigue es una breve pero significativa galería de gente aquejada de las enfermedades arriba expuestas.

Ejemplo #1. Un examen de la situación general de este nativo nos permte decir que seguramente debió nacer más tarde – por lo tanto su ascendente debe ser capricornio. E incluso si no fuera así, su 1ra casa cubriría de todos modos virtualmente todo el signo de Capricornio. Saturno está en Capricornio y en la 1ra Casa, influenciado por varios planetas: entre ellos, una disonancia con Urano. Desde muy joven, esta persona siempre ha sufrido muchísimo con sus dientes y – a una edad más avanzada – también con sus huesos y rodillas.

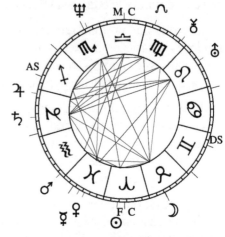

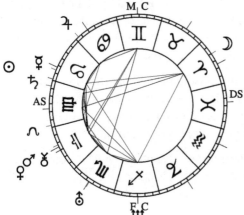

Ejemplo #2. Este nativo ha tenido una serie impresionante de fracturas en sus piernas, pies, dedos, rodillas y codos. Es un individuo joven y altamente saturnino, con fuertes elementos en la 12va Casa y Marte en la 1ra. Algunos de los ejemplos aquí enlistados podrían también indicar fracturas de huesos, pero decidí enfrentar las fracturas en otra sección por separado: de hecho, no siempre los problemas de los huesos nos llevan a las fracturas. Así pues, los lectores serán capaces de estudiar los distintos casos y compararlos.

Ejemplo #3. De niña, esta mujer padeció problemas muy dolorosos. A una edad más avanzada, también tuvo problemas con sus huesos – particularmente las rodillas. Su ascendente es Capricornio; Saturno está en Capricornio en la 1ra Casa.

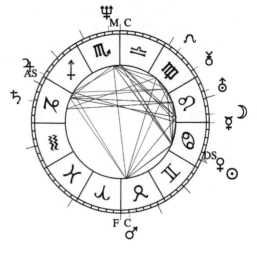

Ejemplo #4. Aquí sólo tenemos al ascendente en Capricornio. Sin embargo, eso es suficiente para señarlarnos a una persona que siempre ha sufrido de los dientes y, de adulto, también ha experimentado problemas con los huesos, las articulaciones y las rodillas en particular.

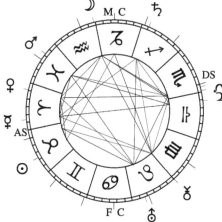

Ejemplo #5. Ciertamente, esta persona nació antes de la hora oficialmente registrada. Ella/Él tuvo un tumor en el pie y se sometió a varias cirugías de las rodillas por accidentes de carretera. También tiene a Marte en Piscis en la 12va Casa, y en la carta natal pueden ver a Saturno en la 9na Casa, relacionado con varios planetas.

Ejemplo #6. Tuvo varios problemas de los huesos y los dientes. El ascendente es Capricornio, y Saturno tiene múltiples aspectos. Sin embargo, ninguna enfermedad seria en este caso.

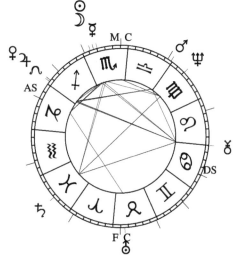

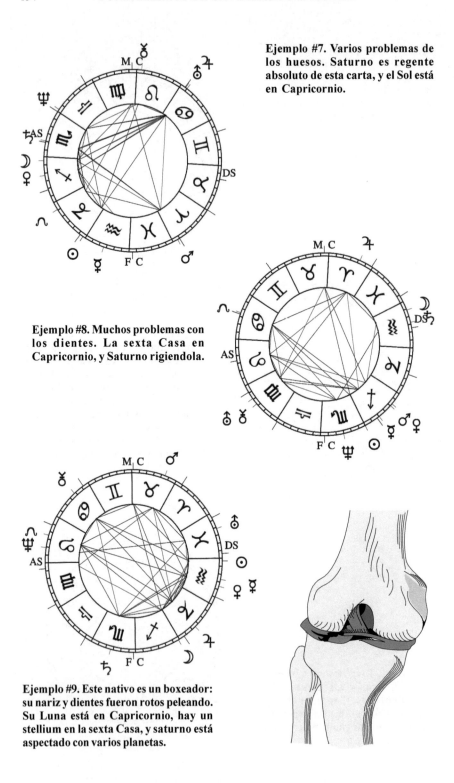

Ejemplo #7. Varios problemas de los huesos. Saturno es regente absoluto de esta carta, y el Sol está en Capricornio.

Ejemplo #8. Muchos problemas con los dientes. La sexta Casa en Capricornio, y Saturno rigiendola.

Ejemplo #9. Este nativo es un boxeador: su nariz y dientes fueron rotos peleando. Su Luna está en Capricornio, hay un stellium en la sexta Casa, y saturno está aspectado con varios planetas.

A mi madre
de Giuseppe Ungaretti (traducción: Emiliano Ricci)

Y el corazón cuando de un último latido
haya hecho caer el muro de sombras
para conducirme, Madre, hasta el Señor,
como alguna vez, me darás la mano

De rodillas, decidida,
serás una estatua frente al eterno
tal como te veía
cuando seguías con vida

Alzarás temblando los viejos brazos
como cuando expiraste
diciendo: Dios Mío, aquí estoy

Y sólo cuando me haya perdonado
tendrás deseos de mirarme

Recordarás haberme esperado tanto,
y tendrás en los ojos un rápido suspiro.

    Sería interesante desarrollar el tema de una posible relación entre la ambición de Capricornio y la postura de arrodillarse (compensación) con referencia a las patologías de las rodillas (no ser capaz de arrodillarse).

13.
Neurosis serias

Yo sé cual será el primer reclamo del lector, al leer esta sección. ¿Cómo se pueden clasificar en la misma categoría docenas de distintas neurosis y/o problemas de salud mental de diferentes naturalezas, como si fueran uno sólo? Bueno, yo creo que se puede hacer, y les diré porqué. Mientras tanto, déjenme declarar sin falsa modestia mi considerable experiencia y conocimiento en este campo, empezando desde el principio.

Yo siempre he declarado que en nuestra niñez pueden existir ya signos inequívocos – que sólo un ciego sería incapaz de ver – de lo que será nuestra profesión futura. Pues bien, cuando yo era un niño tuve señales claras de aquello con lo que me enfrentaría de adulto. Mis primeros recuerdos de eso están claras: se remontan al año en que yo cursaba el tercer año de primaria, cuando tenía ocho años. En ese momento noté – y solía decírmelo a mí mismo en voz alta – que mis compañeros, niños y niñas, venían con frecuencia a confesar sus problemas cotidianos mayor o menormente serios. En otras palabras, mi sensibilidad masiva *cancerina* me había provisto con... "¡Qué ojos tan grandes!" – "Son para verte mejor", como lo narra el cuento de hadas mundialmente famoso.

Siempre procuraba darle apoyo a los demás cuando querían llorar, o simplemente soltar la presión de sus problemas. Incluso hoy en día, algunas veces el peso de esta condición se vuelve insoportable para mí. Cuando eso pasa dejo de trabajar con la gente, y me quedo con mi familia... en donde mi esposa y mi hija soltera sólo están esperando para compartir la carga de sus varios problemas cotidianos conmigo. Incluso en esos pocos minutos que dedico diariamente a un rápido bocadillo a la hora de la comida y a escuchar los titulares de las noticias por Televisión, no puedo hacerlo como yo quisiera, ya que la señora del aseo se aprovecha de mi supuesta relajación para contarme de sus problemas familiares... Si voy a una fiesta o a visitar amigos – si por ejemplo me invitan a cenar – hay al menos diez personas que (amistosamente) me asedian buscando consejo, o simplemente recibir consuelo moral, o una palabra agradable de mi boca...A la edad de veinte años, me sometí a mi primer psicoanálisis largo y a profundidad – un análisis Jungiano muy exitoso que me enriqueció mucho por dentro. También empecé a estudiar psicología con entusiasmo. Más que leer, literalmente devoraba las obras completas de Jung, al igual que una buena cantidad de textos escritos por Freud, Adler, Fromm, Ellenberger, Wilhelm Reich, James Hillman, Silvano Arieti, Ernst Bernhard y muchos más. No lo digo para jactarme, pero bebía de esos textos sagrados con la sed de un verdadero estudioso que ama estudiar por el estudio mismo.

Así pues, absorbí docenas de libros e incluso si los leí hace más de treinta años, hoy en día podría con facilidad presentar exámenes en la universidad y graduarme en psicología. Pero el hecho es que un título universitario no me resulta atractivo. No me importa en lo más mínimo, no necesito superar ningún complejo de inferioridad. Sin embargo sería un tonto si no diera el debido reconocimiento de mi largo aprendizaje a base de estudios y práctica a mí mismo (con tres largos y profundos psicoanálisis) al igual que a los años de actividad práctica con otros – aun cuando todo se dio sin el sello de la academia. De hecho, nunca he siquiera intentado obtener ninguna aprobación académica, aun cuando hoy en día todos pueden comprar títulos universitarios baratos en internet. El estudio de la psique y la neurosis siempre ha sido uno de los temas más desafiantes para mí. Entre los recuerdos más hermosos de mi vida profesional, está la relación con muchas personas que sufren y con las cuales he mantenido trato por décadas, con un buen éxito astrológico. En el 1er Congreso Internacional de Astrología magníficamente organizado por Serena Foglia en Milán en 1975, di una plática sobre esquizofrenia (que pueden leer en el apéndice de este libro).

Representa ciertamente una de las mejores cosas que haya yo producido en una vida de investigación. Gracias a ese estudio, fui muy estimado por André Barbault y otros colegas talentosos. Ese estudio continuó con el tiempo, de modo que – sin alardear – puedo decir que en la mayoría de los casos soy capaz de distinguir los matices que diversifican a una neurosis específica de todas las demás. He leído y sigo leyendo mucho sobre la ansiedad, los atáques de pánico, padecimientos obsesivos y depresivos, sobre formas catatónicas no-psicóticas, y problemas de alimentación tales como la anorexia y la bulimia, etcétera. También puedo decir, sin audacia, que podría y todavía puedo ayudar a mucha gente, especialmente con los cumpleaños dirigidos, aún así sin descuidar otras 'acciones de sustitución' que siempre he usado en mi praxis astrológica – me refiero al exorcismo de símbolos. Consideremos un caso en particular.

Hay personas llamadas *borderline* (trastorno limítrofe de la personalidad) con pequeñas, aunque no insignificantes, formas de paranoia. Podría parecer fácil mantener una relación con ellas, pero no lo es. Algunas personas imaginan – no hay nada de qué reírse en este caso – que las están espiando con cámaras ocultas incluso en sus momentos más íntimos. Si les aconsejas buscar ayuda de un psicólogo, lo que es bastante adecuado según el desorden que tienen, te responderían: "¿Por qué tendría que recibir tratamiento de un psicólogo? Si sólo dejaran de filmarme con las cámaras, yo ya no tendría problemas". Ya lo ven, este es sólo un ejemplo de las patologías con que lidio cada día. Por supuesto que no me canso de decirle a esa gente que busquen ayuda psicológica. Por otro lado, no rechazo ayudar a aquellos que han confiado en mí y que muestran mejorías tras rehubicar su Retorno Solar..

Obviamente existen algunas 'píldoras astrológicas' que pueden suministrar en cualquier caso. Me refiero a rehubicar el Retorno Solar de la gente que sufre de depresión mayor para que Júpiter en su RS esté en conjunción con el Ascendente del RS – lo cual funciona como una especie de 'Prozac celestial' con efectos sorprendentes en el estado de ánimo. También pueden rehubicar el RS de personas catatónicas o particularmente pasivas y apáticas para que Marte del RS caiga en la 7ma casa del RS. Existen también muchas otras rehubicaciones 'prótesis' que pueden aplicar con patologías específicas y definidas. Por ejemplo, si ponen a un Venus hermoso en el RS en la tercer casa del Retorno Solar de un individuo que tiene una neurosis compulsiva ligada a su relación con una hermana, lo pueden ayudar a sentirse mucho mejor – aunque el efecto de esta acción de rehubicación particular suele estar limitada a ese año en específico, pues no ataca la raiz del problema.

Por otro lado, ¿qué harían ustedes si alguien les pidiera ayuda y al mismo tiempo rechazara buscar ayuda con terapia psicoanalítica? ¿Abandonarían sin más a esas personas? ¿Acaso no les echarían al menos un salvavidas, hasta que pudieran convencerlas de tomar el camino correcto que las llevara (casi) hacia la sanación final o decisiva? Ahora bien, para el alcance de este libro no creo que sea en lo absoluto importante determinar el nombre, apellido y apodo de una futura enfermedad mental. Al contrario, podría ser importante avisarle a los papás sobre el fundamento neurótico potencial de sus hijos. Porque si ustedes son capaces de advertirle a los papás sobre la salud de sus hijos, podrían lograr como resultado convencerlos para que le dieran seguimiento – desde la infancia – a sus hijos, tanto psicólogos como doctores expertos.

Esto ayudaría seguramente a los niños a deshacerse de los problemas que un buen astrólogo puede ver en sus cartas natales desde antes de manifestarse, prácticamente de inmediato después del nacimiento. Siempre he estado en contra de la llamada 'astrología de los signos solares' – e.g. los horóscopos diarios, semanales, mensuales y anuales de las revistas populares – especialmente cuando pretende dar información precisa del día o semana o mes o año siguientes, de un ser humano. Por supuesto, hablar de los arquetipos fundamentales que son la base de cada signo del Zodiaco es harina de otro costal.

Desde este punto de vista, no tengo dudas en indicar a Piscis y Tauro como los signos que son más propensos ciertamente a desarrollar neurosis y/o enfermedades mentales de todos los tipos. Cuando traten con un niño que pertenece a uno de esos dos signos, ustedes deben tomar en cuenta esto cuando estén analizando cuidadosamente – muy cuidadosamente – toda su carta natal. Si otros factores confirman sus sospechas de neurosis o desorden mental, sólo entonces ustedes podrán presentar esta información a sus papás con un alto grado de confiabilidad. Estos son los elementos de las cartas natales que más probablemente denotan neurosis ligeras o serias:

- **Elementos significativos de Piscis o Tauro**

- **Ocupación significativa de la 12va casa**

- **Neptuno extremadamente fuerte, o como regente de la carta, o significativamente mal aspectado**

- **Cualquier ángulo disonante (especialmente aquellos con órbitas cerradas) – incluyendo conjunciones – entre Neptuno y el Sol, Neptuno y la Luna, Neptuno y el Ascendente, Neptuno y Marte, Neptuno y Saturno**

- **Fuerte presencia de Plutón**

- **Un ego débil, por ejemplo en relación con Marte en Libra o un Sol muy mal aspectado.**

Se podrían enumerar otras posiciones, pero no me gustaría replicar el 'efecto Cornell' (mencionado en otra sección de este libro). Es decir, enlistar todas las posiciones del Zodiaco que existen de modo que ninguna sobresalga. Todos los casos que pongo a continuación se refieren a neurosis repentinas y serias, aunque cada una tiene sus propias características diferentes. La Neurosis no siempre es un símbolo de regresión y destrucción. Principalmente para artistas, poetas y escritores, puede ser un gran amplificador de los sentimientos y las sensaciones que puede ayudarles [a los artistas] a producir verdaderas obras maestras. Tal es el caso de Luigi Pirandello, un dramaturgo y novelista Italiano, quién obtuvo el Premio Nobel en Literatura en 1934.

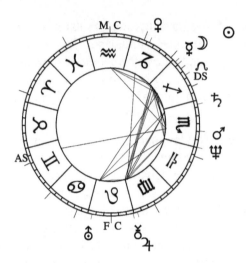

Ejemplo #1. Conjunción Marte-Neptuno en la 6ta casa, recibiendo influencias de un buen número de elementos de la carta natal.

Ejemplo #2. La carta muestra claramente la melancolía saturnina de este individuo, que también nació con la Luna en Capricornio, Plutón como regente secundario de la carta, y la 1ra casa cubriendo una buena porción de Piscis.

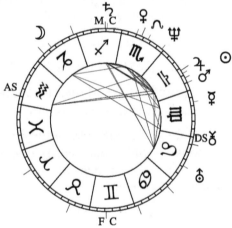

Ejemplo #3. Plutón es regente. Neptuno está en cuadratura cercana con Urano, y probablemente hay un stellium en la doceava casa (Urano está casi en la cúspide).

Ejemplo #4. Tauro con Plutón de regente.

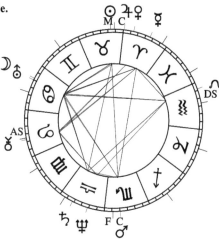

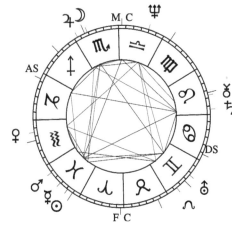

Ejemplo #5. Hay un stellium significativo en Piscis, y elementos de Capricornio-Escorpio (lo que en realidad no ayuda a la salud de este individuo).

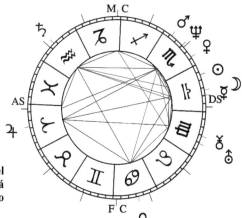

Ejemplo #6. Muy probablemente, el Ascendente en Piscis, Neptuno está en conjunción con Marte, enredado en varios ángulos disonantes.

Ejemplo #7. Neptuno es regente y discordante; hay un stellium en Tauro y dos astros en Piscis (uno de ellos es el Sol).

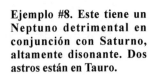

Ejemplo #8. Este tiene un Neptuno detrimental en conjunción con Saturno, altamente disonante. Dos astros están en Tauro.

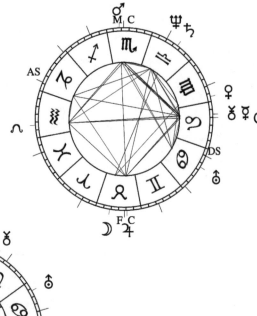

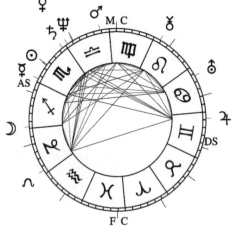

Ejemplo #9. El sol está en la 12va casa; también, noten la conjunción detrimental de Neptuno con Saturno relacionados con muchos ángulos disonantes.

Ejemplo #10. Hay un stellium significativo en la 12va casa; la Luna regente en Tauro; y Neptuno en conjunción con Marte.

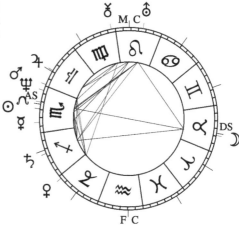

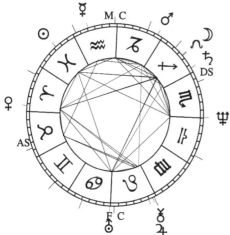

Ejemplo #11. Sol en Pisici, Ascendente en Tauro, y Neptuno con ángulos disonantes.

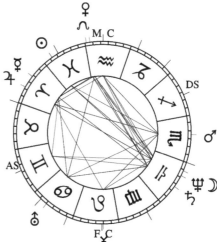

Ejemplo #12. El Sol está en Piscis, y hay un rango notable de ángulos afectando la triple conjunción Luna-Saturno-Neptuno.

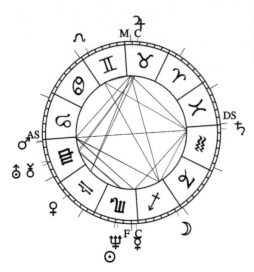

Ejemplo #13. El Sol está en conjunción cercana con Neptuno; también está en semicuadratura con Urano u Plutón.

Ejemplo #14. La luna está en Piscis y en la 6ta casa. Neptuno crea dos sesquicuadraturas detrimentales con: el Sol y Marte.

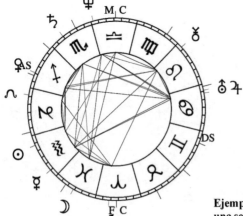

Ejemplo #15. La luna está en Piscis, creando una sesquicuadratura exacta con Neptuno.

Ejemplo #16. La triple conjunción dañina Luna-Saturno-Neptuno está en cuadratura con el Sol.

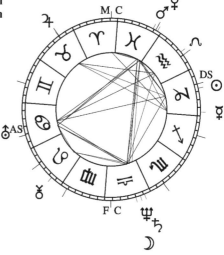

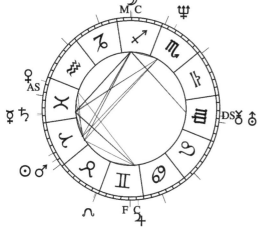

Ejemplo #17. Hay un stellium en Piscis, el Ascendente en Piscis, Plutón y la Luna rigen la carta, y Neptuno está haciendo una sesquicuadratura con el Sol y Marte.

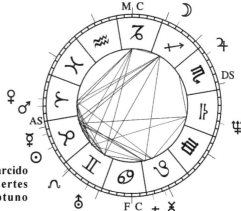

Ejemplo #18. Hay un stellium esparcido por la 12va y la 1ra casas, fuertes elementos de Tauro, un Neptuno disonante en la 6ta.

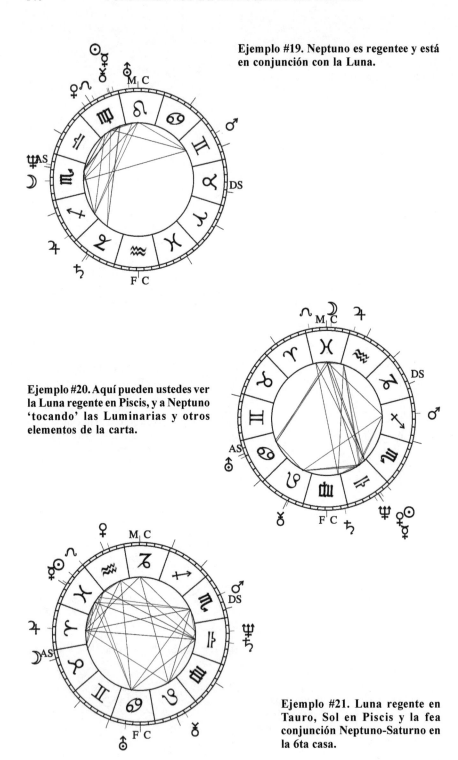

Ejemplo #19. Neptuno es regentee y está en conjunción con la Luna.

Ejemplo #20. Aquí pueden ustedes ver la Luna regente en Piscis, y a Neptuno 'tocando' las Luminarias y otros elementos de la carta.

Ejemplo #21. Luna regente en Tauro, Sol en Piscis y la fea conjunción Neptuno-Saturno en la 6ta casa.

Ejemplo #22. Un stellium significativo en Tauro, Neptuno regente en oposición a la Luna.

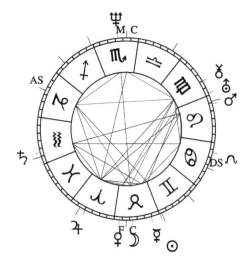

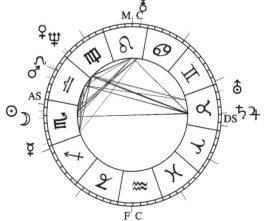

Ejemplo #23. Stellium en Tauro, Plutón regente, y Neptuno mal aspectado.

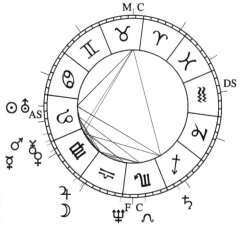

Ejemplo #24. El Sol está en la 12va casa, y Neptuno yace en uno de los cuatro ángulos principales de la carta.

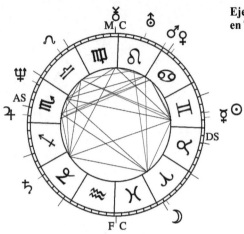

Ejemplo #25. Pluto regente, sexta casa en Tauro, y Neptuno muy afectado.

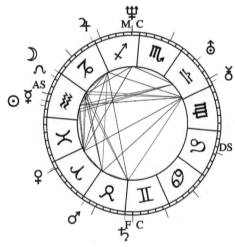

Ejemplo #26. Neptuno es el regente absoluto de la carta, en semicuadratura con Urano. La luna está en la doceava casa.

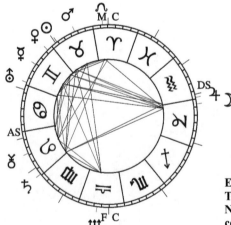

Ejemplo #27. Sol y Marte están en Tauro, la Luna está en la 6ta casa, y Neptuno está en un ángulo disonante con el Sol y con Marte.

Ejemplo #28. Neptuno en cuadratura con la Luna (y con Urano)

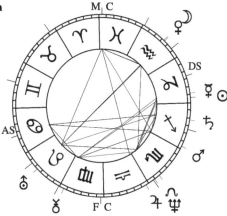

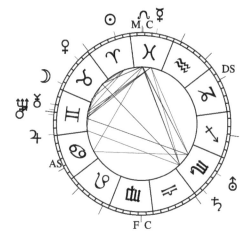

Ejemplo #29. Vincent Van Gogh, nacido en Zundert (de acuerdo con la Encyclopedia Britannica) el 30 de marzo de 1895 a las 11:'00 am. Su carta de nacimiento tenía un feo stellium en la 12va casa con la triple conjunción de Marte-Neptuno_plutón. Además, hay dos astros en Tauro.

Ejemplo #30. Franz Kafka, nacido en Praga el 3 de julio de 1883 a las 7:00 am. Hace varios años no fui capaz de leer correctamente su carta. Ahora veo claramente sus elementos que apuntan a la paranoia leve del escritor. El proceso y la metamorfosis del hombre que se vuelve una cucaracha son sólo dos ejemplos clásicos de ella. Su sol está ciertamente en la 12va casa, y Neptuno está en conjunción con Marte.

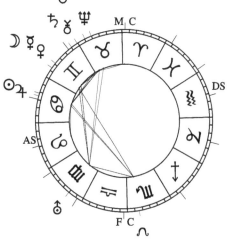

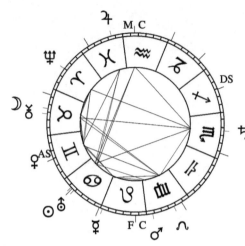

Ejemplo #31. Luigi Pirandello, nacido en Kaos, un suburbio de Girgenti (hoy en día Agrigento, Sicilia), el 28 de junio de 1867 a las 3:15 am. Stellium en la doceava casa, la Luna en conjunción con Plutón en la 12va y en Tauro, Neptuno mal aspectado con Saturno. En las siguientes páginas ustedes encontrarán el retrato astrológico de este brillante dramaturgo, novelista y escritor de cuentos ganador del premio Nobel de Literatura en 1934.

Ejemplo #32. Ingmar Bergman, nacido en Uppsala, Suecia, el 14 de julio de 1918, a la 1:00 pm. Como casi todos los datos de las celebridades, también los datos de nacimiento de Bergman vienen de la base de datos de Grazia Bordoni. Nació con la Luna en conjunción con Marte en la doceava casa, y un neptuno regente en conjunción con Saturno.

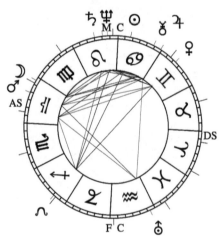

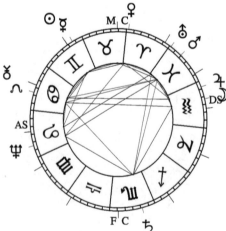

Ejemplo #33. Marilyn Monroe, nacida en Los Ángeles el 1ro de junio de 1926, a las 9:30 am. Neptuno está cerca del Ascendente, y en quintilla con Marte.

Ejemplo #34. Greta Garbo, Estocolmo 18 de septiembre de 1905, 7:30 pm. Su Luna está en Tauro en la 12va casa; Neptuno está angular, mal aspectado con Saturno.

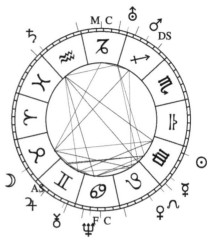

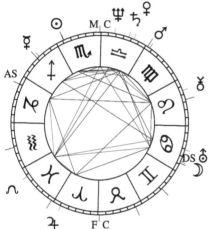

Ejemplo #35. Carlo Verdone, nacido en Roma el 17 de Noviembre de 1951, a las 10:20 am. El actor y director de cine italiano no es una persona súper neurótica, sin embargo ciertamente, su Neptuno regente en conjunción con Saturno inspira muchos de sus personajes 'un poco tocados'.

Ejemplo #36. Woody Allen, nacido en Nueva York el 1ro de Diciembre de 1935, a las 10:55 pm. Neptuno está en la 1ra casa, en sesquicuadratura con Urano.

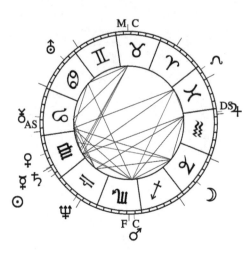

Ejemplo #37. Loredana Berté, nacida en Bagnara Calabra, Italia, el 20 de septiembre de 1950, a las 3:25 am. Esta cantante brillante, una mujer atormentada también, nació con Neptuno en cuadratura con la Luna, y Plutón regente de su carta natal.

Ejemplo #38. Antonio Ligabue, nacido en Zurich el 18 de Diciembre de 1899, a las 9:30 pm. El pintor nació con un Neptuno mal aspectado en conjunción con Plutón, pero también en oposición a la triple conjunción Sol, Marte y Saturno.

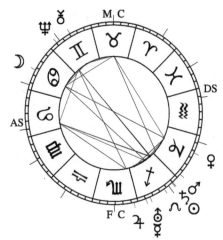

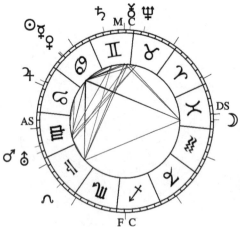

Ejemplo #39. Amadeo Modigliani, nacido en Livorno el 12 de Julio de 1884 a las 9:00 am. Nació con Plutón y Neptuno ambos rigiendo la carta, y la Luna en Piscis en cuadratura con Plutón.

14.
Próstata

Déjenme platicarles la siguiente anécdota sobre la próstata, porque es muy graciosa para los astrólogos. Acababa yo de cumplir cincuenta cuando recibí por correo la invitación de parte de la Órden de los periodistas, para asistir a la selección para el examen de la próstata en una población de periodistas mayores de cincuenta.

Yo, más que estar preocupado al respecto, quería evitar ser grosero. Por lo tanto, acepté la invitación y fui a la clínica mencionada en la invitación al examen. Debo confesar, sin embargo, que yo no conocía en lo más mínimo ese tipo de test y no sospechaba ni remotamente cual sería el procedimiento. El doctor era un urólogo y andrólogo. Me invitó a desvestirme, a arrodillarme en el sillón y a permanecer relajado. Mientras tanto, se puso una especie de condón de latex en el dedo – y sólo entonces entendí cual iba a ser el examen.

La inspección 'profunda' no duró más de 7-8 segundos. El doctor se quitó el 'condón', se lavó la mano cuidadosamente, y eventualmente me dio una palmada en la espalda, exclamando, "¡Felicidades: usted tiene una excelente próstata! Está claro que, siempre ha tenido una vida sexual regular, nunca ha querido exagerar, y..." Después de lo cual me enumeró una serie de detalles sobre mis años pasados. Y yo, pensé para mí, "Cuida tu comportamiento... Para poder decir algo sobre la vida de nuestros consultantes, nosotros los astrólogos debemos estudiar su carta natal por semanas y, en la mayoría de los casos, no están satisfechos y nos cubren con un chorro de ofensas.

¡Mientras que este doctor me está diciendo la hisotira de mi vida simplemente porque metió, rápidamente, su dedo en mi [censurado]!" Y lo más divertido de todo, ¡esto me estaba pasando a mí como astrólogo! Este fue probablemente uno de los episodios más 'emocionantes' de mi vida en el campo médico, pero también un hecho que tendría que hacer reflexionar a la gente. Consideremos ahora a la próstata desde el punto de vista mucho más 'primitivo' de la astrología. En la abrumadora mayoría de los casos, la próstata está asociada con elementos significativos de Escorpio, pero también puede estar indicada por un simple Sol, el Ascendente, la Luna, la cúspide de la 6ta casa en Escorpio; o por el Sol o un stellium en la 8va casa. Además también puede estar indicada por un Plutón fuerte, mal aspectado o regente.

A continuación unos ejemplos:

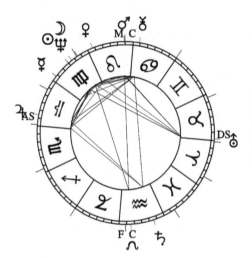

Ejemplo #1. El Ascendente está virtualmente todo en Escorpio, y Plutón rige la carta. Para tener fuertes problemas de próstata, ya a una edad relativamente joven, este individuo se dio por vencido en cuanto a buscar pareja.

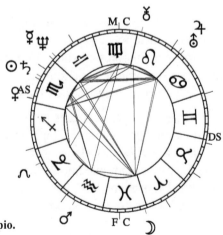

Ejemplo #2. Enorme stellium en Escorpio.

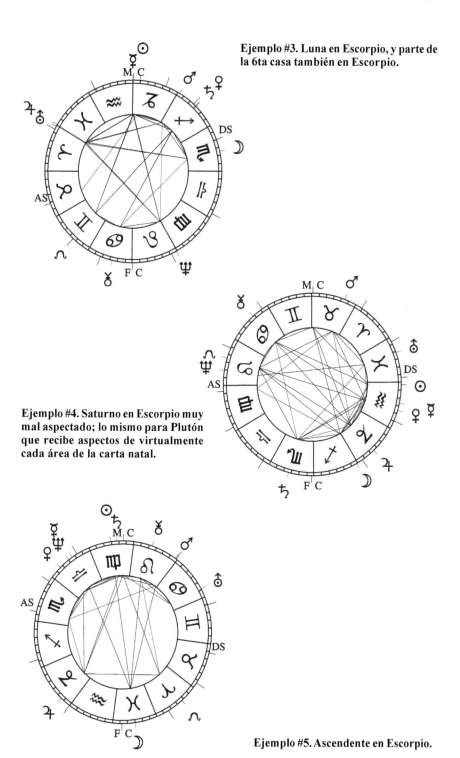

Ejemplo #3. Luna en Escorpio, y parte de la 6ta casa también en Escorpio.

Ejemplo #4. Saturno en Escorpio muy mal aspectado; lo mismo para Plutón que recibe aspectos de virtualmente cada área de la carta natal.

Ejemplo #5. Ascendente en Escorpio.

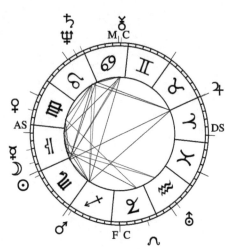

Ejemplo # 6 François Mitterand. Incluso antes de que tuviera cáncer de próstata, solía padecer de la próstata desde muchos años atrás. El Sol está en Escorpio y Plutón es el regente. Muchas mujeres hermosas – incluyendo ciertas brillantes actrices italianas – contribuyeron a que desarrollara problemas de la pàostata, al igual que placeres incontables..

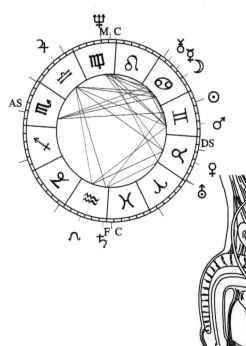

Ejemplo # 7. Aquí las referencias están claramente visibles. El Ascendente es Escorpio, el Sol está en la 8va casa, también Plutón y hay incluso un Stellium ahí.

15.
Sordera o problemas serios de audición

Creo que tengo derecho a algún tipo de copyright sobre esta patología. Lo que quiero decir es que hasta donde sé, no creo que otros autores hayan escrito o dicho antes que la sordera está en relación cercana con el signo Acuario.

Como siempre, no estoy interesado en la explicación teórica del fenómeno; en cambio, baso mi suposición en lo que ha demostrado mi experiencia práctica de décadas de obeervaciones directas de casos objetivos. Sin embargo, en este caso en particular sería una actitud equivocada si uno no quisiera considerar el poder de los símbolos que se expresan a sí mismos al abrigo de esta longitud de onda específica.

Según mi opinión, la caracteristica clave de Acuario es su independencia factual de los demás. Esto se demuestra cierto principalmente en el hecho de que al Acuario típico (e.g. aquellos nacidos con una ocupación significativa en este signo o en la onceava casa de la carta natal) simplemente ' no le importa' para nada lo que los demás puedan pensar de ellos. Esto es debido a una forma de independencia, por supuesto – pero también puede ser explicado por el egoismo extremo de estos nativos. En este sentido ustedes deben recordar la oposición dialéctica de los signos. De hecho, Yo prefiero personalmente mencionar 'los seis ejes zodiacales' en lugar de los 'doce signos': es decir Acuario/Leo, Aries/Libra, etcétera. Por lo mismo, con mucha frecuencia se pueden encontrar Acuarianos intentando mortificar su propio ego por todos los medios.

Es casi como si estuvieran intentando nulificar virtualmente su propia personalidad a favor del concepto de 'comunidad'. Un ejemplo puede ser la primera reunión (tipo Acuario) de los llamados 'niños flor' en los años sesenta. Otras veces, el arquetipo que gobierna Acuario elige el sendero de una individualización exagerada, si no es que extrema, contra la masa. Otras veces existen formas mixtas.

Ciertos Acuarios (recuerden que este término no sólo se refiere a 'aquellos nacidos con el Sol en Acuario') impulsan ideales de comunidades, pero al mismo tiempo son una especie de *forasteros* o *marginados*. Entonces, con esto en mente, no debería sorprenderles si los acuarianos (especialmente cuando empiezan a envejecer) muestran tendencia a subrayar sus deseos de 'no escuchar a los otros' con una marcada pérdida del oído. Un episodio particular permanece impreso en mi memoria. Es sobre una persona con claras características de Acuariano, que al mismo tiempo tenía sordera bilateral. Primero lo convencí de reubicar uno de sus Retornos Solares con el objetivo de lograra su emancipación personal y mejorar su salud. Después de la reubicación, viajó al extranjero a someterse a una atrevida cirujía que le habría permitido recuperar al menos parte de la audición en uno de sus oídos.

La cirujía fue un perfecto éxito, sin embargo no quizo volver a verme nunca más, después de maldecirme con las siguientes palabras: "¡Yo estaba tan bien en mi aislamiento casi total! ¡Ahora tengo que lidiar con la gente otra vez, y es tu culpa!" Creo que también podría ser interesante analizar la conexión entre sordera, oído, y el amor por la música – pero tal vez sea suficiente el haberlo simplemente mencionado aquí. Propongo por lo tanto una corta galería de casos particularmente significativos de pérdida progresiva del oído parcial o total.

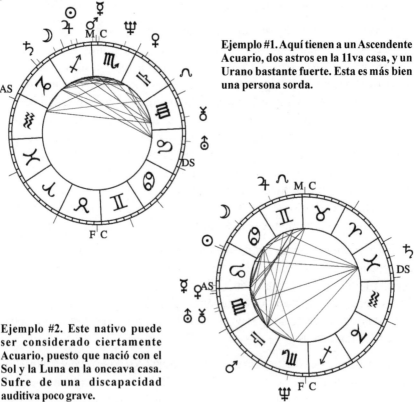

Ejemplo #1. Aquí tienen a un Ascendente Acuario, dos astros en la 11va casa, y un Urano bastante fuerte. Esta es más bien una persona sorda.

Ejemplo #2. Este nativo puede ser considerado ciertamente Acuario, puesto que nació con el Sol y la Luna en la onceava casa. Sufre de una discapacidad auditiva poco grave.

Ejemplo #3. El Sol está en conjunción con Urano en la 11va casa. Este es un caso de sordera poco severa.

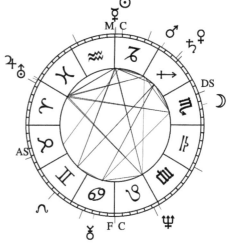

Ejemplo #4. Mercurio está en Acuario y está la conjunción Júpiter-Urano en la 11va. Ambas posiciones reciben muchos ángulos de otros elementos de la carta natal. Este es un caso de sordera profunda.

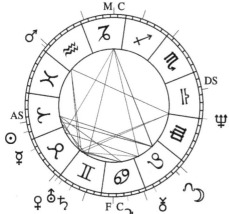

Ejemplo #5. Marte en Acuario, muy mal aspectado, yace a una destancia no mayor de dos grados y medio de la cúspide entre la 11va y la 12va. Este individuo sufrió una perforación bilateral hemorrágica de los oídos, corriendo por lo tanto el riesgo de tener sordera permanente.

Ejemplo #6. Hay varios elementos de Acuario en esta carta. Es un caso de pérdida del oído leve.

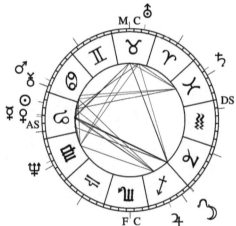

Ejemplo #7. La 6ta casa está en Acuario, Urano es el regente y está en el medio cielo, y está la conjunción Marte-Plutón en la 11va. Este es un caso de una semi-sordera bastante avanzada.

Ejemplo #8. Es un caso de discapacidad auditiva de gravedad media. Pueden ustedes notar elementos significativos en la 11va, así como a Saturno en Acuario, recibiendo ángulos de casi todos lados en la carta natal.

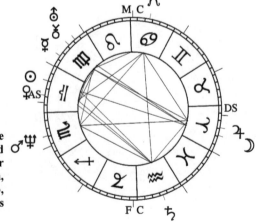

SORDERA O PROBLEMAS SERIOS DE AUDICIÓN

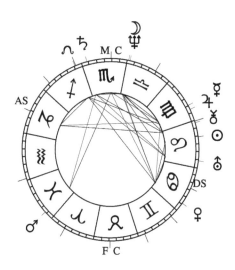

Ejemplo #9. Urano en la 6ta casa, y la mitad de la 1era casa en Acuario. Discapacidad auditiva de gravedad media.

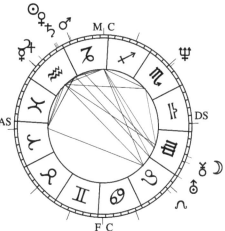

Ejemplo #10. Cualquier comentario parece superfluo. Es un caso de sordera de gravedad media.

Ejemplo #11. Ascendente en Acuario, Urano regente, y el Sol en conjunción con Urano. Este nativo está discapacitado auditivamente con bastante seriedad y trabaja en el campo de asistencia auditiva.

Ejemplo #12. Ludwig van Beethoven, nacido en Bonn el 16 de diciembre de 1770, a las 3:40 am (fuente: Base de datos de L.M. Rodden). Estaba completamente sordo. La hora de nacimiento es incierta. Si trazamos la carta con esa hora, uno de los dos planetas regentes es Urano.

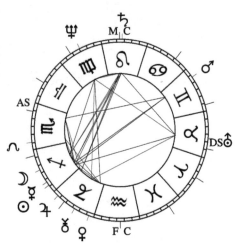

Adicionalmente a lo expuesto más arriba sobre los ejes zodiacales, déjenme señalar algo sobre el signo de Leo. En la mayoría de los casos, la gente de Leo habla en un tono de voz más bien bajo, independientemente de si están ocupados en discusiones o charlas amistosas. Ahondando en la psicología y los símbolos de este signo específico, del Zodiaco, creo que este modo de 'susurrar' puede conectarse con dos factores principales.

La primera razón es el hecho de que 'el rey de la selva' está convencido de que deberían ser los otros quienes debieran estirar sus cuellos para escuchar sus palabras, las cuales distribuye normalmente como si fueran perlas regaladas a sus súbditos. La otra razón es que el Leo típico tiene capacidades auditivas excelentes, las cuales tal vez cree que todos los demás también tienen, por lo que no es necesario gritar.

El siguiente, que es en verdad un episodio interesante debería confirmarlo. Un día una dama estaba hablándome sobre una aventura romántica que estaba teniendo con un hombre. Su esposo estaba sentado en otra habitación, supuestamente admirando los libros en los anaqueles. Pero él tenía elementos significativos de Leo en su carta, así que a pesar de estar en una casa con muros muy anchos, en otra pieza y con la puerta bien cerrada, pudo oir perfectamente lo que su esposa me estaba confesando. Irrumpió inesperadamente en el cuarto en un ataque de celos. Luego se fue sin despedirse de los presentes.

16.
Corta miscelánea

Como ya expuse antes, este libro no pretende ser exhaustivo en los temas explicados en sus páginas. Si así fuera, ¡sería un proyecto utópico! El título de este volumen es *Fundamentos de Astrología Médica*.

Eso quiere decir que su alcance es guiar a los estudiantes de astrología hacia la astrología médica. Este libro no esconde ni minimiza el valor de ciertas combinaciones de importancia extraordinaria, aunque nunca hayan sido notadas antes por muchos colegas que me precedieron a lo largo de los siglos. Por otro lado, el alcance de este volumen no es examinar senderos de "no-saber", tal vez por el puro hecho de hacer una lista completa de cualquier posible conexión entre astros y patologías.

Por esa razón, en las siguientes páginas ustedes encontrarán una especie de notas resumidas – una lista de puntos reducidos a un mínimo de comentario por ser tan obvios, o simplemente porque puedo escribir al respecto sólo lo que de verdad sé.

Como ya lo anuncié en el prefacio, siguen faltando muchos apuntes, mientras que otros fueron tratados brevemente en mi *Nuovo Dizionario di Astrologia* editado en Italia por Armenia, por lo que por el momento consideré innecesario repetirlos aquí..

Enfermedades de tipo ginecológico

Estas incluyen problemas menstruales serios, desórdenes del sangrado (ameorrea, dismenorrea, etc), infecciones venéreas menores pero recurrentes, cistitis, quistes uterinos o de ovarios, infertilidad, tendencia a los abortos espontáneos, miomas, etcétera..

Básicamente en todos estos casos ustedes pueden detectar elementos significativos de Escorpio; Plutón regente o particularmente mal aspectado; la 6ta casa en Escorpio; o un stellium en la 8va. Hay algunos casos particularmente serios. Según mi opinión, no requieren comentarios.

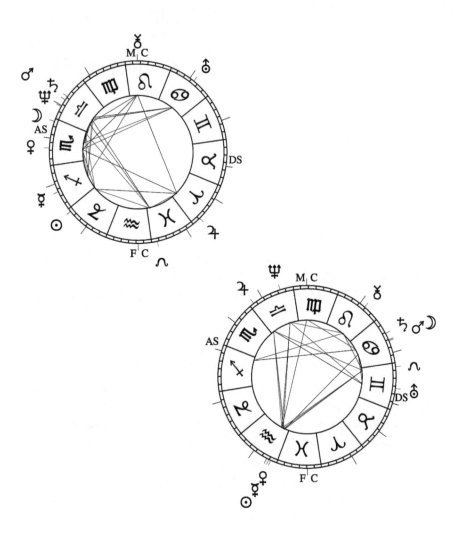

Hemorroides

In Tanto en nativos hombres como mujeres, las hemorroides están normalmente relacionadas con los mismos elementos astrológicos enlistados en los padecimientos de tipo ginecológico.

Problemas circulatorios e Hipertensión

Elementos importantes de Acuario; Urano regente; Urano particularmente mal aspectado y/o enredado en varios ángulos; o la ocupación significativa de la 11va casa.

Riñones, vegiga y problemas urinarios

Sin duda, en estos casos detectarán ustedes elementos de Libra, la ocupación significativa de la 7ma casa, la 6ta casa en Libra, y a Venus regente, mal aspectado o particularmente implicado en aspectos con otros planetas.

Esos son los elementos planetarios que deberían despertarles sospechas de este tipo de patologías. Si el nativo es joven, también pueden indicar – por ejemplo – la necesidad de orinar, o al contrario: la falta total del estímulo urinario.

Los problemas de incontinencia urinaria están incluidos generalmente en este grupo de patologías.

Pulmones y/o problemas respiratorios serios

Fuertes elementos de Géminis u ocupación intensa de la 3ra casa; 6ta casa en Géminis; o Mercurio fuerte, regente o particularmente mal aspectado.

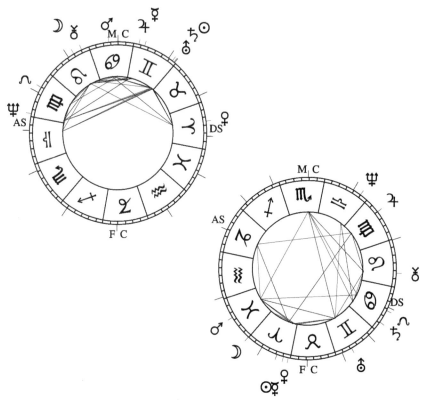

Columna vertebral, escoliosis, hernias de disco y demás

El signo Leo está en primer plano en individuos que padecen de este tipo de problemas; pero también pueden ustedes detectar una ocupación peculiar de la 5ta casa; o la 6ta en Leo; o al Sol regente, mal aspectado o particularmente importante en la carta natal..

En los casos más serios ustedes pueden encontrar frecuentemente discordia entre Saturno, y Urano, o al menos un ángulo puntual (cerca de la órbita) entre Urano y Saturno.

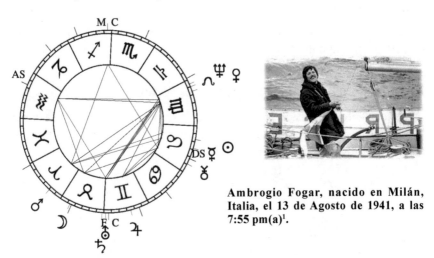

Ambrogio Fogar, nacido en Milán, Italia, el 13 de Agosto de 1941, a las 7:55 pm(a)[1].

Christopher Reeves(el actor famoso por su papel de Superman), nacido en Nueva York el 25 de Septiembre de 1952, a las 3:12 am.

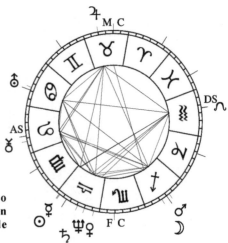

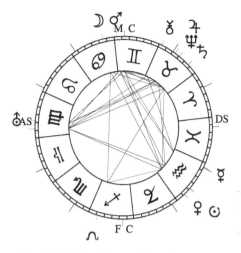 

Franklin Delano Roosevelt, nacido en Nueva York el 30 de enero de 1882 a las 8:45 pm.

Estómago

No puede haber dudas de que las patologías relacionadas con el estómago están claramente ligadas con el signo Cáncer y la Luna, pero también pueden detectar elementos significativos de Capricornio (por su oposición con Cáncer); la 6ta casa en Cáncer; y una ocupación significativa de la 4ta casa (porque está estrictamente relacionada con Cáncer).

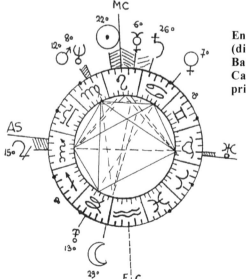

En la carta de Napoleón Bonaparte (dibujada manualmente por André Barbault) pueden ver la Luna en Capricornio, muy mal aspectada, principalmente por Saturno.

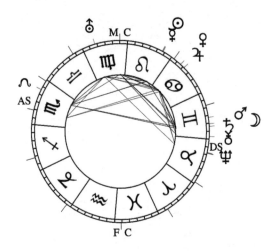

En la carta de Benito Mussolini la Luna está literalmente siendo 'aplastada' por Marte y Saturno.

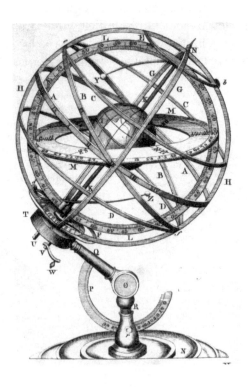

Relaciones entre la medicina y los Retornos Solares

17.
Relaciones entre la medicina y los Retornos Solares

Esta podría, en apariencia, ser una sección redundante, dada la abundante literatura que he escrito yo mismo sobre este tema. (1) Pero como solían decir los romanos: repetita iuvant. Déjenme enfatizar nuevamente lo peligrosa que puede ser la presencia del Sol, del Ascendente, o de un Stellium o de Marte del RS en la 1ra, 6ta y 12va casas. [2]

Por años, de hecho por décadas – de verdad por varias décadas – He sido desdeñado por la vasta mayoría de mis colegas que declaran que no puede haber ninguna conexión entre, digamos por ejemplo, el Ascendente del RS cayendo en la 1ra casa natal del Sr. Pérez, y que una posible enfermedad grave lo afecte en los siguienes doce meses.

Eso no me molesta porque, como todos saben, es *"una risa que los sepultará"*. "¡A lo mucho – comentaron – con el Ascendente del RS en la 1ra casa natal, un hombre podría dejarse la barba; y si es una mujer, podría crecerle un hermoso busto!" Después de que escribí varios libros sobre Retornos Solares con cientos de ejemplos factuales, sólo entonces la mayoría de esos colegas se convencieron de las implicaciones perjudiciales del Ascendente del RS cayendo en la 1ra casa natal de uno.

Aún así nunca se han retractado oficialmente de sus posiciones previas y suelen omitir citarme como el verdadero autor de dicho descubrimiento. (3) Este podría ser el tema de una sección separada cuyo título podría ser *Miseria Humana*. Sin embargo, puesto que este volumen está dirigido a estudiosos serios, en verdad no creo que deba incluir tal sección. Además de mi propia bibliografía detallada más abajo, existen muchos otros ensayos, artículos, conferencias publicadas exclusivamente en mi revista cuatrimestral *Ricerca '90*.

Serán probablemente ignorados aún por muchos estudiosos. Pero por encima de ellos, quisiera enfatizar que considero que los siguientes puntos son extremadamente importantes:

- El uso terapéutico de los Retornos Solares Dirigidos (RSD) no tiene como propósito reemplazar ningún tratamiento médico – es sólo adicional a éste último.

- La sinergia en las cartas de RS de los miembros de la familia del nativo es extraordinariamente importante. En treinta y seis años de práctica intensa en este campo he logrado muchos resultados satisfactorios operando en la reubicación del RS de un familiar, al igual que en el RS de la persona interesada. Por ejemplo, para proteger la salud de un individuo, frecuentemente le he sugerido dirigir su propio RS de modo que Venus en el RS caiga en la 6ta casa del RS; al mismo tiempo he sugerido a su conyugue que dirija su RS colocando a Venus o Júpiter en la 5ta o 7ma casa de su propio RS.

- El uso sabio y adecuado de las cúspides del RS es otro gran comodín en las manos de un astrólogo. Digamos que su consultante ha sido recientemente afectado por alguna patología y les solicita a ustedes que le sugieran cómo reubicar su próximo RS. Si ustedes confían lo suficiente en lo correcto de la hora de nacimiento del nativo – manteniendo siempre presente la regla sobre la distancia de dos y medio grados con respecto a una cúspide que expuse en mi *Nuovo Trattato di Astrología* (Armenia, 782 páginas) – pueden ustedes lograr resultados sorprendentemente buenos poniendo, por ejemplo, a Venus del RS en la cúspide entre la 5ta y 6ta casas, y a Júpiter en la cúspide entre la 1ra y 2da casas. Así, si este individuo reporta que además de haber sido protegido en el campo de la salud (6ta), los siguientes doce meses posteriores al RS fueron muy placenteros en relación con el amor y el ocio (1ra), ustedes pueden creer con certeza que esa persona se sentirá verdaderamente mejor después de un año tan positivo.

- Cuando ustedes estén intentando proteger la salud de alguien por medio de un Retorno Solar Dirigido (RSD), más que en otros casos, deberán considerar la reubicación del RS que se adapte con la hora de nacimiento declarada por el consultante así como con una hora de nacimiento redondeada media hora y, posiblemente, también con una hora de nacimiento redondeada diez minutos.

- Creo que es totalmente equivocado mostrar un torpe optimismo (4) si, digamos, ustedes saben que en el próximo RS de su consultante el Marte del Retorno Solar estará en la 6ta casa del RS. Encuentro mucho más útil para sus consultantes que estén conscientes de los riesgos de esta combinación perjudicial del RS, para que puedan decidir por si mismos si desean protegerse o no.

Después de las siguientes notas pueden ustedes ver algunos ejemplos de lo que está escrito en esta sección.

Notas:
1) Está es una bibliografía breve, pero escencial sobre este tema:
- Ciro Discepolo, *Nuova guida all'astrologia* [Nueva guía hacia la Astrología], Armenia, 817 pp.
- Ciro Discepolo, *Guida ai transiti* [Guía de Tránsitos], Armenia, 459 pp.
- Ciro Discepolo, *Effemeridi e Tavole delle Case* [Efemerides y Tablss de Casas], various volumes, Armenia
- Ciro Discepolo, *Trattato pratico di Rivoluzioni solari* [Tratado práctico de revoluciones solares], Blue Diamond, 204 pp.
- Ciro Discepolo, *Esercizi sulle Rivoluzioni solari mirate* [Ejercisios sobre Revoluciones Solares Miradas], Blue Diamond, 96 pp.
- Ciro Discepolo, *Nuovo dizionario di astrologia* [Nuevo Diccionario de Astrología], Armenia, 392 pp.
- Ciro Discepolo, *Transiti e Rivoluzioni solari* [Transitos y Retornos Solares], Armenia, 500 pp.
- Ciro Discepolo, *Transiti e Rivoluzioni solari* [Transitos y Retornos Solares], Armenia, 500 pp.
- Ciro Discepolo, *Transits and Solar Returns*, Ricerca '90 publisher, 560 pp., 2007
- Ciro Discepolo, *Transits et Révolutions solaires*, Ricerca '90 publisher, 466 p., 2008
- Ciro Discepolo, *Tránsitos y Retornos Solares*, Ricerca '90 publisher, 664 p., 2009
- Ciro Discepolo, *Lunar Returns and Earth Returns*, Ricerca '90 publisher, 304 p., 2009
- Ciro Discepolo, *Aimed Solar and Lunar Returns*, Ricerca '90 publisher, 220 pages, 2009
- Ciro Discepolo, *Lunar Returns*, Ricerca '90 publisher, 240 pages, December 2010
- Ciro Discepolo, *Astrologia Attiva* [Astrología Activa], Edizioni Mediterranee, 144 pp.
- Ciro Discepolo, *Il sale dell'astrologia* [La sal de la astrología], Capone, 144 pp.
- Ciro Discepolo and Luigi Galli, *Supporto tecnico alla pratica delle Rivoluzioni solari mirate* [Soporte Técnico en la párctica de Revoluciones solares], Blue Diamond Publisher, 136 pp.
- Luigi Galli and Ciro Discepolo, *Atlante geografico per le Rivoluzioni solari* [Atlas Geografico para Retornos Solares], Blue Diamond Publisher, 136 pp.
- Ciro Discepolo, *Quattro cose sui compleanni mirati* [Algunas cosas sobre los cumpleaños mirados], Blue Diamond Publisher, 104 pp.
- Ciro Discepolo, *Traité complet d'interprétation des transits et des Révolutions solaires en astrologie*, Éditions Traditionnelles, Paris, 504 pp.
- Ciro Discepolo, *Nuovo trattato delle Rivoluzioni solari* [Nuevo tratado de Retornos solares], Armenia, 215 pp.
- Ciro Discepolo, *Nuovo trattato di astrologia* [Nuevo tratado de Astrología], Armenia, 782 pp.

2) Es innecesario decir, que no repetiré lo que ha sido escrito en más de cincuenta libros y que la gente con un poquito de entendimiento puede comprender a la primera. Ustedes deben examinar siempre la carta natal de su consultante como un todo, sus interacciones con tránsitos, la situación astrológica de todos los miebros de su familia, etcétera. Esas cosas son obvias; tan obvias que son incluso banales. Aún así, hay personas (probablemente con un Mercurio entorpecido en su carta natal) a las que deban repetirle las cosas varias veces hasta que ellos eventualmente – ojalá – las aprendan y entiendan sin necesidad de pretender ser tan inteligentes como si hubieran acabado de descubrir la fisión atómica.

3) Creo que vivimos en una era de gran barbarie, donde incluso las más elementales reglas de vida civilizada son frecuentemente desbordadas por intereses personales y/o apuestas dobles. Creo que los comportamientos inadecuados deberían ser condenados inclusive más ásperamente en el campo de los ensayos escritos, en el que los autores algunas veces finjen haber olvidado quién llevó a cabo cierta investigación que permitió muchos descubrimientos antes de que ellos escribieran y eligen – desafortunadamente en el campo cultural – suprimir citas bibliográficas relevantes en sus trabajos.

4) citar brevemente lo que escribí a mediados de febrero de 2005, en mi sitio
http://www.solarreturns.com/optimism_and_pessimism.htm

En este momento de mi vida sucede que frecuento, en contra de mi voluntad, el área de oncología de un hospital de mi zona. Con frecuencia acompaño a un pariente mío, el cual está seriamente enfermo (uno que no practica los Retornos Solares Dirigidos, pero esa ya es otra historia). El pequeño pabellón, aunque es arquitecturalmente moderno y funcional, exuda dolor de todas las paredes y está pavimentado con sufrimientos y más sufrimientos en cada centímetro cuadrado de su superficie. En tal lugar, al igual que en cualquier otro ambiente de nuestro planeta, hombres y mujeres de distintas mentalidades, razas, crianzas, temperamentos y sensibilidades cohabitan. El comportamiento de algunos de ellos, especialmente el de los doctores y las enfermeras, choca considerablemente con este lazareto de la modernidad: dicho personal siempre lleva puesta una amplia sonrisa; le dan palmadas en la espalda a los pacientes (incluso cuando muchos de ellos son pacientes terminales, viviendo sus últimas semanas de vida); les cuentan chistes; les aseguran que no hay nada de qué preocuparse, y que todo va a seguir bien. La pregunta es: ¿Son ellos optimistas?

La respuesta: No, son imbéciles.

No hay necesidad de ser un Sigmund Freud para entender que los pacientes están bastante concientes de su propio estado de salud, y que consideran tales exibiciones intentos vacíos y estúpidos de inverosímiles actores de tercera del pabellón de oncología.

Georges Bernanos escribió: "El optimismo es falsa esperanza, para ser usada por cobardes e imbéciles (La liberté pour quoi faire)"

I Conozco a otros doctores, menos brillantes y menos bufones, que con frecuencia miran al paciente a los ojos y le dicen, "Ya te cocinaste – tienes una enorme capa de alquitrán en tus pulmones. Tu vida está en serio peligro – pero si me escuchas, si dejas de fumar y si sigues mis recomendaciones médicas, podrías librarla." Este es el tipo de doctor que la superficialidad y la ignorancia que dominan el mundo de nuestros días, en cada capa de nuestra sociedad, simplemente etiquetaría como "pesimista", mientras que al contrario, por suerte son personas que piensan y actúan después de pensar, salvando muchas vidas humanas.

Pues bien, también entre los astrólogos existen los optimistas y los pesimistas

Por ejemplo, en el campo de los Retornos Solares o de los Retornos Solares Dirigidos el conocimiento de algunos es comparable a mi conocimiento del alfabeto Chino. Sin embargo preguntan, "¿Cómo puede ser cierto todo ese sinsentido de Ciro Discepolo, por ejemplo lo que dice sobre Marte del RS en la 1ra Casa del Retorno Solar?" Algunos otros, incluso más ignorantes que los anteriores en este campo, pero con el mismo grado de optimismo-idiotez, responden: "¡No le prestes atención! Marte en la primera casa del RS hace que le crezca pelo en el pecho a los hombres y reafirma el busto de las mujeres. Una de mis mejores amigas se casó con esa posición astral". A propósito, ¿cómo es que esto último tiene algo que ver con Marte en la 1ra? Está muy poco claro.

El álbum de mis recuerdos más queridos, obtenidos de sugerirle a miles de personas un lugar adecuado para una reubicación activa de su RS lejos de casa, contiene una secuela de eventos felices, tales como: gente que no podía encontrar a la pareja perfecta y ahora están felizmente casados; otros que estaban enfrentando obstáculos profesionales y ahora están satisfechos con sus trabajos; otros que eventualmente tuvieron hijos después de años de intentos infructuosos, etcétera.

Cuando le expongo una situación a un consultante, no me importa si lo que estoy a punto de decir será juzgado como 'optimista' o 'pesimista', pues me enfoco en ofrecerle una solución, hechos, como un intento de ayudar a esa persona que está frente a mi para que salga de sus problemas.

Ahora bien, si por medio de mi 'pesimismo' puedo ayudarle a la gente a vivir mejor, me pregunto: "Es mejor ser optimista o pesimista?"

Y entonces me pregunto nuevamente: "¿Puede un pesimista hacer que cientos de personas viajen cada año para pasar su cumpleaños en otro continente?" Y – ¿están seguros de que un individuo así sea de verdad pesimista? ¿O deberíamos cambiar algo en el diccionario? ¿O tal vez podría ser esto explicado con el hecho de que un creciente número de personas estandarizadas, homogeneizadas en multitudes, abren sus bocas y producen sonidos sin haber prendido su cerebro?

Si es así, yo prefiero pensar como Jacques Bainville (Lectures): "El optimismo es la fe de las revoluciones". Es también la fe de las Revoluciones Solares.

Nota del traductor:

1) Un marinero italiano, piloto de rallies y aventurero. Fue el primer italiano en navegar solo de este a oeste al rededor del globo. En 1992 Fogar quedó paralizado del cuello para abajo después de un accidente de jeep. Esto no acabó con su espíritu aventurero, en 1997, en una silla de ruedas, completó una carrera al rededor de italia en yate.

Ejemplo # 1

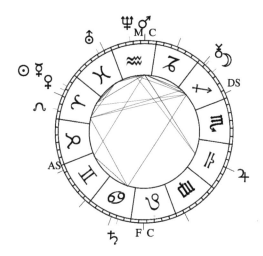

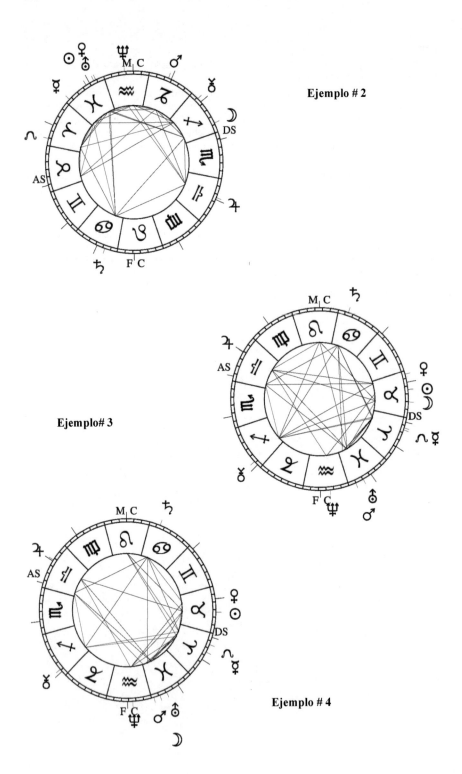

Ejemplo # 2

Ejemplo # 3

Ejemplo # 4

RELACIONES ENTRE LA MEDICINA Y LOS RETORNOS SOLARES   177

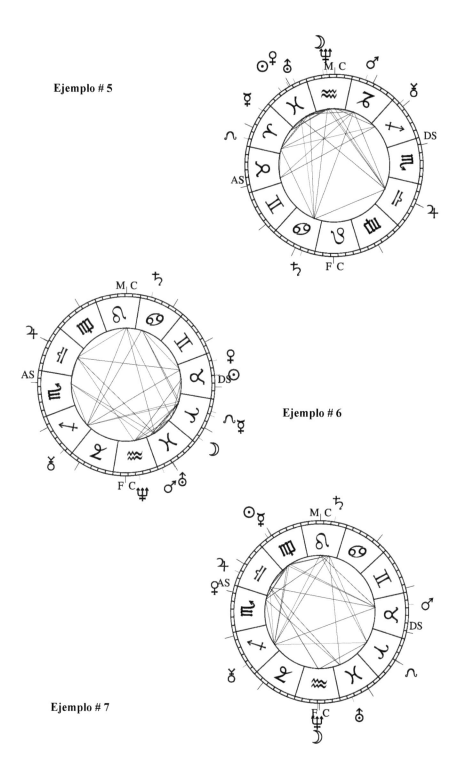

Ejemplo # 5

Ejemplo # 6

Ejemplo # 7

18.
Ejemplo de aplicación de un Retorno Solar Dirigido para mejorar la salud

Veamos, ahora, un ejemplo de como un Retorno Solar Dirigido puede usarse para mejorar la condición física de una persona que tiene serios problemas de salud.

En primer lugar, y debería ser innecesario decirlo, esta práctica debe usarse como apoyo y no como sustituto de ningún tratamiento médico ordenado por los doctores que lleven el caso. En segundo lugar, debo decir (aunque no debería ser necesario) que el conocimiento y la aceptación de los fundamentos de la Astrología Activa son requisitos para entender y aceptar el siguiente ejemplo.

Para evitar lo que ya ha sucedido en el pasado – esto es, que algunos lectores llevados por nobles sentimientos citaron algunas líneas de uno de mis libros para intentar probar cierta presunta orientación particular mía sobre la astrología, diferente de la orientación que mis estudiantes conocen muy bien – Me gustaría añadir que leer cuidadosamente los textos que propongo en la bibliografía puesta más abajo es crucial también para entender adecuadamente y sin errores el caso que les explicaré a continuación.

Dichos textos representan una bibliografía esencial e indispensable, lo que significa que si no los han leído cualquier comentario con respecto a este ejercicio estará fuera de lugar, porque carecerá de cualquier fundamento lógico. En mi experiencia en el campo he registrado personalmente muchos casos con una mejoría marcada en la salud de los individuos, cuando la mejoría ya era teóricamente posible.

En nuestro caso al igual que en muchos otros, intenté poner a Venus en la 6ta casa del Retorno Solar de este nativo para 2005. Efectuando de entrada en mi mente un análisis inicial, y confirmándolo subsecuentemente con un visor gráfico, recibí como respuesta que – aparentemente – no era posible reubicar el RS para colocar un Venus en la 6ta casa del RS en ninguna localidad accesible. De hecho, no es meramente cosa de poner a Venus en la 6ta – si ustedes quieren proteger la salud de alguien con un Retorno Solar Dirigido, deben tomar en consideración los siguientes elementos clave:

- El lugar en el que quieren reubicar debe producir una carta de RSD que sea aceptable tanto para la hora de noacimiento declarada por el consultante como para una hora de nacimiento que ha sido redondeada media hora. Ya he explicado las razones para este procedimiento en una buena cantidad de mis libros previos, especialmente en mi *Nuovo Trattato di Astrología*, Armenia.

- Venus debe quedar en la 6ta casa del RS en ambos casos.

- En ambas cartas, Urano no debe estar en la 12va Casa del RS.

- En ambas cartas, Marte no debe caer en la 1ra Casa.

- En ambos casos, el Ascendente del RS no debe caer en la 6ta Casa natal – la distancia respecto de las cúspides debe ser mayor de 2.5 grados.

Aun cuando estén muy cerca de la carta de RS ideal, la reubicación en lugares como Hobart (Tasmania, Australia), Sydney (Australia), Brisbane (Australia), La isla Lord Howe (Australia), e Invercargill (Nueva Zelanda) no producen los resultados deseados.

En este punto le pregunto al consultante cuanto dinero desea invertir en esto. Entonces propongo una solución que ya ha sido implementada por otras personas: esto es, ir a un club de vuelo local donde – normalmente gastando al rededor de mil dólares – pueden pedirle a un piloto experimentado y apasionado que los lleve al lugar deseado cruzando el oceano a bordo de su avión personal. En otras palabras, le dan al piloto las coordenadas (longitud y latitud) y le piden volar en círculos en ese lugar por cerca de 30 minutos, y luego llevarlos de regreso al club de vuelo.

Pero aún así, el problema no es fácil de resolver. Ustedes deberían probar miles de combinaciones de longitud y latitud antes de encontrar la correcta: la que producirá una carta de RS aceptable tanto para la hora declarada por el consultante como para una hora de nacimiento treinta minutos anterior a la estipulada. Aquí es donde llega a mi ayuda el maravilloso paquete de software que desarrollé y programé yo mismo en tres años y medio de duro trabajo, con la asistencia de un equipo de seis a siete ingenieros, graduados en ciencias de la computación, especialistas en diseño por computadora, etcétera.

Me refiero al Módulo RSMA (RSMA es un acrónimo que significa Rivoluzioni Solari Mirate Automátiche, Retornos Solares Dirigidos Automáticos), el cual suelo llamar Aladino por razones que pueden ser fácilmente adivinadas, pues puede hacer esto y más. Cuando digo 'esto' me refiero a que Aladino es capaz de escanear el mundo virtual en busca de un lugar – completo con longitud y latitud – donde una carta aceptable de RS puede funcionar tanto para la hora de nacimiento dada por el consultante como para la hora dada por la resta de 30 minutos a la de nacimiento. Las cartas que siguen les muestran la solución al problema: un lugar ubicado a 158° al Este de Greenwich y 50° al Sur del ecuador, aproximadamente a mitad de camino entre el Sur-este de Hobart (Tasmania) y el Sur-oeste de Invercargill (Nueva Zelanda).

Aún queda un problema por resolver, es pequeño pero no insignificante: la hora del RS, e.g. la hora en la que el consultante debe estar físicamente en el lugar que Aladino seleccionó para esta reubicación. Este es un ejercicio técnico en el que un buen número de excelentes colegas astrólogos pueden cometer errores, especialmente si no están tan hermanados con las matemáticas y la geografía. A continuación pueden leer el consejo que di a este consultante. La hora es la convencional, no la real.

Querido Sr. A:

Antes de decirle el momento exacto en el que usted tendrá que estar en el lugar indicado en el mapa adjunto, por favor lea cuidadosamente las siguientes líneas que explican la diferencia exacta entre la hora de Londres y la de Greenwich Mean Time (GMT).

El observatorio astronómico de Greenwich está prácticamente dentro de la ciudad de Londres. En invierno no hay diferencia entre la hora de Londres y la GMT. Ambas representan el punto de partida para las zonas horarias del mundo. Esto significa que cuando usted dice, "cero horas GMT (Hora Media de Greenwich por sus siglas en inglés)", eso marca el inicio de cada día para el mundo entero.

En verano, la hora de londres está 'sucia'. Lo que quiero decir es que es modificada por el llamado *horario de verano*, que no debe confundirse con el *horario de ahorro energético diurno* – una cosa totalmente diferente.

Así pues, usted debe estar en el punto virtual del cielo que yo le indiqué, el [fecha suprimida] entre las 10:21 y las 10:51 GMT.

¿Cómo sabrá el piloto cual es la hora local correspondiente allá? Él debería estar perfectamente conciente de todas esas diferencias, pero para estar seguros, es mejor que usted revise en su propio reloj, como sigue.

Antes de abordar el avión, usted deberá mover las manecillas a la hora de Londres (todo el mundo debería poder decirle cual es la hora de Londres). Luego mueva las manecillas hacia atrás una hora. De ese modo usted elimina el horario de verano – porque ese día el horario de verano estará vigente en donde usted reubicará su RS – y sincronizará su reloj con la hora de Greenwich. Después de ese procedimiento, suba usted al avión y sobrevuele la zona elegida, de 10:21 a 10:51 GMT.

Eso es todo.

Bibliografía esencial e indispensable para entender el ejemplo discutido en este capítulo.

- Ciro Discepolo, *Nuova guida all'astrologia* [Nueva guía de astrología], Armenia, 817 pp.
- Ciro Discepolo, *Guida ai transiti* [Guía de los tránsitos], Armenia, 459 pp.
- Ciro Discepolo, *Trattato pratico di Rivoluzioni solari* [Tratado práctico de revoluciones solares], Blue Diamond, 204 pp.
- Ciro Discepolo, *Esercizi sulle Rivoluzioni solari mirate* [Ejercicios de Retornos Solares Dirigidos], Blue Diamond, 96 pp.
- Ciro Discepolo, *Nuovo dizionario di astrologia* [Nuevo diccionario de Astrología], Armenia, 392 pp.
- Ciro Discepolo, *Transits and Solar Returns*, [Tránsitos y Retornos Solares], Ricerca '90 publisher, 560 pp., 2007
- Ciro Discepolo, *Transits et Révolutions solaires*, Ricerca '90 publisher, 466 p., 2008
- Ciro Discepolo, *Tránsitos y Retornos Solares*, Ricerca '90 publisher, 664 p., 2009
- Ciro Discepolo, *Transiti e Rivoluzioni solari*, 2nd edition, Armenia, 577 pp.
- Ciro Discepolo, *Astrologia Attiva* [Astrología Activa], Edizioni Mediterranee, 144 pp.
- Ciro Discepolo, *Il sale dell'astrologia* [La sal de la astrología], Capone, 144 pp.
- Ciro Discepolo and Luigi Galli, *Supporto tecnico alla pratica delle Rivoluzioni solari mirate* [Soporte técnico para la práctica de los Retornos Solares Dirigidos], Blue Diamond Publisher, 136 pp.
- Luigi Galli and Ciro Discepolo, *Atlante geografico per le Rivoluzioni solari* [Atlas Geográfico para los Retornos Solares], Blue Diamond Publisher, 136 pp.
- Ciro Discepolo, *Quattro cose sui compleanni mirati* [Cuatro cosas sobre los cumpleaños dirigidos], Blue Diamond Publisher, 104 pp.
- Ciro Discepolo, *Traité complet d'interprétation des transits et des Révolutions solaires en astrologie*, Éditions Traditionnelles, Paris, 504 pp.
- Ciro Discepolo, *Nuovo Trattato delle Rivoluzioni Solari* [Nuevo tratado de los Retornos Solares], Armenia, 215 pp.
- Ciro Discepolo, *Nuovo Trattato di Astrologia* [Nuevo tratado de Astrología], Armenia, 784 pp.

If Si ustedes trazan la carta como en la página siguiente (e.g. 30 minutos antes que la hora de nacimiento) pueden ver que en ambos casos la distancia del Ascendente del RS con respecto a la cúspide de las casas 7ma y 6ta es mayor de 2.5 grados: http://www.cirodiscepolo.it/calcola.asp

FUNDAMENTOS DE ASTROLOGÍA MÉDICA

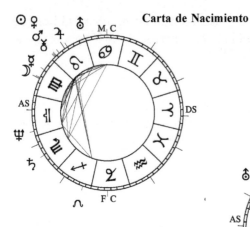

Carta de Nacimiento

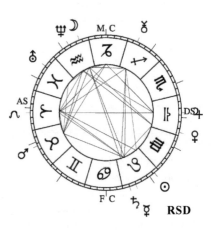

RSD

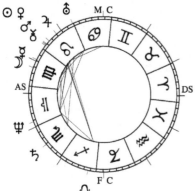

Carta de nacimiento si la hora de nacimiento es 30 minutos más tarde

RSD Si la hora de nacimiento es 30 minutos más tarde

Longitudes de la Carta de nacimiento

Sol: en Leo 25°35'31,3600
Luna: en Virgo 15°21'02,4915
Mercurio: en Virgo 08°45'49,6613
Venus: en Leo 22°02'18,3099
Marte: en Leo 24°51'46,9042
Jupiter: en Leo 14°23'58,3531
Saturno: en Escorpio 15°16'24,9992
Urano: en Cancer 29°41'57,9114
Neptuno: en Libra 25°56'23,9479
Plutón: en Leo 26°26'33,7668
Nodo Medio: en Sagitario 23°13'35,4284 R
Nodo Verdadero: en Sagitario 24°28'25,7388 R
Lilith: en Sagitario 17°57'21,1179
Apogo: en Capricornio 02°49'48,8025 R
Quirón: en Acuario 01°27'27,8012 R
Pholus: en Acuario 04°35'09,0540 R
Ceres: en Capricornio 11°43'29,4537 R
Palas: en Sagitario 10°26'12,5487
Juno: en Escorpio 08°47'29,9090
Vesta: en Leo 23°39'29,4380
Prinera Casa: en Libra 10°10'31,8880
Segunda Casa: en Escorpio 06°13'37,5392
Tercera Casa: en Sagitario 07°20'06,1829
Cuarta Casa: en Capricornio 12°25'30,0976
Quinta Casa: en Acuario 16°41'53,6118
Sexta Casa: en Piscis 16°09'33,8831
Septima Casa: en Aries 10°10'31,8880
Octava Casa: en Tauro 06°13'37,5392
Novena Casa: en Géminis 07°20'06,1829
Décima Casa: en Cancer 12°25'30,0976
Onceava Casa: en Leo 16°41'53,6118
Doceava Casa: en Virgo 16°09'33,8831

Longitudesde la Carta del SR

Sol: en Leo 25°35'33,1518
Luna: en Acuaro 07°06'00,4655
Mercurio: en Leo 09°04'21,8962
Venus: en Libra 01°34'12,5553
Marte: en Tauro 11°20'07,5014
Jupiter: en Libra 16°03'51,7413
Saturno: en Leo 04°12'22,1791
Urano: en Piscis 09°19'20,1244 R
Neptuno: en Acuario 15°56'19,4567 R
Plutón: en Sagitario 21°53'00,1499 R
Nodo Medio: en Aries 16°10'23,4799 R
Nodo verdadero: en Aries 14°43'59,3870 R
Lilith: en Leo 12°29'04,1612
Apogo: en Leo 20°24'05,6958 R
Quirón: en Capricornio 29°04'38,2861 R
Pholus: en Escorpio 26°10'19,7586
Ceres: en Escorpio 18°59'21,2044
Pallas: en Libra 17°15'00,3802
Juno: en Géminis 02°34'44,8909
Vesta: en Cancer 01°51'55,8821
Primera Casa: en Aries 12°40'32,1351
Segunda Casa: en Tauro 08°16'09,6732
Tercera Casa: en Géminis 09°45'30,1341
Cuarta Casa: en Cancer 16°16'36,7319
Quinta Casa: en Leo 21°13'13,3619
Sexta Casa: en Virgo 19°59'55,8987
Séptima Casa: en Libra 12°40'32,1351
Octava Casa: en Escorpio 08°16'09,6732
Novena Casa:en Sagitario 09°45'30,1341
Décima Casa: en Capricornio 16°16'36,7319
Onceava Casa: en Acuario 21°13'13,3619
Doceava Casa: en Piscis 19°59'55,8987

Longitudes de la Carta de cumpleaños si la hora de nacimiento es 30 minutos antres

Sol: en Leo 25°34'19,1675
Luna: en Virgo 15°03'55,2741
Mercurio: en Virgo 08°43'37,2304
Venus: en Leo 22°00'45,5468
Marte: en Leo 24°50'59,1624
Jupiter: en Leo 14°23'41,9912
Saturno: en Escorpio 15°16'21,3331
Urano: en Cancer 29°41'53,6654
Neptuno: en Libra 25°56'22,3213
Plutón: en Leo 26°26'31,3435
Nodo Medio: en Sagitario 23°13'39,4024 R
Nodo Verdadero: en Sagitario 24°28'38,3254 R
Lilith: en Sagitario 17°57'12,8139
Apogee: en Capricornio 02°53'18,4499 R
Quirón: en Acuario 01°27'31,5305 R
Pholus: en Acuario 04°35'11,0701 R
Ceres: en Capricornio 11°43'35,0005 R
Palas: en Sagitario 10°26'04,3237
Juno: en Escorpio 08°47'13,9536
Vesta: en Leo 23°38'54,4318
Primera Casa: en Libra 04°30'38,0519
Segunda Casa: en Escorpio 00°02'16,9050
Tercera Casa: ein Sagitario 00°41'19,6789
Cuarta Casa: en Capricornio 05°29'32,7117
Quinta Casa: en Acuario 09°56'38,1477
Sexta Casa: en Piscis 09°52'56,3151
Septima Casa: en Aries 04°30'38,0519
Octava Casa: en Tauro 00°02'16,9050
Novena Casa: en Géminis 00°41'19,6789
Décima Casa: en Cancer 05°29'32,7117
Onceava Casa: en Leo 09°56'38,1477
Doceava Casa: en Virgo 09°52'56,3151

Longitudes de la Carta ASR si la hora de nacimiento es 30 minutes antes

Sol: en Leo 25°34'21,0312
Luna: en Acuario 06°46'57,6989
Mercurio: en Leo 09°04'00,8955
Venus: en Libra 01°32'43,6486
Marte: en Tauro 11°19'31,8821
Jupiter: en Libra 16°03'38,8851
Saturno: en Leo 04°12'12,9203
Urano: en Piscis 09°19'23,0011 R
Neptuno: en Acuario 15°56'21,4613 R
Plutón: en Sagitario 21°53'00,7303 R
Nodo Medio: en Aries 16°10'27,4499 R
Nodo Verdadero: en Aries 14°44'08,5281 R
Lilith: en Leo 12°28'55,7741
Apogee: en Leo 20°26'23,6774 R
Quirón: en Capricornio 29°04'41,9431 R
Pholus: en Escorpión 26°10'18,9905
Ceres: en Escorpio 18°59'02,2585
Palas: en Libra 17°14'31,7641
Juno: en Géminis 02°34'12,0624
Vesta: en Cancer 01°51'28,2164
Primera Casa: en Aries 07°16'46,9845
Segunda Casa: en Tauro 02°18'05,8799
Tercera Casa: en Géminis 03°11'52,5802
Cuarta Casa: en Cancer 09°18'43,2208
Quinta Casa: en Leo 14°32'38,3838
Sexta Casa: en Virgo 13°55'35,1025
Septima Casa: en Libra 07°16'46,9845
Octava Casa: en Escorpio 02°18'05,8799
Novena Casa: en Sagitario 03°11'52,5802
Décima Casa: en Capricornio 09°18'43,2208
Onceava Casa: en Acuario 14°32'38,3838
Doceava Casa: en Piscis 13°55'35,1025

La página siguiente contiene un mapa del lugar geográfico designado, al igual que un display de una herramienta muy util (el navegador GPS Garmin Foretrex 101) que les permite calcular la longitud y latitud exactas de cada lugar de la tierra – el error es inducido a propósito por la herramienta misma, por razones de seguridad militar.

Luego, en la página siguiente, pueden ustedes ver dos fotos de pantalla del Módulos RSMA, en las que muestran cientos de solucines para este problema. Al hacer clic en una fila, ustedes pueden visualizar cada locación con las dos cartas, una al lado de la otra.

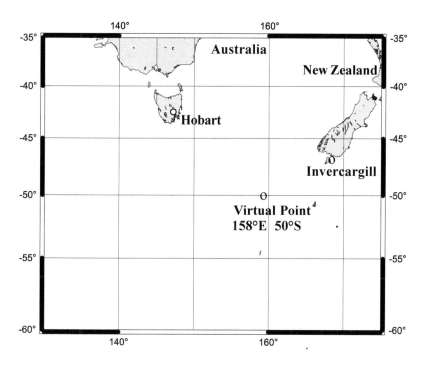

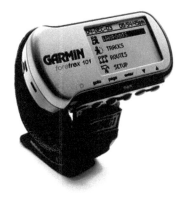

Mark Waypoint Page

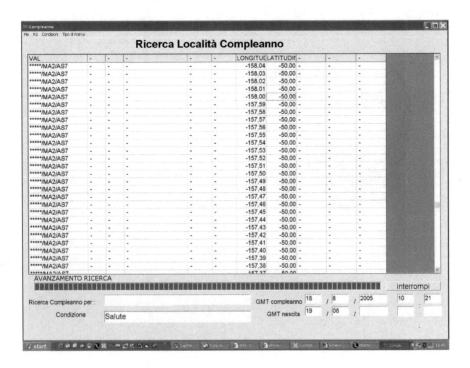

19.
RS y medicina: segundo ejercicio

Según mi entender, un punto clave en el que mi escuela de astrología difiere de todas las demás es la suposición de que un Retorno Solar podría también ultimadamente revertir las consecuencias de un tránsito. Si no fuera así, no tendría sentido reubicar la carta en los cumpleaños.

Confío en que el siguiente ejemplo les muestre, de manera casi definitiva, lo cierto de mis enunciados previos. Más abajo está el reporte que un consultante – un hombre de la región italiana Marche, que trabaja para una compañía de seguros – me mandó casi al final de los doce meses cubiertos por su RS previo. Por favor léanla para que podamos comentarla juntos brevemente.

Querido Ciro Discepolo;

Llegó el momento de nuestra cita annual, así que te voy a reportar lo que me pasó. El año pasado seguí tu consejo y pasé mi cumpleaños en Helsinki (para poder aprovechar a Júpiter del RS en la 10ma casa, al igual que la 5ta casa fuerte del RS). Dejemos que los actos se asienten.

En marzo 2001 tuve un aumento salarial (el primero desde 1992). En abril de 2001 se hizo una encuesta para ocupar una vacante en la junta directiva de una sociedad importante: Me dieron el cargo con muchos votos preferenciales. Yo no esperaba nada de eso. De enero a octubre: me fue bien en el trabajo. Hago estas afirmaciones no sólo con base en mis ventas personales – las cuales fueron de hecho positivas – sino también porque hubo una atmósfera placentera en el trabajo. Yo laboro con mucha gente, pero nunca antes había recibido tantas muestras de aprecio de las personas con quienes estuve en contacto...

Por no mencionar también que en todos los eventos que hubo – sin importar cómo empezaron las situaciones o como se veían al principio – experimenté una evolución positiva. Con respecto a la 5ta casa: en este caso también las estrellas cumplieron su cometido. En mayo de

2001, con un poquito de ayuda de la buena fortuna, obtuve el rango de cinta café en karate (mi otra pasión además de la astrología). Había sido incapaz de avanzar desde mi promoción anterior hacía un par de años. Junio/Julio: fui a dos bodas con mi esposa; pasamos dos veladas hermosas (y tuvimos la oportunidad de encontrarnos nuevamente con gente a la que le habíamos perdido la pista por algún tiempo).

De Enero a Octubre: tuve que organizar doce eventos para el trabajo. Los cuales acarrearon también pausas largas de convivencia, lo que implicó una buena cantidad de gratificación para mí. Ascendente en la 7ma casa: algo de tensión con colegas debido a mi competitividad dentro de la compañía. Los problemas que tuve entre 2000/2001; diagnosticaron a mi madre con flebitis causado por un trauma (yo aún no lo sabía, pero mi mayor problema en 2001 iba a ser su salud). Mayo 2001: mi madre tuvo una crisis de hipertensión – me doy cuenta de que el doctor no atendió correctamente el padecimiento, así que decidimos confiar en un centro médico universitario no muy lejos de la casa. Esto nos hizo desplazarnos un poco más.

The Los doctores del centro encontraron la causa del problema de mi madre (arritmia básica) y eventualmente recetaron el tratamiento adecuado. Desde entonces mi madre está mejor. Sol/Plutón en la 4ta: en mi casa, por ocho meses el tema principal de conversación fue la casa nueva de mi cuñado. Esto significó problemas para mi suegra, que financió la compra a pesar de estar comprometida financieramente con reparaciones de su propia casa. Mi suegra tuvo problemas de salud, y mi esposa se puso muy triste. En realidad, no haría falta ningún comentario. Los hechos hablan por sí mismos. Sé que mucha gente es escéptica sobre reubicar los Retornos Solares; son ellos quienes tendrían que explicarnos esta historia a nosotros... Sin embargo, yo notaría una cosa. He repetido muchas veces, ad nauseam, que el RS tiene una influencia mucho más significativa que los tránsitos. Yo creo que el reporte anual de nuestro amigo asegurador es una evidencia abrumadora al respecto. De hecho, en el mismo periodo de tiempo tuvo el tránsito de Saturno en oposición al Sol y al Medio Cielo.

Por lo que debería haber reportado varios hechos desagradables en el trabajo, en relación con su propio prestigio y su desarrollo/crecimiento social, etc... En cambio, habiendo puesto a Júpiter del RS en el Medio Cielo de su RS, disfrutó de eventos que son exactamente lo opuesto. Es otra demostración más de lo que he estado afirmando por décadas. Sin embargo, incluso en estos días, de tiempo en tiempo me doy cuenta de que hay colegas míos que se declaran absolutamente escépticos sobre la posibilidad de neutralizar tales tránsitos perjudiciales, mientras que también afirman estar alineados con mi escuela.

Pero no me quedaré ronco por ellos. Al buen entendedor.

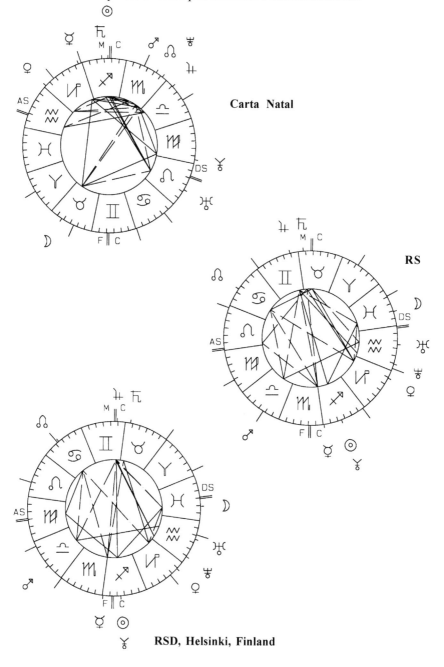

Carta Natal

RS

RSD, Helsinki, Finland

20.
Retornos Solares y medicina: tercer ejercicio

Creo que el siguiente ejemplo es bastante importante, ya que demuestra nuevamente (si más pruebas fueran necesarias) como el Ascendente del RS puede ser negativo cuando cae en la 10ma casa natal en un año en que eso debería ser evitado. Este caso también muestra una cosa aún más importante. Prueba que – entre otras cosas – una 10ma casa pobre podría implicar problemas serios de salud. Sin embargo muchos colegas creen que esta casa está exclusivamente relacionada con el trabajo o la profesión o cosas así.

Esta es una mala lectura. En mis otros libros he expuesto repetidamente ejemplos de combinaciones perjudiciales del Ascendente del RS en la 10ma casa natal. Por ejemplo, consideren lo que le pasó a Gianni Agnelli el año en que tuvo un terrible ataque al corazón seguido por una igualmente terrible cirugía. En este caso, la dañina 10ma casa significó un agudo retroceso en su calidad de vida – fue obligado a renunciar a aquellos hermosos fines de semana en compañía de hermosas jóvenes mujeres, para apegarse a un régimen de vida austero. Dicho evento también marcó el principio de su agudo e irreversible envejecimiento. Otro ejemplo es el de un traficante francés. Su Ascendente del Retorno Solar una vez cayó dentro de los dos y medio grados de la cúspide entre las casas 10ma y 11va de su carta natal – por lo tanto se puede considerar que cayó en la 10ma casa. Durante ese año, también tuvo bastantes tránsitos disonantes. El resultado fue la aparición repentina de un tipo muy serio de enfermedad degenerativa resultando en un paso atrás sustancial en su emancipación. [1]

Espero que este, que es aún otro ejemplo pueda abrir los ojos de aquellos que siguen aplicando mal el rol de la 10ma casa del RS, y sobre todo, aquellos que no están concientes de todos sus significados. Después de todo, la interpretación de esta casa en Retornos Solares no tiene nada de misterioso – al contrario, es muy fácil de leer.

Notas
1) Repito que según mi experiencia, dicha casa debería definirse, primero que nada, como la casa de la emancipación. De hecho, está relacionada con la madre, aquella que guarda las llaves de casa y les permite regresar a cierta hora de la tarde o de la noche. Esta casa también está relacionada con la

profesión, e.g. la actividad que les permite a ustedes emanciparse de las necesidades básicas de la vida. Entonces, cuando la 10ma casa de la carta natal está mal aspectada, o cuando está involucrada con malos tránsitos; o cuando esta casa juega un rol significante – de modo negativo – en un RS, presagia periodos en los cuales el nativo es obligado a retrocedr en su propia emancipación.

Por ejemplo, uno podría quedar viudo; o tener que ayudar a un pariente seriamente enfermo (de modo que no tendría tiempo que invertir en otras actividades, i.e. que ya no pueda viajar). Con estas condiciones astrológicas la gente podría ser despedida. Esto puede implicar que tengan que dejar de ir al cine, o a cenar... Otras personas podrían desarrollar un problema de salud que los obligue a usar bastón para caminar. En el peor de los casos las personas podrían sufrir de alguna discapacidad momentanea o definitiva, etcétera...

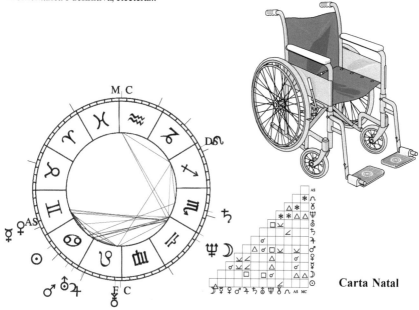

Carta Natal

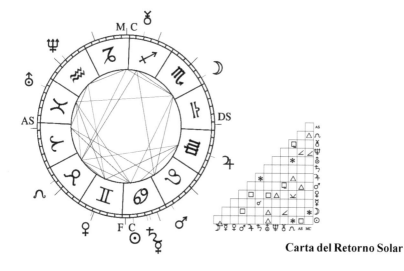

Carta del Retorno Solar

Apéndice

21.
Fundamentos de La Astrología Médica
Un artículo original de André Barbault

La astrología es una forma de conocimiento cuya especificidad depende de los principios mismos en los cuales se basa: de hecho, deberíamos recordar que su postulado básico es la unidad del mundo, y el mundo es el campo de la interdependecia de sus partes constitutivas en la indivisibilidad el Uno y del Todo.

Como astrólogos, nuestra mirada no puede ser por lo tanto nada más ni nada menos que una especie de filme tomado desde arriba, una toma del todo, y un lenguaje de la síntesis. Por otro lado, la tradición declara que un planeta es el "significador universal", por lo tanto haciéndolo un símbolo con su propio estatuto de generalización y duración. Su generalización implica a la noción de la *unidad espacial* de la manifestación. Por ejemplo, el Sol encarna un principio de poder vital que resulta tanto por un lado en fuerza física (aptitud atlética), y fuerza material (conquista de bienes, buena suerte), en fuerza social (logros representativos, éxito), como por el otro lado en fuerza moral (audacia, honor, ética, ideales) coherentemente con la noción de Morin de determinación, lo que trae a esta solarización una selectividad aplicada a todo el individuo.

En cuanto al concepto de duración, pone en tela de juicio la noción de la *unidad del tiempo* de la manifestación, la cual es evidente desde el nacimiento hasta la muerte. El Sol mismo, principio de poder, es representado por el padre en la niñez; y más tarde, por el esposo o por su estado de esposo y padre, así como por las autoridades establecidas dentro de la sociedad. El contenido del símbolo se basa exactamente en esa doble continuidad de espacio y tiempo.

Ahora bien, si abordamos el campo de la salud, es imperativo alinearse con estos valores y hacer de ellos el fundamento mismo de la astrología médica. El resultado son dos principios médicos: el de la **unidad del organismo en el espacio** – que relativiza la localización del proceso patológico, puesto que la enfermedad afecta a la totalidad del individuo – y el de la **unidad del organismo en cuanto a su duración** – el cual relativiza al aislamiento temporal del proceso patológico, ya que la enfermedad se inserta a sí misma en las patologías pasadas y futuras del nativo en una continuidad que es parte de una lista encadenada.

Esta síntesis astromédica está inspirada por los trabajos del Dr. René Allendy (1889-1942), uno de los miembros fundadores de la Société psychanalytique francesa y el presidente de la Sociedad de homeopatía francesa, autor de *Orientations des idées médicales* (Orientación de las ideas médicas; Au Sans Pareil, Paris, 1932) y sobre todo, el autor del *Essai sur la guérison* (Ensayo sobre la curación; Denoël & Steele, Paris, 1934).

No sólo Allendy fue un psicoanalista y homéopata: también era astrólogo. No conozco a ningún otro autor que haya renovado el eje de la tradición astrológica de las antiguas iatromatemáticas por medio de la tradición médica empezando desde Hippocrates, los hermetistas, los vitalistas hasta los homeópatas y los psicoanalistas de los tiempos modernos.

LA COORDINACIÓN EN EL ESPACIO:
La sinergia fisiológica

El individuo es esencialmente una unidad. En los individuos, la vida encarna el principio de unidad – tanto en su conjunto como en sus partes, así como en la subordinación de las partes con respecto al todo: y en tan fuerte centralización cualquier elemento es un reflejo del todo. Este principio de unidad sintética se haya en primer nivel con la célula que come, respira, se reproduce y vive como un individuo completo, siguiendo al mismo tiempo su propio destino como un individuo singular..

Ahora más que nunca, lo pueden ver en el genoma humano, cuya fórmula – tan típica de la persona completa – es reproducida tan bien en cada una de nuestras células como para representar una impronta real que se lee bien incluso en la más pequeña de las partículas: un fragmento de piel, una gota de sangre, saliva, sudor, semen. La característica principal de la manifestación de la vida se encuentra exactamente en dicha orquestación, en la cual todo está tan perfectamente interconectado. La atención de los antiguos había sido impresionada por dicha correspondencia entre las partes y el todo.

Este hecho explica formas antiguas de conocimiento como la fisiognomía, que más adelante se volvió morfopsicología – la disciplina que interroga el rostro – y la quiromancia, posteriormente renombrada quirología – la disciplina que lee las palmas –, por no mencionar la iridología – la disciplina que toma en cuenta a los ojos.

La creencia de que se puede lograr el entendimiento del todo partiendo del análisis de una parte es de hecho lo que prevalece en los exámenes clínicos de la cara del paciente, la lengua, los ojos, las uñas, y las muñecas. De modo parecido, los antiguos no habían dejado de observar esta orquestación general del organismo, la cual nos permite percibir un plan general que determina los detalles más pequeños en relación con un tipo particular. Así es como se ha dado lugar a varias constituciones con base en cuatro temperamentos básicos, determinando por lo tanto cuatro categorías humanas de una especificidad integral.

Eventualmente, reina en el ser humano una sinergia funcional que hace que el organismo entero trabaje para un fin único, con cada una de sus partes actuando juntas con el todo en un movimiento global en el cual cualquiera de esas partes influye en las demás y ajusta cada una de las otras en una especie de acorde sinfónico. De esto se deduce que ustedes pueden cambiar todo el cuerpo por medio de la agitación de una parte o un punto focalizado: centroterapia, reflexología, acupuntura. El hombre ha detectado también varias relaciones histológicas, homológicas, y psíquicas. Entre ellas, el impacto del estado de una porción del tejido en otra porción del mismo tejido, incluso si están lejos la una de la otra.

Se trata de un tipo de efecto de resonancia, como si todas las células del mismo tejido obedecieran al mismo destino. Existe también una resonancia similar entre dos órganos que se corresponden por simetría histológica (tejido muscular, tejido glandular...), por simetría fisiológica (entre riñones, glándulas sudoríparas...) o por simetría anatómica (entre extremidades), como las simetrías lateral, bilateral, axial, o bipolar. Por no mencionar que, con la etiología psíquica de varios desórdenes mentales, los conjuntos correlacionales que ligan lo psíquico y lo físico: tales como la desconfianza del incontinente, la intranquilidad del miope, la tendencia a la agresividad de los que tienen problemas cardio-vasculares, la propensión de los tímidos a los problemas disgestivos... Los Psicoanalistas han notado lo frecuente que es que la constipación frigidez o impotencia vayan de la mano con la avaricia – como si, en la plasticidad de la naturaleza, una inibición idéntica pasara a través de todos los espacios interiores de un ser humano singular.

El síntoma más leve podría por lo tanto tener una resonancia a lo largo y ancho de la economía vital, en esa solidaridad estrecha que une al organismo entero, desde la base a la cima. "Aquí hay una niña que sufre de diarrea, dolores de cabeza y desórdenes y retrasos menstruales: ¿dirían ustedes tal vez que sufre de tres enfermedades distintas? ¿Le darían ustedes tres medicinas diferentes – una para la cabeza, una para el estómago y otra para los ovarios?" Debe de reconocerse que no hay una enfermedad confinada localmente. En cambio existe una condición patológica cuyo asiento está en un todo indivisible, y que es específico de esa persona.

Esto nos regresa a la peculiaridad del terreno individual, y al motto de los doctores clínicos más ancianos: no hay enfermedades, hay solamente enfermos.

LA COORDINACIÓN EN EL TIEMPO:
Los reemplazos patológicos

Es también una continuidad funcional de una duración ininterrumpida la que representa al intermediario entre las manifestaciones vitales en las cuales los estados de salud y los estados de crisis, porque el fenómeno metastásico pone en tela de juicio la noción de una enfermedad temporal y aislada, se cristalizaron en sí mismos.

Se tiene metástasis cuando el cese de una enfermedad es acompañado por la aparición de otra enfermedad, un desorden nuevo que reemplaza el viejo yendo de un sitio anatómico a otro, y en una forma diferente.

Nota del traductor Andrea Rosetti, quien tradujo originalmente este ensayo del francés al italiano – Evidentemente, aquí André Barbault usa el concepto de metastasis –(el cual traduje literalmente del Francés métastase, y que en un contexto médico se refiere a todos los procesos neoplásticos reproductivos que se llevan a cabo lejos del punto anatómico de un crecimiento tumoral debido al esparcimiento de sangre y/o ganglios)– en un sentido más amplio, deseando definir así todos los desórdenes que –(por muchas razones, tales como psicológicas, psicosomáticas, etc.)– pudieran cambiar de localización y modalidad nosológica.

El fenómeno es más común que accidental. La eliminación de orina, sudor, bilis, flujo menstrual podría cesar más o menos por completo, mientras el producto de la eliminación pase a través de nuevas rutas.

Por lo tanto, la menstruación podría ser remplazada por congestiones localizadas, infiltraciones de sangre o sangrados. Es sabida la alternación reversible o sustitución entre desórdenes internos y erupciones cutáneas. Así mismo, el cambio de una enfermedad o herida a un desórden constitutivo puramente psicológico es un evento bastante frecuente.

Es bien sabido que el enajenamiento muy enraizado desaparece durante una infección aguda, y que la melancolía o un estado neurótico se desvanecen ante los picos de un ataque orgánico.

Por su parte, el psicoanálisis ha llegado a atribuir un rol mayor en el fenómeno de sustitución, debajo de cuyo efecto la energía psíquica del individuo cambia de objetivo, evitando a una perturbación dada para ir y afectar una molestia de otro tipo como si el individuo intercambiara un desórden con otro desórden – por ejemplo, la angustia con un desorden de tipo somático. Freud nota que si una herida sucede durante un evento importante, el dolor físico le ahorra la resonancia física del shock.

También es un descubrimiento clínico común que el estado neurótico de un paciente se eclipsa durante el tratamiento de un desórden orgánico: por virtud de cierta "complacencia somática", el enfermo 'permuta' su dolor mental con dolor físico.

De hecho el exceso de fijación, el sangrado, el asco, el tratamiento de malaria representan un tipo de basura metastásica. Se cree que Hahnemann trató metástasis (ver nota del traductor Andrea Rosetti más arriba) como el fundamento de su terapéutica, considerando la acción de curarlas igual que una enfermedad artificialmente inducida, la cual podría tomar el lugar de la verdadera enfermedad.

Si están ustedes de acuerdo con esta hipótesis de la unidad espacial con respecto al ser humano, afirmando por lo tanto que es posible que desórdenes de tipo detrimental, funcional, orgánico y psíquico podrían ser capaces de alternarse, la conclusión inevitable es que existe una comunión innata entre ellos.

De hecho, la cadena de equivalencia de sus interferencias implica un sustrato común que – desde un punto de vista médico – pone en juego la noción de analogía. Allendy se extiende y presenta el siguiente caso. "Un niño afectado por escrófula e impétigo se enferma de una forma severa de sarampión: ese es el primer cambio. Como resultado de esa enfermedad, el estado de escrófula desaparece; una fase más o menos larga de salud aparente empieza: ese es el segundo cambio. Un día aparece la tuberculosis pulmonar: tercer cambio.

Entonces un eccema persistente remplaza a la tuberculosis: cuarto cambio. En este punto revela un estado de aparente salud caracterizado solamente por una leve dispepsia, con algunos episodios de dolor de cabeza y un poco de soñolencia. A continuación brotó un acceso de gota. ¿No es acaso la misma enfermedad, el mismo desorden vital que evoluciona en fotos nosográficas distintas y sucesivas?

Los procesos patológicos

Las enfermedades son formas contingentes que se siguen unas a otras, remplazándose entre si. Por lo que, su especificidad esencial es nada más que relativa; y ninguna es en realidad totalmente local o temporal. El **sustrato común** del cual se originaron cae debajo de un principio de morbilidad, una especie de **caldo de cultivo central** de una sequela de entidades nosográficas. En efecto, esta matriz es la expresión de una actividad endógena de un tipo energético, el resultado de un desbalance serio que puede ser considerado similar a una disonacia.

La medicina china considera a la enfermedad, de hecho, como una disonancia en la armonía del ser. Virchow la compara con una guerra civil dentro del organismo. En un modo muy similar, Carl Gustav Jung considera la neurosis una guerra civil cuyo teatro es el alma humana. Nuestra percepción de una unidad espacial que conecta al ser entero en sus crisis de salud, y de una unidad temporal que caracteriza sus enfermedades sucesivamente en una imagen patológica general, nos lleva necesariamente a echar un ojo – desde un punto de vista astrológico – a los elementos esencialmente disonantes de una carta natal, el semillero de las enfermedades.

Es un hábito establecido el poner atención inmediata a las casas VI y XII, olvidando la importancia de la octava, la cual – además – es la casa de la muerte misma y el área específica de la cirugía, porque nada caracteriza a la cirugía mejor que un Marte, Urano, o Plutón disonante en la VII casa. Después de todo, el signo ocupado por los astros con frecuencia indica la localización anatómica de la intervención, aunque en otros casos es el astro (e.g. el Sol) con el cual se forma un ángulo mal aspectado el que da información al respecto. Sin negar – por el momento – el valor de la información que las casas VI y XII nos dan sobre la salud del nativo, sin embargo ustedes deben empezar de una base diferente para poder identificar las predisposiciones patológicas de la persona. **Es la configuración disonante principal de la carta – cualquiera que sea el sector en que esté – el foco de la patología del individuo.**

Por supuesto, nada garantiza que dicha disonancia esencial resulte en una enfermedad real y factual. En la esfera global del símbolo, no hay barreras insuperables en el bien estar, el amor, el éxito... y lo mismo aplica para los diferentes estados internos de salud. ¿Es también cierto que podemos entender si el desorden indicado por la disonancia es de tipo psico-fisiológico, emocional o social? Ya que la cuestión sigue ahí, es más sabio que quien lea la carta astral se apegue al principio de "para bien o... para mejor" – permaneciendo así abiertos a la opción de la sustitución. De hecho, después de todo uno siempre puede "permutar" una enfermedad por un revés sentimental o profesional.

Por otro lado, si la salud es el fundamento existencial más débil del individuo, no hay duda que la sintomatología de su vida depende del principio de morbilidad indicado por su disonancia escencial. Esta configuración crítica concentra en sí misma un conjunto de factores cuya condensación podría ocasionar reveses de varios tipos: dependiendo de lo que esté en juego la tensión podría caer de vez en cuando en cierta nota, y/o en otra nota del mismo piano. Si esa disonancia escencial es representada por un sólo aspecto de la falta de armonía – cuadratura u oposición – encontramos que en la mayoría de los casos se produce un tipo de intercambio que ocasiona la alternancia entre las enfermedades de un polo y las enfermedades del otro polo del mismo aspecto. También puede suceder que la disonancia esencial del ser – igual que una doble estrella – se caracterice por dos disonancias separadas que, sin embargo, hacen intervenir el mismo juego de alternancias en la concatenación de los eventos patológicos. Me encantaría hacerles notar el caso de Charles Baudelaire, nacido – según el registro civil – en París el 9 de Abril de 1821 a las 3 pm.

La disonancia principal de su carta natal nos la da la conjunción estricta Sol-Saturno en Aries en la VII casa, cuadratura con la Luna en Cáncer, mientras que el MC está en semicuadratura con ambas posiciones. Toda la sintomatología psicosomática del gran poeta sigue esta secuencia de etapas: melancolía (spleen), inibición intelectual, constipación crónica, impotencia sexual, intoxicación alcoholica, parálisis general causada por sífilis, afasia, y muerte por congestión cerebral. En dicha secuencia, el centro de gravedad del principio de morbilidad se expresa y actualiza en términos de una combinación que cambia gradualmente con la contribución de una y otra indicación [astrológica].

La melancolía y el alcoholismo están relacionados con el duo Luna-Saturno; el Ascendente en Virgo indica la constipación, mientras que por otro lado, la conjunción Marte-Plutón en la VIII casa está relacionada con el contagio sexual de sífilis y Aries está relacionado con el accidente cerebrovascular. Pero es la conjunción saturnina la que representa el centro del desbalance fundamental de este tablero de ajedrez tan variado.

De vuelta al temperamento

El repertorio astromédico se basa en la entidad 'planeta-signo-casa'. En este tablero la localización de las varias partes del cuerpo se confía a la melotesia zodiacal *(nota del traductor Andrea Rosetti – El término melotesia fue tomado de la astrología clásica e indica la correspondencia entre las varias partes del cuerpo humano y los signos del Zodiaco. Recuerdo incidentalmente aquí que la palabra griega mélos, con la que obviamente se construye la palabra melotesia,, significa 'miembro' entre otras cosas.): Aries-cabeza/Piscis-pies.*

El sistema de las casas es complementario a ella: Aries-I/Piscis-XII. Las funciones fisiológicas están adscritas a los planetas: el corazón y el cerebro son centros solares, mientras que el tracto digestivo y las funciones femeninas son periodos lunares, etcétera... Por otro lado, la manifestación disonante de lo astral resulta en cierta especificidad patológica: Marte provoca inflamación y sangrado; Júpiter es congestivo y pletórico; Saturno significa inibición, parálisis, y litiasis... Por lo tanto, Marte disonante en Aries y específicamente en la primera casa sube el riesgo de migraña, hemorragia cerebral; mientras que Saturno en Escorpio, especialmente en la VIII casa, predispone a la retención urinaria, arenilla, constipación, o impotencia... Sin embargo, no siempre tendrían que confiar en la predicción automática de estas correlaciones. Porque ¿cuán frecuentemente encontramos disonancias en Leo en los casos de ataques cardiacos? Yo siempre creí que la correlación del Hombre del Zodiaco era de tipo psíquico, y que los hechos fisiológicos podían ser una derivación de ello.

Por ejemplo, Tauro – que está conectado con la boca – demuestra el concepto Freudiano de oralidad e incidentalmente, una sensación de sensibilidad en la garganta. Con su Aries, el 'nervo-bilioso' Baudelaire, el genio lapidario, en su trabajo parecía casi obsesionado con las siguientes palabras: frente, craneo, cerebro ("cerebros llenos de fuego...", "este fuego quema nuestro cerebro..."); y fue precisamente la sífilis cerebral la que ocasionó su muerte. En el hiper-Piscis Victor Hugo, el tema de su imaginario da vueltas al rededor de las siguientes palabras: pies, pasos, suelas... pero ¿son en realidad las plantas de sus pies? Estas palabras clave persistentes en el mundo imaginario de los poetas dan credibilidad a la hipótesis de una psique de funciones orgánicas con correlaciones psicoanalíticas específicas: los procesos psicológicos de pulmonaridad, gastricidad, cardialidad, intestinalidad, etcétera, está conectados respectivamente con Géminis, Cáncer, Leo, Virgo etcétera.

Por otro lado, se acredita comunmente al duo Virgo-Escorpio el 'complejo anal' Freudiano por su doble aspecto de 'contraído' (constipación) y 'relajado' (diarrea). Dicha correlación es extremadamente confiable, ya que en este caso, Marte 'escorpioniza' a Virgo disminuyendo sus inhibiciones, mientras que Saturno en Escorpio 'viriginiza' al signo inhibiéndolo. En cuanto a la gastricidad Canceriana, que se asocia mucho a la maternidad y la nutrición, se puede entender mejor después de que el psicoanálisis ha notado la frecuencia de las úlceras estomacales asociadas con conflictos emocionales hacia la propia madre. Ciertamente, no hay necesidad de poner en duda nuestro proceso de interpretación; pero es conveniente revivirlo y elevarlo a la altura de una panorámica del individuo. Es momento de regresar sanamente a los antiguos, quienes entraban en este proceso analizando el temperamento deacuerdo con la clasificación Hipocrática de los elementos: Agua-linfático, Aire-sanguineo, Fuego-bilioso, y Tierra-nervioso.

Sabemos que esta correlación está confirmada por las valoraciones estadísticas de los Gauquelins con respecto a la Luna, Júpiter, Marte y Saturno. Debería entonces regresar la plataforma de la información temperamental, la cual por supuesto, no puede obtenerse con la suma simplista de posiciones triplicadas, aunque sí, de la investigación de los regentes en la carta natal – la verdadera impronta del nativo. En el caso de la supremacía del elemento Agua – Lunar, Neptuniano, o Canceriano o Piscis –, por ejemplo, predominan elementos linfáticos que – por medio de la función de la nutrición – hacen que prevalezca el reino del sistema digestivo en la carta natal; así, también prevalecen las reacciones lentas y débiles, junto con las manifestaciones patológicas duraderas y ocultas, las enfermedades a largo plazo. En cambio, una impronta de Júpiter-Venus soporta el elemento Aire con un temperamento optimista, en cuyo caso ustedes pueden ver el dominio de las funciones respiratoria, circulatoria y sexual, así como las reacciones vibrantes, fuertes, rápidas, aunque de corta duración. Dentro de un catabolismo hiperactivo.

Por lo tanto, no hace falta decir que las mismas disonancias centrales de la carta no pueden leerse del mismo modo en el primer caso y en el segundo caso. Razón de más para obtener nuestra información de una fuente de un nivel más elevado. Concluyo finalmente esta presentación de lo que me parece que constituyen las bases de la astrología médica con vistas a promover nuestro conocimiento. De hecho, el presente estado de nuestro saber sobre todas estas cosas está muy por debajo de lo que nuestro arte requeriría. Debemos por lo tanto trabajar duro para asegurarnos de que la astrología médica realice lo que la gente espera de ella, creciendo en consecuencia hasta su adultez: sigue habiendo mucho por hacer, pero la astrología tiene mucho tiempo por delante.!

(Discurso pronunciado en el Congreso de Essen, el 23 de Septiembre de 1995).

Algunas consideraciones de Andrea Rossetti, que tradujo este texto del Francés al Italiano
Ciertamente, desde un punto de vista estríctamente teórico muchos estarán de acuerdo con lo expresado en este – bellísimo, pero muy difícil y erudito – artículo de André Barbault, sin embargo es mi opinión que, sigue siendo extremadamente difícil de lograr la determinación exacta de las variables astrológicas conectadas con una patología específica. Por lo que, éstas ayudan a lograr una lectura confiable y práctica de una carta natal en sus aspectos médicos.

Pues si bien es cierto que la teoría holística proclamada por Barbault tiene una lógica atractiva, y si bien es cierto que las relaciones entre psique y soma son ampliamente reconocidas (especialmente por la medicina psicosomática moderna); y si bien es también cierto que el proceso psicoanalítico de 'sustitución' se lleva a cabo en muchas patologías, también es cierto que la consideración sintética de todos esos parámetros (lo que parece un obstáculo evidente en sí para una lectura medico-astrológica de la carta natal, ya que implica que el astrólogo que hace la interpretación posea unos improbables conocimientos y nociones de medicina, psicología, psicoanálisis, neuroendocrinología y medicina psicosomática) hace muy difícil extrapolar los pocos elementos fundamentales que pueden ser útiles para empezar una investigación seria, capaz de llevarnos a resultados concretos que puedan ser usados de inmediato en la práctica de la astromedicina.*

Si se quisiera profundizar y ampliar ulteriormente el discurso de Barbault se tendrían que añadir también las adquisiciones importantísimas de la medicina psicosomática moderna.

Deberían hablar ustedes entonces acerca de neurotransmisores cerebrales (mediadores neurohormonales de los cuales, desde un nivel hipotalamico, empieza lo que la medicina psicosomática llama la reacción emocional); acerca del eje de la corteza hipotalámica/pituitaria/ adrenal el cual se activa de varias maneras por los distintos neurotransmisores cerebrales – adrenalina, noradrenalina, ácido gamma-aminobutírico, acetilcolina, serotonina, etc... También tendrían que mencionar las importantes correlaciones conductuales y fisiológicass que se juntan con esas respuestas neuroendócrinas. También deberían notar el 'desempeño psicosomático' del nativo frente a eventos estresantes, lo que es una característica específica de cada individuo cuya carta estarán leyendo: de hecho, los mismos elementos de estress pueden causar respuestas neuroendócrinas y conductuales diferentes dependiendo de la impronta individual de cada uno, del ambiente, y por supuesto, de la base genética.

Sólo la suma de todos esos factores puede, al menos en teoría, llevar bastante efectivamente a confirmar la posibilidad de que cierta disonancia se descargue en un nivel psicológico, o biológico, o conductual (en este último caso 'tocaría', tal vez sólo indirectamente, las más distintas áreas de la vida: desde la emocional a la socio-económica, desde la profesional hasta cualquier cosa...) o, ¿por qué no?, incluso todas esas áreas de la vida juntas. **

También añadiría que es verdad que muchas enfermedades pueden tomar distintas formas con diferentes lugares anatómicos, y que pueden haber muchas 'sustituciones' a nivel sintomático. Pero tambiéne es verdad que esto no se ha demostrado para todas las enfermedades. Si a estas consideraciones también le añaden el hecho de que un individuo podría, al menos en teoría, verse afectado por una multitud de enfermedades más o menos importantes, también es verdad que sólo las patologías 'objetivamente' serias – las incurables o debilitantes crónicamente – tienen un impacto emocional dramático en el 100% de los individuos. Esto me lleva a creer consecuentemente que, en el estado actual de las cosas, la astrología médica debería lidiar principalmente con el estudio de las enfermedades muy serias o muy raras (a menos que crean que es más probable encontrar indicaciones de una mera bronquitis ocasional en una carta astral, en lugar de una predisposición a carcinoma bronqueal o a la celiaquía).

Como tal, e.g. debido a su especificidad – y más allá de sus transformaciones subsecuentes – y precisamente deacuerdo con la teoría holística expuesta brillantemente por André Barbault, mientras ponemos en juego una multiplicidad de variables (lo cual por otro lado sucede con cualquier otra enfermedad, incluyendo las más banales) las patologías más serias tienen una ventaja general sobre otras enfermedades objetivamente no-serias y que generalmente no se están esparciendo: pueden dar posiblemente una confirmación efectiva a un nivel astrológico.

Francamente, algunas veces esta confirmación puede ser dada por lo que yo llamaría una especie de 'dominio astrológico' que no necesariamente está limitado a los factores clásicos del análisis astromédico (Sectores XII, VI, VIII, I, aspectos disonantes que implican a uno o más astros regentes, etc), pero también cualquier otro elemento que una larga práctica astrológica puede llevarlos a juzgar como algo de alguna manera sincrónico con la patología considerada. Déjenme ejemplificarles este concepto a continuación.

Digamos que, en contra de todas las expectativas, después de revisar muchos casos de gente que murió de infarto al miocardio (una enfermedad dominante y específica, y objetivamente una seria, como en este caso, que también es portadora de muerte) se detecta una presencia particularmente fuerte de valores dominantes que – según la tradición – no deberían tener nada que ver con el corazón y sus posibles disfunciones. Según mi opinión, no deberían negarse a ustedes mismos dicha evidencia, porque al hacerlo posiblemente crean que le están haciendo un favor a la astrología (e.g. porque creen que algunas de sus presuposiciones podrían quedar en situaciones difíciles debido a la evidencia contraria). En cambio, ustedes deberían proceder a hacer mayores estudios: por un lado, esto podría de hecho llevar a derribar ciertos dogmas consolidados, aunque nunca probados realmente; pero por otro lado, esto podría de verdad implicar el progreso de la astrología médica, tal como Barbault y yo deseamos.

Claramente, por esas y muchas otras razones, mi opinión es que la astrología – astrología médica también – debería moverse cada vez más hacia el campo de la investigación experimental y las estadísticas. Esto debería suceder empezando por las variables más establecidas (las Casas VI, XII, y VIII, la I Casa, las disonancias principales, principalmente aquellas que involucran astros regentes) y – como mencioné ya antes – siguiendo con todos los aspectos que una larga práctica astromédica les haga considerar que están de algún modo conectados sincrónicamente con alguna manifestación patológica específica.Por lo tanto ustedes deberían intentar extrapolar sólo y únicamente aquellos aspectos que tras un estudio de tipo cuantitativo parezcan estar relacionados con alguna imagen nosológica específica. Sólo haciendo eso, incluso a costa de destruir muchos mitos falsos, podemos llegar a alguna conclusión, de verdad capaz de permanecer de pie frente a cualquier crítica o intento de mistificación.

Proceder de ese modo ciertamente requiere paciencia, perserverancia y... mucho tiempo... y el resultado puede también decepcionar sus expectativas; pero todo lo positivo y concluyente que pudiéramos descubrir pagará ampliamente el tiempo y los esfuerzos invertidos en ello, porque el Arte/Ciencia que todos amamos se beneficiará de ello tan ciertamente como fácticamente.

Notas

(*) *Sin embargo, debe añadirse que en su excelente artículo el gran astrólogo francés sugiere también un modo viable de investigación, el cual puedo compartir completamente. Me refiero específicamente a lo que escribe acerca del* **foco de la patología***; con dicho término habla de* **la configuración disonante principal de la carta.** *De hecho, la consideración de esta variable extremadamente importante, aun cuando está muy poco remarcada en los textos de astrología médica, podría ser usada con provecho – junto con cada uno de los otros factores del horóscopo que la astrología clásica relaciona con cada patología – por aquellos que desean emprender estudios e investigaciones metódicas en el campo de la astromedicina.*

(**) *Incidentalmente, a este respecto me gustaría señalar que una evaluación cuidadosa de la situación objetiva de la persona cuya carta natal estén leyendo, su edad, su pasado (el análisis de eventos patológicos y no-patológicos que ocurrieron en su pasado junto con ciertos tránsitos) pueden con frecuencia restringir mucho el alcance de la lectura. En otras palabras, podrían ayudarles a discernir al menos el área de la vida en que una disonancia, ya de por sí ahí desde el nacimiento del individuo, pudiera descargarse plausiblemente a cierto punto de su vida.*

22.
Investigación en 13,498 casos de enfermedad hepáticas

El momento decisivo (o involución) del siglo XXI

Como todos saben, con el lanzamiento de las nuevas leyes de privacidad (no sólo aquí en Italia), cualquiera puede, sin dificultades, echar un vistazo a los 'registros fiscales' de cualquier ciudadano y descubrir si contrata a una persona de limpieza, si es dueño/a de más de un coche, si posee un yate y cualquier otra cosa que se les pueda ocurrir. En contraste, nadie puede preguntarle a un ciudadano de la misma nación a qué hora nació.

Esos son los misterios de la democracia. De hecho, hoy en día, para obtener el propio certificado de nacimiento, se debe presentar un formulario válido en el juzgado de la propia ciudad; y tras revisar su requerimiento, un juez decidirá si les otorgará ese permiso a ustedes mismos o no.

Si desean saber la hora de nacimiento de otro ciudadano – ¡nunca en la vida!!! Me dijeron (pero no puedo jurarlo) que en algunas ciudades como Roma, después de cumplir el largo proceso ante la corte para obtener una copia certificada del propio registro de nacimiento, su municipio se lo entrega en un sobre cerrado y les advierte que no lo abran ustedes mismos, sino que lo entreguen así, cerrado, directamente a la autoridad que lo solicitó originalmente, a pesar de que hayan tenido que hacer ese trámite burocrático personalmente.

Es innecesario decirles que en tales condiciones, si las cosas no cambian radicalmente y pronto, la investigación astrológica se extiguirá para siempre. O al menos, se acabará el tipo de investigación que hemos imaginado hasta ahora. En un artículo de Ricerca '90 de hace algunos años, nuestra colega la astróloga Grazia Bordoni, que es una autoridad en este campo, también hizo pública su opinión al respecto.

Sin embargo recientemente hubo una excepción agradable. Nuestra colega Danielle Flamant Paparatti, una psicóloga y astróloga, entregó a un pequeño pueblo siciliano la solicitud oficial de un certificado de nacimiento a nombre de la Associazione Culturale Ricerca '90. Gracias a ello se le permitió el acceso a los registros originales de nacimiento con el propósito de hacer una investigación importante sobre gemelos.

Pero ese es polvo de oro, no es suficiente para tranquilizarnos con respecto a dichas malas tendencias. Puesto que una parte significativa de mi líbido me impulsa hacia la investigación, me he enfrentado al dilema: ¿tendría acaso que renunciar para siempre a efectuar investigaciones y rendirme ante esos burosaurios, o tendría acaso de buscar otros modos de hacer estadísticas? Escogí la segunda opción.

Me dije a mí mismo, tal vez podría intentarlo y llevar a cabo esas investigaciones que he estado considerando por décadas, porque después de todo, en este caso es suficiente con saber la fecha de nacimiento de la muestra considerada – incluso sin la hora de nacimiento.

Cómo obtuve el muestreo

Fue una investigación en el campo médico, donde pensé que conseguiría una buena cantidad de resultados interesantes. Fue necesario que alguna autoridad hospitalaria me proveyera de una enorme cantidad de datos que analizar. Sí, pero ¿quién haría algo así? Primero que nada, necesitaba mantenerme en contacto con esos hospitales – más avanzados que otros – que contaban con una base de datos en computadora.

Mi primera opción fue pedirle ayuda a mi colega Luigi Galli, quien es con seguridad uno de los mejores surfeadores web del mundo. Y de hecho, mi amigo de Italia del norte no me descepcionó: me entregó una lista pequeña pero precisa de lo que yo estaba buscando.

En ese punto empezó una serie de largas negociaciones que se llevaron a cabo paralelamente en distintas organizaciones. La mayoría de las negociaciones naufragaron porque las instituciones contactadas no respondieron mis e-mails, o respondieron rechazando ayudarme.

Sólo dos hospitales, que no mencionaré porque así me lo pidieron, se han demostrado amables y sensibles frente a mi solicitud. Sin embargo, por nuestra parte, antes de pedir su ayuda, yo había enviado documentación sustancial que incluía el libro *Osservazioni politematiche sulle ricerche – Discepolo/Miele [Observaciones politemáticas con respecto a las investigaciones, de Discepolo y Miele]* publicado por Ricerca '90, a partir del cual uno podía inferir lo serio de mi solicitud. Eventualmente, tras varios meses desde que empezáramos con los primeros esbozos del proyecto, recibí dos archivos de datos. En este primer estudio estoy exponiendo los resultados obtenidos del muestreo que amablemente nos entregó una de esas organizaciones, a quienes quisiera agradecer en público, aunque no me es permitido nombrarlos. Para efectos de distinguirlas vamos a llamarlas: Organización Norte y Organización Central.

Hipótesis inicial

Mi hipótesis inicial, que se originó de la observación de un buen número de casos a lo largo de varios años de práctica de campo, era que tendría que ser posible probar que los pacientes con patologías serias del hígado tienen más que el promedio de la población a Júpiter en Sagitario en su carta natal. Lo que también significa declarar que por ejemplo – aquellos nacidos en 1936, 1948 y 1960 son más susceptibles a enfermedades del hígado. Para hacerlo, no necesitábamos saber las horas de nacimiento de los nativos (hora y minuto), sino solamente su fecha de nacimiento (día, mes, y año).

Por supuesto, en nuestra solicitud a los hospitales dejamos claro que no deseábamos saber el nombre y apellido de los pacientes. Ni siquiera queríamos saber su lugar de nacimiento (de conformidad con la Ley de Privacidad): el único dato requerido era la fecha de nacimiento.

En cuanto a la tradición astrológica, para ser honestos debe decirse que *no* menciona específicamente a Júpiter en Sagitario. Cornell, el cual es citado casi universalmente como el autor más erudito en el campo médico, sólo menciona al Sol de nacimiento en Libra, Virgo, y Sagitario. Para patologías más serias, tales como cirrosis hepática, favorece claramente el segundo de los tres signos mencionados. Adriana Rampino Cavadini, autora de un tratado popular sobre el tema, concuerda con la opinión de Cornell.

Esto es lo que escribió Clara Negri en su *Astrologia e salute* [Astrología y salud] publicado por ed. Armenia, sobre *Júpiter en Sagitario*: "Reumatismos y artritis, envenenamiento con alimentos, gota y ácido úrico, inflamación de la ciática, sangre contaminada, diabetes." Clara Negri hace mucha astrología médica. Así que, también según su opinión existe esa conexión directa de Júpiter/cirrosis o Júpiter/cáncer de hígado o Júpiter/hepatitis viral.

Lo mismo aplica con otros autores importantes que no menciono aquí para evitar ser redundante en cuanto a lo ya escrito. Pero si leemos en el *Dizionario di astrología* de Henri J. Gouchon – uno de los mejores textos de astrología del mundo (al menos desde mi punto de vista) – esto es lo que podemos encontrar con respecto a *Júpiter en Sagitario*: "Gota y enfermedades hepáticas".

Esta verdad siempre ha estado muy clara para mí desde que en mis primeros años de estudios e investigaciones escribí en mi *Guida all'astrologia*, ed. Armenia, en 1979 (el año de su primera edición) sobre *Júpiter en Sagitario:* "Susceptibilidad a enfermedades hepáticas".

Al paso de los años y las décadas, esta convicción se ha ido asentando en mí tan profundamente que llegué al grado de expresarme con las siguientes palabras: "La Cirrosis: está conectada con Sagitario y Piscis, Júpiter mal aspectado – especialmente si el mal aspecto es con Neptuno –, y la sexta casa en Sagitario y Piscis.

Aquellos nacidos con Júpiter en Sagitario, por ejemplo en 1936, 1948 y 1960, deberían ponerle mucha atención a su propio hígado, empezando con una vacuna contra la hepatitis viral pero también evitando beber licores. La imagen muestra la carta natal de Vittorio De Sica, nacido en Sora (Frosinone, Italia) el 7 de julio de 1901 a las 11 en punto.

Él padeció de dicha enfermedad (Júpiter está en mal aspecto con Saturno y Neptuno, y la 6ta casa está en Piscis, con la luna en ella...)..." (de Ciro Discepolo, *Nuovo dizionario di astrologia* [El nuevo diccionario de astrología], ed. Armenia, 1996).

El muestreo utilizado

Los archivos que recibimos de los dos hospitales (pero aquí estamos reportando sólo del primero de ellos) estaban en el formato de documentos de Ms-Word (el primero de los Word) y debían ser convertidos al formato Gauquelin. ¿Por qué? Porque proyectando nuevas investigaciones, Luigi Miele y yo – con la colaboración esencial de Mario Miglietta (un estudiante de último año de ingeniería informática) – habíamos desarrollado un programa de cómputo que nos permitiera efectuar cualquier tipo de análisis estadístico. Dicho software – que no está a la venta – puede recibir instrucciones de tres modos distintos.: archivos Gauquelin, archivos Bordoni (.DBF), o el teclado (manualmente).

Así que tuvimos que proceder – con la ayuda de otros técnicos – a exportar esos archivos trabajando principalmente con Ms-Excel, hasta eventualmente obtener una muestra final de 13,498 sujetos. Algunos sujetos del archivo original (2, para ser exactos) se perdieron porque Ms-Excel era únicamente capaz de procesar fechas desde 1900 para adelante, mientras que esos dos sujetos habían nacido antes. Podíamos haberlos capturado manualmente, pero preferimos dejar las cosas como estaban. Examinamos los casos de los pacientes hospitalizados en la Organización Norte en 1998.

Con respecto a las hospitalizaciones quiero decir que si en los archivos fuente encontrábamos dos ingresos en la misma fecha – digamos por ejemplo: el 11 de febrero de 1923 – eso podía significar ya sea que dos pacientes distintos que habían nacido el mísmo día habían sido hospitalizados ese año, o que el mismo individuo había sido hospitalizado dos veces ese mismo año.

Puesto que era imposible discernir cual de los dos casos era el correcto, mantuvimos los dos en el sistema. Sin embargo seamos claros – esos eran definitivamente una minoría de los casos que sometimos al análsis. Ahora demos un paso atrás.

Con toda la razón, los directivos de los hospitales que habíamos contactado nos pidieron que fuéramos más precisos en nuestra solicitud. En otras palabras, decir 'patologías hepáticas' no era suficiente. Debíamos haberlo definido mejor, posiblemente usando una terminología médica más precisa, que coincidiera con la jerga oficial de clasificación de patologías hepáticas.

Gracias a Dios, fueron esos mismos directivos quienes nos ayudaron sugiriendo referirnos a dos volumenes publicados por ISTAT (el insituto italiano de estadísticas) con el título *Classificazioni delle malattie, traumatismi e cause di morte* (Clasificación de enfermedades, traumatismos y causas de muerte). Consultamos la edición de 1975 de esos volúmenes.

Era la novena edición, y aún es ampliamente usado en Italia. Esta es la lista de patologías que hemos tomado en consideración:

070.4, 070.5, 070.6, 155.0, 155.1, 155.2, 570, 571.0, 571.1, 571.2, 571.3, 571.4, 571.5, 571.6, 571.8, 571.9, 573.1, 573.2, 575.0, 575.1, 575.2, 575.3, 575.4, 575.5, 575.6

Estas son las patologías que extrajimos de los datos recibidos del hosptial:

10,478 casos de enfermedad crónica del hígado y cirrosis **correspondientes con los siguientes códigos: 571.0 (Enfermedad de hígado graso, alcohólica), 571.1 (Hepatitis alcoholica aguda), 571.2 (Cirrosis alcoholica), 571.3 (Daño hepático alcoholico no especificado), 571.4 (Hepatitis crónica), 571.5 (Cirrosis no-alcoholica), 571.6 (Cirrosis biliar), 571.8 (Otras enfermedades**

hepáticas crónicas no-alcoholicas), 571.9 (Enfermedades hepáticas crónicas no-alcoholicas sin especificar).

2,027 casos de tumores malignos de ductos del hígado y la bilis correspondientes con los siguientes códigos: 155.0 (tumor de hígado primitvo), 155.1 (tumor de ducto de la bilis), 155.2 (tumor de hígado, sin especificar si primitivo o secundario).   995 casos de hepatitis viral aguda o crónica correspondientes a los códigos 070 y sucesivos.

Muestra de referencia

Toda investigación que aspire a ser científica debe también basarse en una muestra de referencia: es decir, un grupo de control usado para verificar. Esto implicaba para nosotros un problema que no era fácil de resolver. ¿Cómo podíamos haber obtenido un grupo de control para nuestra hipótesis inicial? Tuvimos una idea y nos decidimos a llevarla a cabo.

Le solicitamos al mismo hospital proveernos de una muestra de datos sobre los casos de infarto al miocardio (códigos 410 y siguientes) durante el mismo año – 1998. Según nuestra hipótesis inicial, en estos últimos casos no debíamos haber detectado ninguna presencia particular de Júpiter en Sagitario más allá del promedio de su presencia normal en los doce signos. El hospital nos envió otro archivo cuyo contenido eran 6,337 casos.

Resultados logrados

El Cuadro contiene los resultados que hemos conseguido.

Investigación sobre 13,498 casos de enfermedades del hígado

Júpiter en Aries:	1141 (8.453%)
Júpiter en Tauro:	1125 (8.334%)
Júpiter en Géminis:	1110 (8.223%)
Júpiter en Cáncer:	1154 (8.549%)
Júpiter en Leo:	1163 (8.616%)
Júpiter en Virgo:	1068 (7.912%)
Júpiter en Libra:	1131 (8.379%)
Júpiter en Escorpio:	1130 (8.731%)
Júpiter en Sagittario:	1235 (9.149%)
Júpiter en Capricornio:	1011 (7.489%)
Júpiter en Aquario:	1082 (8.016%)
Júpiter en Piscis:	1148 (8.504%)
Valor medio Teórico 13,498 divididopor 12:	1124 (8.333%)
Total:	**13498**

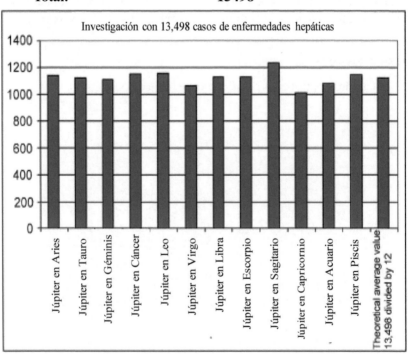

Investigación sobre 6337 casos de infarto al miocardio

Júpiter en Aries:	572 (9.026%)
Júpiter en Tauro:	502 (7.921%)
Júpiter en Géminis:	502 (7.921%)
Júpiter en Cáncer:	535 (8.442%)
Júpiter en Leo:	560 (8.836%)
Júpiter en Virgo:	499 (7.874%)
Júpiter en Libra:	516 (8.142%)
Júpiter en Escorpio:	510 (8.047%)
Júpiter en Sagittario:	550 (8.679%)
Júpiter en Capricornio:	528 (8.333%)
Júpiter en Aquario:	554 (8.742%)
Júpiter en Piscis:	509 (8.032%)

Valor promedio teórico
6337 dividido por 12:   **528 (8.333%)**
Total: 6337

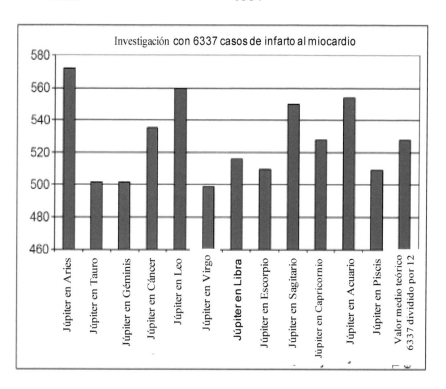

Inmediatamente después de haber conseguido estos resultados, Yo Ciro Discepolo escribí la siguiente carta al hospital, a nombre también de Luigi Miele.

Estimado Dr. *[censurado],*

Le escribo estimulado por mi emocion. Son las 23:20 en este momento, y acabo de terminar de procesar los datos que usted tan amablemente nos proporcionó. ¡Creemos que conseguimos un resultado bastante extraordinario! Nuestra hipótesis inicial fue que en los casos de las patologías del hígado detectaríamos una mayor frecuencia con la presencia de Júpiter en Sagitario que con su presencia en todos los otros once signos zodiacales. Ahora bien, yo no sé si el número que obtuvimos tiene una importancia significativa desde el punto de vista estadístico (pues debe usted saber, que yo no soy capaz de reconocer el factor Z). Sin embargo, a primera vista, noto que es mayor, mucho mayor, que todas las demás cifras.

De hecho, nosotros detectamos:

Júpiter en Sagitario: 1,235 veces de 13,498 hospitalizaciones, correspondientes al 9.149%

Júpiter en Aries:	1,141 casos, 8.453 %
Júpiter en Tauro:	1,125 casos, 8.334 %
Júpiter en Géminis:	1,110 casos, 8.223 %
Júpiter en Cáncer:	1,154 casos, 8.549 %
Júpiter en Leo:	1,163 casos, 8.616 %
Júpiter en Virgo:	1,068 casos, 7.912 %
Júpiter en Libra:	1,131 casos, 8.379 %
Júpiter en Escorpio:	1,130 casos, 8.371 %
Júpiter en Capricornio:	1,011 casos, 7.489 %
Júpiter en Acuario:	1,082 casos, 8.016 %
Júpiter en Piscis:	1,148 casos, 8.504 %

Teóricamente, la frecuencia debía de haber correspondido a un doceavo de probabilidades de detectar a Júpiter en cada signo = 1,124 veces, es decir 8.333%.

En el grupo de control (infartos) la presencia de Júpiter fluctuó entre

7.921 y 9.026 % – y en la clasificación, su presencia en Sagitario se encuentra tan sólo en cuarto lugar, con 8.679 %.

Estoy perfectamente conciente quenos harían muchas críticas desde un punto de vista estríctamente estadístico, aún así, creo que el haber encontrado exactamente lo que habíamos puesto como objetivo de nuestra hipótesis inicial – lo que mi conocimiento personal de astrología que abarca más de treinta años de práctica me había sugerido como algo verdadero – puede considerarse un gran resultado. En cuanto esté listo, le enviaré el reporte completo de esta investigación, el cual también será publicado en mi revista cuatrimestral Ricerca '90. Estaré encantado de mencionar sus comentarios (cumpliendo su solicitud expresa, no lo nombraré a usted ni a su hosptial), y también estaré esperando cualquier crítica adicional por parte de expertos en estadística.

Mientras tanto estaré procesando tan rápido como me sea posible también los datos que otro hospital nos envió. Por muchos meses me fue imposible proceder porque el técnico que podía exportar el archivo de datos que usted nos envió de su formato original a otro formato – que requeríamos para nuestra investigación – había aceptado con anterioridad mucho trabajo, así que le tomó mucho tiempo el que trabajara para nosotros también. Además, tuvimos que repetir la exportación por ciertos obstáculos en la conversión de un formato de archivo al otro. Si usted desea saber más sobre nuestras investigaciones previas, por favor visite nuestro sitio web en www.cirodiscepolo.it, en donde también puede descargar – gratuitamente – uno de nuestros libros sobre el tema. Le estoy muy agradecido por su ayuda, y también quisiera expresar mi gratitud hacia su hospital. Así pues, si existe algo que pueda hacer por ustedes, no duden en pedírmelo.

Atentamente,

Ciro Discepolo

Posibles criticas a esta investigación

Antes de cualquier otra cosa, esta es la crítica que el doctor me escribió tras recibir mi carta.

A partir de los detalles que me ha proporcionado, su investigación parece un estudio epidemiológico que podríamos definir como un 'Estudio Caso-control'. Por supuesto, en este caso la elección de los 'controles' es particularmente importante para los resultados que podrían conseguir. Desde el punto de vista epidemiológico, el mejor control habría sido – en este caso – la población total de los pacientes hospitalizados por todas las patologías que no afectan al hígado, pero es virtualmente imposible dar esa información, clasificada segun la fecha de nacimiento: ¡eso implicaría cientos de tablas! El haber usado una patología específica, tal como el infarto al miocardio agudo, como término de comparación podría representar un error. Además, normalmente se hace una investigación empezando con una hipótesis fundada: por ejemplo, haber nacido en cierto año podría haber causado la exposición a factores de riesgo específicos (como el uso indiscriminado de phenoxyácidos en los años 40 – 50).

En cualquier caso, en los siguientes días podríamos lograr enviarle los datos solicitados, siempre y cuando nuestro centro no sea mencionado nunca en ningún caso: esto porque nuestro nombre no puede estar presente en estudios cuyo valor científico no haya sido demostrado.

Atentamente,

En representación del Centro ...

(Seguía la firma del Doctor)

Ustedes podrán pensar que esta crítica nos descepcionó o avergonzó, pero no es así. Por un lado, estamos sinceramente agradecidos con ese doctor. Por otro lado, no olvidamos que hay un prejuicio general enorme en contra de la astrología. Tal prejuicio también es alimentado por aquellos colegas astrólgos que no se comportan adecuadamente, ocasionando la demasiado popular vulgarización – yo incluso me atrevería a decir: prostitución – de nuestra disciplina.

Así pues, no estoy sorprendido de ver que este doctor ni siquiera quiere considerar como posibilidad el hecho de que Júpiter en Sagitario pudiera incluso ser una de las posibles 'causas' de las patologías hepáticas, junto con el uso indiscriminado de phenoxyácido durante esos años.

Y en cuanto al hecho de que no usamos todas las posibles patologías del mundo, eso no fue nuestra culpa: si nos hubieran enviado todos los datos, hubiéramos estado felices de hacerlo. Uno nunca sabe, quizá en un futuro seremos capaces de hacerlo. Existe otra crítica a la que podemos llegar nosotros mismos.

Analizamos nacimientos de los años 1900 – 1978. A fin de poder calcular la frecuencia promedio de Júpiter en cada signo, hemos subdividido simplemente entre 12. Sin embargo está claro que si hubiéramos calculado con una precisión de un milésimo, hubiéramos descubierto que durante esos 78 años Júpiter no habría permanecido por el mismo periodo de tiempo en cada signo.

Sin embargo, confiamos en que si alguien se tomara la molestia de llevar a cabo dicho cálculo, el resultado sería que Júpiter no visitó a Sagitario por periodos de tiempo más prolongados que a los otros once signos. Manteniendo una línea de pensamiento similar, existe aún otra posible crítica. En unos pocos casos, las fechas también podrían referirse al día en que Júpiter se estaba moviendo entre un signo y otro.

Por lo tanto, al no haber tomado en cuenta la hora de nacimiento se podrían haber modificado los resultados finales. Incluso si no llevamos a cabo una comprobación analítica – francamente, a nosotros nos suena inútil – incluso así creemos que probablemente ninguna de las fechas corresponde a un día en que Júpiter estuviera cambiando de signo, considerando la probabilidad de que eso fuera una posibilidad concreta cercana a cero.

En una entrevista con un experto de estadística sobre los resultados obtenidos

Pregunta:

¿Es el valor de 1,235 (el del número de las personas nacidas con Júpiter en Sagitario) significativamente mayor que los otros valores? ¿O se trata de una fluctuación casual al rededor del valor promedio de 1,124 (13,498 observaciones / 12)?

χ^2 Prueba de Chi cuadrada

Hipótesis H0: La distribución de la población de la cual se extrajo la muestra es uniforme, con un valor promedio de 1124.

Hipotesis H1: es nula.

$$\chi^2 = \sum_i \frac{(f_{oss.} - f_{ter.})^2}{f_{ter.}}$$

Grados de libertad = 12-1-1 = 10 (el parámetro 1,124 se supone que fue estimado a partir de la muestra)

$$\chi^2 = \frac{(1141-1124)^2}{1124} + \frac{(1125-1124)^2}{1124} + \frac{(1110-1124)^2}{1124} + \frac{(1154-1124)^2}{1124} + \frac{(1163-1124)^2}{1124} + \ldots + \frac{(1148-1124)^2}{1124} = 6.72$$

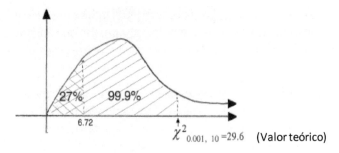

$\chi^2_{0.001,\ 10} = 29.6$ (Valor teórico)

Conclusión: 6.72 << 29.6

La hipótesis H0 es aceptada

Respuesta: Con una certeza de 99.9 %, el valor de 1,235 es una distrubución casual del promedio uniforme de 1,124.

Los valores del muestreo observado testifican que de una población (individuos que nacieron independientemente con Júpiter en los doce signos) un doceavo de las patologías hepáticas son detectadas por cada signo del Zodiaco ocupado por Júpiter: 99.9% de las muestras extraídas de tal población tendrán las características de la muestra observada.

Pregunta: ¿Es la distribución de infartos (separados por la posición de Júpiter en el Zodiaco) indicativa de que alguna posición sea singular, o que la distribución de la población de la que se extrajo esta muestra es una distribución promedio uniforme de 6,337 : 12 = 528?

(la respuesta es lógica y estadísticamente equivalente a la que se dio previamente)

X^2 Prueba de Chi cuadrada

Hipótesis H0: la distribución es uniforme con un promedio de 528

Hipótesis H1: es nula.

$$\chi^2 = \frac{(572-528)^2}{528} + \frac{(502-528)^2}{528} \cdot 2 + \frac{(535-528)^2}{528} + \cdots\cdots + \frac{(509-528)^2}{528} = 13.62$$

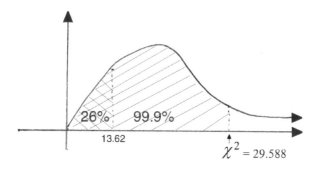

13.62 << 29.588

H0 acceptada

$$Z = \frac{f_{\text{Enfermedades del hígado}} \quad f_{\text{Enfermedades del miocardio}}}{\sqrt{\frac{\eta_e \cdot f_e \cdot \eta_i \cdot f_i}{\eta_e \cdot \eta_i} \cdot \left(\frac{1}{\eta_e} + \frac{1}{\eta_i}\right)}} = 1.03$$

Respuesta: Con una certeza de 99.9 %, la distribución observada fue obtenida a partir de una población uniforme con promedio: 528: en un 99.9 % los valores ya sea por defecto o por exceso en la muestra son fluctuaciones casuales.

Pregunta: ¿Difiere acaso la frecuencia de patologías del hígado con Júpiter en Sagitario de la frecuencia de infartos con Júpiter en el mismo signo?

Comprobación sobre la diferencia en las frecuencias

Dati $f_{\text{infarto}} = 8.679\%$ $M_{\text{infarto}} = 6337$
$F_{\text{Enfermedad del hígado}} = 9.149\%$ $M_{\text{Enfermedad del hígado}} = 13.498$

$H0 : \pi_{\text{infarto}} = \pi_{\text{Enfermedad del hígado}}$

$H1 : \pi_{\text{infarto}} \neq \pi_{\text{Enfermedad del hígado}}$

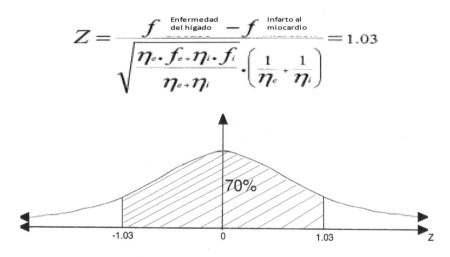

Con $|Z| > 1.03$ la hipótesis H0 es rechazada con un nivel de confianza del 70 %.

Respuesta: La probabilidad de que Júpiter en Sagitario influencie igualmente a las patologías del hígado y a los infartos es del 70% porque la probabilidad de error (del 1er tipo) es 30% (suponiendo que las dos patologías no estén relacionadas).

Un Experto en estadistica

Posibles variables que pudieron haber deslavado un resultado hasta más positivo del que obtuvimos.

Este punto no debería ser subestimado. Deacuerdo con ciertos discípulos de la astrología tradicional (tales como Gouchon) así como según nuestra propia experiencia, Júpiter en Sagitario no es el único detalle que puede indicar una enfermedad severa del hígado. Sólo para limitarnos a mencionar tres variables: el Sol en Sagitario, el Ascendente en Sagitario o la sexta casa en Sagitario podrían haber jugado un rol predominante en nuestro análisis. Si los hubiéramos incluido, podrían haber oscurecido el resultado matemático positivo que obtuvimos.

En otras palabras, queremos decir que, por ejemplo, los muchos casos de enfermedades hepáticas en individuos nacidos con Júpiter en Aries podrían haber sido explicados por el inicio de su Ascendente o su sexta casa en Sagitario, pero puesto que carecíamos de sus horas de nacimiento, no pudimos verificar dichos elemento.

Conclusiones: Como acabamos de escribir, el resultado *no es* significativamente relevante desde el punto de vista estadístico. Esto significa que, de acuerdo con la ciencia de las estadísticas, el porcentaje de desviación detectado en el número de casos de Júpiter en Sagitario parece ser una mera coincidencia si se compara con los otros.

No podemos sino aceptar humildemente el veredicto de la ciencia Estadística; aún así, seguimos convencidos de que los resultados son más que interesantes. En cualquier caso, sólo teníamos una posibilidad en 12 para 'adivinar' que Júpiter en Sagitario habría resultado más significativo – y lo hicimos.

No sabemos cuanto pagarían este tipo de apuesta en la ruleta, pero creemos que no es una apuesta tan baja como irle al rojo o al negro. Es más, déjennos insistir en que si hubiéramos podido llevar a cabo la misma investigación sabiendo las horas de nacimiento de los pacientes que tomamos en cuenta, por supuesto que hubiéramos optado al menos por las siguientes cinco variables: Júpiter en Sagitario; Sol en Sagitario; Ascendente en Sagitario; Sexta casa en Sagitario; y Júpiter regente. En ese caso hubiéramos sido capaces de, por decir algo, excluir que un caso de enfermedad del hígado con Júpiter en Capricornio no hubiera podido ser explicado por el hecho de que en esa carta específica Júpiter estuviera – por ejemplo – en conjunción cercana con el Ascendente.

Por supuesto, estamos conscientes de que no es posible alcanzar ninguna conclusión definitiva si hay montones de condicionantes y objeciones. Por lo tanto, tendríamos que proceder a hacer otras investigaciones desde cero con los datos que nos proveerá la Organización Centro. Ya entonces, veremos.

Ciro Discepolo y Luigi Miele

Reconocimientos

Estamos enormemente agradecidos con: La organización Norte, Luiti galli, por su valiosa contribución para la búsqueda de sitios web adecuados. Stefano Briganti, Giovanni Drago y PinoValente, pos su apoyo técnico computacional en general. Mario Miglietta, por su extraordinario software de búsqueda desarrollado a partir de nuestra idea original. El experto en estadística, *por su ayuda, rol y apoyo en esta investigación.*

23.
Una investigación astrológica sobre la esquizofrenia

Dos razones en particular me llevaron a lidiar con este tema. En primer lugar, no es algo estudiado frecuentemente, por lo tanto requiere más atención de gente como yo que deseamos dar nuestra contribución a la investigación experimental en este campo. En segundo lugar, creo que la investigación astrológica debería enfocarse en aquellas áreas en que la llamada ciencia oficial nornalmente calla o casi no dice nada.

Por ejemplo, me parece totalmente inútil estudiar que aspectos panetarios se refieren a la esquizofrenia crónica, ya que dicha patología puede diagnosticarse fácilmente por medio de un simple examen químico. Del mismo modo, tal y como uno podría creer el diagnóstico astrológico de una úlcera no es indispensable.

De hecho, cualquier buen médico puede hacerlo, al analizar el cuerpo del paciente, los síntomas, la historia clínica y el carácter del sujeto. En mi opinión, es mucho más útil investigar enfermedades que nadie ha sido capaz de tratar hasta el momento tales como la esquizofrenia y el cáncer.

En cuanto al cáncer, hoy en día existe una cantidad increíble de investigaciones al respecto. Muchos estudiosos de un amplio rango de disciplinas, incluyendo la astrología, han estado trabajando muchos años en este tema, intentando descubrir una clave significativa.

Yo decidí profundizar en el estudio astrológico de la esquizofrenia, ya que pocos astrólogos han lidiado con el esta última, aún cuando lo han hecho sólo de modo superficial.

Para poder analizar la esquizofrenia desde un punto de vista astrológico, es necesario darle a los lectores un breve resumen sobre los resultados a los que ha llegado la psiquiatría hasta la fecha, junto con las opiniones de los científicos involucrados en el pasado y el presente.

El estudioso contemporáneo más importante de los asuntos de la esquizofrenia es el Profesor Silvano Arieti, quien trabaja en la actualidad en los EU. Es el autor del libro "Interpretazione della Schizofrenia"

(Interpretación de la esquizofrenia), traducido a muchas lenguas y usado como libro de texto en muchas universidades. Dicho trabajo, considerado un clásico sobre el tema, contiene la historia de la investigación médica sobre la esquizofrenia, la suma de las ideas de los mayores estudiosos que dedicaron sus carreras a esa enfermedad y finalmente las conclusiones trazadas por el autor mismo.

Hoy en día, este asunto sigue siendo el objeto de un encendido debate. Especialmente controvertido es el origen de la enfermedad así como su tratamiento. Aquí sólo lidiaremos con el diagnóstico correspondiente al origen de la esquizofrenia. Existen varias opiniones discordantes sobre la naturaleza de la esquizofrenia. Sin embargo, existen básicamente dos enfoques que se refieren a dos escuelas: la escuela organicísta y la escuela psicodinámica. La primera declara que la esquizofrenia tiene orígenes orgánicos y que las manifestaciones patológicas psíquicas de la enfermedad son un efecto secundario de la enfermedad orgánica.

La segunda sostiene que los orígenes de la esquizofrenia pueden rastrearse hasta problemas serios de ansiedad que se desarrollan a partir de relaciones interpersonales frustrantes. La escuela psicodinámica también afirma que las manifestaciones somáticas de la esquizofrenia, junto con las alteraciones biológicas y físicas que involucra, son los efectos de esa enfermedad, no su razón de ser.

En la actualidad, las personas que pertenecen a la escuela organicísta superan en número a los seguidores de la escuela psicodinámica. Sin embargo, los primeros han fracasado en proveer cualquier evidencia que soporte sus teorías. Por otro lado, los miembros de la escuela psicodinámica, a la cual pertenecen los estudiosos más famosos de psiquiatría y psicología, han sido capaces de demostrar la validez de sus hipótesis.

Eso ha sido posible gracias al cada vez mayor número de éxitos obtenidos. Entre esas personas uno debería mencionar a Kraepelin, Bleuer, Meyer, Freud, Jung, Sullivan y Arieti. Sullivan llegó a la conclusión de que, al igual que otras enfermedades psiquiátricas, la esquizofrenia era causada por relaciones interpersonales no-satisfactorias especialmente en la relación padre-hijo.

Jung señaló lo siguiente: los esquizofrénicos deben ser clasificados como introvertidos de modo opuesto a los histéricos, que son extrovertidos. Del mismo modo, de acuerdo a Jung, la esquizofrenia puede desarrollarse en sujetos que al nacer muestran un inconciente muy desarrollado y un ego débil. Esto es posible aun cuando uno esté lidiando con una enfermedad psicológica con consecuencias psicosomáticas. Arieti define a la esquizofrenia como sigue: "...es una reacción específica a un serio estado de ansiedad, el cual tiene sus orígenes en la infancia y es experimentado nuevamente, de manera más fuerte, en una etapa sucesiva de la vida".

Esos son los puntos de vista de la ciencia oficial. Veamos ahora cual es la opinión de algunos de los astrólogos que lidiaron con este tema. El Dr. William Tucker, en su "Astromedical Diagnosis" señala los mecanismos de disociación entre el comportamiento racional y las experiencias emocionales descontroladas que padecen los esquizofrénicos. Él cree que la conjunción Sol-Júpiter cuadratura con Marte es la principal indicación de esquizofrenia.

En la "Enciclopedia de Astrología Psicológica", Charles Carter declara que la esquizofrenia, y las enfermedades mentales en general, son visibles en horóscopos con una gran cantidad de aspectos negativos. Es más, él sostiene la opinión de que con frecuencia Marte afecta profundamente el gobierno de la mente y que Urano debilita una o dos de las luminarias. Carter prosigue diciendo que la Luna y Mercurio están frecuentemente en aspectos negativos con Marte y Urano. El Sol suele estar afligido y la 12a casa es comúnmente prominente. Carter concluye que el 22do grado de Piscis es el más relacionado con la esquizofrenia.

En su "Astrología y Salud", Omar Garrison enlista los siguientes aspectos debajo del tema "Esquizofrenia".

1. Escorpio y la Luna ocupan la 1ra, 5ta y 9na casas, junto con Marte, Saturno, Urano, Plutón y los Nodos lunares (más de uno, algunas veces);

2. Escorpio, la Luna y Mercurio están todos en la 1ra casa;

3. Mercurio está en la 3ra, 6ta, 8va o 12va casa, junto con Marte, Saturno, Urano, Plutón y los Nodos Lunares (más de uno);

4. Júpiter está en la 1ra Casa, Saturno y Urano en la 7ma;

5. Saturno está en la 1ra Casa, Marte en la 1ra, 5ta, 7ma, o 9na casa;

6. Escorpio, La luna y Saturno en la 12va casa;

7. Saturno está en la 1ra Casa y Júpiter en la 12va; Marte o la Luna están en la 1ra, 5ta o 9na casa;

8. Saturno rige la 2da casa con Marte, Urano, Plutón y los Nodos Lunares (más de uno de los planetas;

9. El regente de la 2da casa y Saturno en conjunción con, o muy cerca del Sol o Marte;

10. Cáncer, Escorpio, Piscis o el regente de la 3ra casa están en la 1ra casa con Júpiter;

11. El sol o el regente de la 1ra casa esta en la 1ra o la 4ta casas.

Henri Gouchon, en la última edición de su famoso "Dictionaire Astrologique" describe aproximadamente la conclusión de un ensayo presentado por el astrólogo Counrand en un congreso de 1937 que se llevó a cabo en Paris. Counrand recolectó los horóscopos de 629 hombres esquizofrénicos nacidos entre 1827 y 1924. Dicha data carece de las posiciones de Urano, Neptuno y Plutón. A partir de dichos horóscopos, casi siempre trazados para el medio día, surge lo siguiente::

1. El Sol prefiere los signos venusinos;

2. La Luna está con frecuencia en Capricornio y muy rara vez en Escorpio – el segundo aspecto es inusual;

3. Mercurio está frecuentemente en Virgo, Piscis o Sagitario. Mercurio rara vez está en Géminis, pero frecuentemente en signos terrestres y mutables;

4. Venus está en un signo mutable o en Cáncer, rara vez en Leo;

5. Marte está muy frecuentemente en Tauro o Escorpio, muy rara vez en Sagitario. Del mismo modo, Marte prefiere signos fijos mientras que Venus y Mercurio están en signos mutables;

6. Júpiter se encuentra frecuentemente en Cáncer, Leo, Virgo y Libra;

7. Entre los aspectos más frecuentes, deben mencionarse los siguientes: la Luna está en oposición o cuadratura con Venus o en conjunción con Saturno o en cuadratura con Neptuno y Marte; Mercurio en cuadratura con Júpiter o Saturno, o Urano o Neptuno; Venus está en conjunción con Marte o cuadratura con Saturno o Urano. Marte está en cuadratura con Saturno.

Además, las cuadraturas superan en número a los trinos por 212 unidades.

Gouchon analiza dicha data y declara que no es posible diagnosticar la enfermedad solamente con base en el horóscopo. Uno también requiere tener la información disponible sobre la herencia patológica del sujeto. Él cree que existen más de una característica patológica, que pudieran permitir la identificación de la esquizofrenia. Gouchon señala que casi todos los horóscopos muestran evidencias de hiper-emocionalidad y desórdenes afectivos. Concluye enlistando algunas características con las que se encontró:

1. Sol en Tauro
2. Luna en Capricornio
3. Mercurio en Tauro
4. Marte en Piscis
5. Júpiter en Leo
6. Saturno en Escorpio
7. Marte cuadratura con Neptuno
8. Venus cuadratura con Júpiter
9. Saturno en conjunción con Urano
10. Neptuno en la 6ta casa, en oposición con el ascendente.

Sé que existen otros estudiosos interesados en este problema, pero desconozco sus trabajos.

Como ustedes habrán notado, casi todas las combinaciones astrológicas han sido citadas para explicar la esquizofrenia, algunas veces en clara contradicción unas con otras. Yo mencioné de manera exhaustiva dichas listas de posiciones planetarias con el propósito de subrayar la falta de especificidad de las varias características. No pueden estar conectadas a la esquizofrenia. Más bien, no indican absolutamente nada.

Estoy en desacuerdo con la metodología que los estudiosos arriba mencionados usaron, ya que creo que el método estadístico no puede ser aplicado a una enfermedad tan compleja como la esquizofrenia. Al usar el término "compleja", me refiero no sólo a las dificultades de diagnóstico, sino también a la pluralidad y variedad de elementos que causan dicha enfermedad.

¿Cómo es posible atribuir la esquizofrenia a una simple cuadratura de Marte con Saturno? ¿O inclusive a la simple suma de muchas cuadraturas y oposiciones? Yo creo que el método estadístico es mucho más efectivo cuando se usa con relación a variables simples.

Es posible crear estadísticas de tránsitos planetarios con relación a episodios tales como darse un martillazo en el dedo o pincharse en algún lado. Sin embargo, es una cosa mucho más complicada cuando se está lidiando con suicidios y homicidios.

Esto sucede porque el suicidio y el homicidio dependen de tal variedad de factores que sólo un análisis combinado de las relaciones cualitativas y cuantitativas de dichos factores puede de hecho proveer algunas respuestas.

Estoy totalmente de acuerdo con André Barbault cuando, en su "Del Psicoanálisis a la Astrología", afirma: "...en cuanto a la capacidad investigativa de las estadísticas, es tan limitada que podría comparársele al uso de un mazo para abrir una nuez...

Las investigaciones previas enfatizaban la frecuencia de las disonancias marcianas y saturninas entre grupos de interés patológico: varias enfermedades, locuras, malformaciones, accidentes... Sin embargo, dichas disonancias aparecían en un grupo como en el otro sin especificidad. Así pues, atribuirle una cierta enfermedad a la frecuencia de la participación disonante de Marte y Saturno corresponde a afirmar que la misma enfermedad se caracteriza por fiebre, incomodidad general e inapetencia. Esos son síntomas típicos de casi todas las patologías, tal y como la presencia de Marte y Saturno es típica de las desgracias humanas".

En conclusión, yo creo personalmente en la invalidez del método estadístico en estos casos. Puesto que el método estadístico se basa en un principio de causa-efecto, debe rastrear una causa específica para cada efecto, y eso no es posible, debido a las múltiples variables de la ecuación. Yo aproveché la astrología para individuar las causas que normalmente producen la esquizofrenia, en lugar de prestar atención a la enfermedad misma. Para lograr esa meta, consideré lo siguiente:

1. Las relaciones frustrantes con los padres, familiares y el ambiente vital, entendidas como aislamiento del sujeto de lo que le es cercano.

2. Los valores psicológicos apuntando hacia la introversión.

3. Un inconsciente fuerte con respecto a un ego conciente normal o un inconciente normal y un ego consciente débil.

4. La disociación de valores debe ser entendida como resultado de una personalidad desbalanceada, o factores discordantes desde el punto de vista de la líbido.

5. Los aspectos astrológicos negativos superan en número a los positivos, y existen varios signos de debilidad.

Usando los elementos arriba mencionados como punto de partida, me hice las siguientes preguntas:

- ¿Es acaso posible diagnosticar la esquizofrenia por medio de análisis astrológicos de dichos elementos?

- ¿Es posible diferenciar a la esquizofrenia de otras patologías mentales?

- Pero sobre todo, ¿es posible distinguir el horóscopo de un esquizofrénico del horóscopo de un grave neurótico?

Responderé a esas preguntas en mis conclusiones. Mientras tanto, quisiera mostrarles las cartas de algunos casos que tuve oportunidad de examinar. El primer horóscopo pertenece a un hombre, nacido en Nápoles el 22/04/1935 a las 03:30 PM, como se puede deducir del certificado de nacimiento expedido por el pueblo de nacimiento.

Todos estos datos fueron provistos por el Hospital Psiquiátrico "Frulloni" en Nápoles. Los cálculos son aproximados hasta el grado, ya que no es posible contar con una precisión al minuto de la hora de nacimiento.

El primer elemento llamativo de este horóscopo es la multitud de aspectos negativos, los cuales expresan el sufrimiento interior de esta persona. Uno no puede clasificarlo como introvertido, pero no es extrovertido tampoco, puesto que los valores que podrían apuntar en esa dirección están en antítesis y no son suficientes para permitirnos una clasificación exacta.

Todo lo demás está sin embargo de acuerdo con los enunciados iniciales. Las luminarias dañadas, la Luna disonante en la 3ra casa, el regente de la 11va casa dañado en la 8va, Marte, regente de la 3ra está en la 1ra casa, todos esos factores indican claramente desajustes y frustración con respecto a su familia y ambiente. Los valores inconcientes dominan a los concientes – Noten que los dos planetas dominantes son la Luna y Neptuno, los cuales están en cuadratura y representan al inconsciente.

En particular, la posición de Neptuno es negativa, puesto que es retrógrado, angular (en la 12va casa) y en cuadratura con la Luna. Esa característica por sí sola indica desórdenes mentales severos o ansiedad, obsesión y confusión. Es más, Neptuno es el regente de la casa de la salud, en oposición con Saturno, ubicado en ella y en cuadratura con Venus, dominando la 1ra casa.

En otra ocasión, expresé la idea de que Neptuno juega un papel importante en la identificación de enfermedades mentales y desórdenes neuróticos. Neptuno gobierna a Piscis, opuesto a Mercurio, que gobierna a Virgo. Mercurio representa la inteligencia, la precisión, pero también la confusión de la mente. Algunas veces, este planeta puede definirse como al "inconsciente transferido al cerebro".

La conjunción del Sol con Urano y Mercurio, regente del Ascendente en la 8va casa y dañado por ambos lados representa un aspecto bastante duro, el cual clarifica este caso bastante bien. Este ejemplo es también interesante desde el punto de vista de la "libido". Yo utilizo el término "líbido" en el sentido Jungiano de "energía psíquica indiferenciada".

Uno debe señalar lo difícil que es separarla de las funciones psíquicas del esquizofrénico sujeto a análisis. Los valores más energéticos de este sujeto están ubicados en la casa de la Muerte, de las pruebas, las enfermedades y las relaciones cercanas.

Por lo tanto, la "líbido" del sujeto no tuvo la oportunidad de poner sus cimientos en nada vital, saludable y terapéutico. Las pruebas, el dolor, la muerte – tanto en el sentido real como abstracto – las enfermedades, las malas relaciones interpersonales representaban el verdadero espejo de los valores psíquicos de este hombre. Este horóscopo, que puede ser considerado un enorme desastre de la Naturaleza, demuestra maravillosamente la síntesis de la esquizofrenia: muchas fuerzas externas y devastadoras; carencia de fundamentos para un intento de luchar de vuelta; elementos inconscientes fuertes opuestos a un ego racional débil; relaciones interpersonales pobres, confusión y desórdenes mentales.

Del mismo modo en el segundo ejemplo, que consideraremos brevemente, se encuentran los valores negativos arriba mencionados. Al igual que en el primer caso, la Luna y Neptuno tienen ángulos y atestiguan un inconciente muy bien desarrollado. Por otro lado, viendo la mala posición del Sol al nacer, se encuentra uno con valores racionales débiles.

El Sol está en el exilio en Acuario, regente de la 12va casa, la casa de la enfermedad. El Sol está también en conjunción perfecta con el nodo lunar sur y por lo tanto exactamente opuesto con el del norte. Es más, el Sol está también en oposición con Neptuno en la 12va casa y en cuadratura con Saturno, regente de ls 6ta casa y ubicado en la 3ra. En los horóscopos de los esquizofrénicos noté la ocurrencia frecuente de aspectos negativos muy específicos, en su mayoría con una órbita de 0 o 1 grado.

En nuestro ejemplo, debe ser notado que el 14vo grado de Acuraio no es muy renombrado y es indicado por el astrólogo l'Eclair como el indicador de un cambio definitivo y de mal aguero en la vida. La Luna dañada en la 10ma casa en Géminis implica la presencia de un complejo materno irresuelto, un intento de emancipación, para conseguir independencia, para crecer, todo lo cual fracasó.

Saturno dañado en la 3ra casa y regente de la 6ta me hace pensar en malas relaciones con su ambiente y con sus parientes más cercanos. Es más, el horóscopo está caracterizado por muchos elementos negativos, los cuales nos proveen de un retrato bastante sólido de la estructura psíquica de esta persona.

Para finalizar, descubrimos que:

1. En general el horóscopo es negativo: muchas pruebas son evidentes
2. El Sol y la Luna están especialmente dañados
3. Hay evidencia de un inconsciente poderoso
4. Hay evidencias de un ego racional débil y confundido
5. Hay evidencias de carencia de carácter
6. Hay evidencias de relaciones frustrantes con los padres
7. Hay evidencias de relaciones frustrantes con el exterior y aislamiento del mismo
8. Hay evidencias de incapacidad para reaccionar.

Puesto que no podía yo saber la anamnesis del nativo y no tenía un listado de los eventos más importantes de su vida, no fui capaz de establecer el disparador que puso la enfermedad en movimiento, aun cuando usé los tránsitos.

La psiquiatría nos enseña que la esquizofrenia es la reacción ante un fuerte estado de ansiedad, que se forma durante la infancia y reaparece más tarde en la vida de un modo tumultuoso. Esto sucede cuando ocurren unas condiciones tales, que resultan en una relación análoga con las condiciones que ocasionaron la primer tensión en el sujeto. Lo llevan de vuelta a su ansiedad pasada.

Ese es el modo en que hablamos de la psicodinámica de la esquizofrenia. En el caso previamente analizado, existen elementos básicos, que justifican la posibilidad de contraer el mal. Sin embargo, si no supiéramos que estamos lidiando con un esquizofrénico, hubiérmos sido detenidos por la duda. Necesitábamos saber si uno o más sucesos que lo obligaron a buscar refugio en su enfermedad mental de hecho sucedieron. Sin conocer la historia de ese hombre y a posteriori, podemos intentar suponer una hipótesis sugerida por el horóscopo. La persona tuvo una infancia muy difícil, debido a malas relaciones con sus papás y el ambiente que lo rodeaba. Sufrió debido a su inestabilidad emocional y su incapacidad para balancear las emociones con la razón. Intentó, sin mucha suerte, crear una concha protectora, una condición independiente de la familia. Probablemente, por algunos años fue capaz de lograr un estado semi-equilibrado, tal vez con la ayuda de algún tipo de neurosis, hasta que algún episodio rompió su equilibrio y lo arrastró a la psicosis. El episodio pudo haber consistido de algún tipo de enfermedad orgánica, que lo obligó a depender de su familia, recreando por lo tanto ese antiguo estado de ansiedad por la inseguridad y el desajuste. La ansiedad fue tan abrumadora que prefirió no volver a experimentarla y se refugió en la esquizofrenia. En este punto, no puedo examinar otros casos de esquizofrenia. Sin embargo, antes de presentar mis conclusiones de este estudio introductorio, analizaré brevemente el horóscopo de una mujer afectada por una fuerte neurosis. La persona, a quien conozco personalmente, está en la actualidad sometiéndose a terapia. Creo que va a ser interesante comparar su horóscopo con el anterior, en un intento de encontrar algunas respuestas al problema de las relaciones entre psicosis y neurosis.

Silvano Arieti, en el texto que mencioné al principio de este capítulo, señala que muchos esquzofrénicos potenciales son capaces de escaparse de la enfermedad encontrando refugio en un estado neurótico. En otras palabras, canalizan su ansiedad en una neurosis que se vuelve la válvula de seguridad de su estado psicótico cambiante. En nuestro ejemplo, podemos ver que nos faltan los elementos necesarios para diagnosticar la esquizofrenia, aún cuando hay signos de un estado neurótico. Uno puede ver problemas de identidad entre los valores femenino y masculino de la sujeta. En particular, la conjunción Venus-Marte en el mismo grado de Géminis, conjunción que queda aislada en el contexto del nacimiento, y expresa una crisis de identidad en las características femeninas y masculinas. En el caso de la sujeta que va a análisis, este aspecto creó un estado neurótico que le trajo problemas sexuales. El horóscopo también enfatiza un grupo de dificultades familiares, conectadas con lo que se acaba de decir. Este conjunto representa el núcleo psicopatológico de esta mujer, que no está, sin embargo, en peligro de volverse esquizofrénica, puesto que también existen aspectos positivos. Es más, la neurosis debería ser considerada como la expresión de una reacción de la persona enferma activa, demostrando la fuerza para luchar contra la enfermedad.

A partir de este estudio, saqué las siguientes conclusiones

1. Yo creo que es posible diagnosticar la esquizofrenia astrológicamente, o al menos señalar su potencialidad en un sujeto. Esto puede suceder sólo aceptando que uno no puede buscarla en el horóscopo, ya que la esquizofrenia no es específica con respecto a los símbolos astrológicos como aquellos que están asociados con cualquier disciplina específica que podrían intentar reducirla a la inmovilidad de una fórmula. Por otro lado, creo que

es posible intentar extrapolar del horóscopo aquellos valores, que la psiquiatría moderna indica como factores determinantes en el surgimiento de la enfermedad, ya sea cuando aparecen parcialmente o por completo.

2. Por medio de la Astrología, es posible diferenciar a la esquizofrenia de otras enfermedades mentales y especialmente de la neurosis, ya que la primera es el resultado de la acción combinada de factores que son diferentes de aquellos que causan otros tipos de psicosis y neurosis.

Estas declaraciones podrían parecer demasiado optimistas, pero son válidas, siempre y cuando el Astrólogo, junto con sus capacidades, logre encontrar y leer la información que el horóscopo contiene. Creo que un horóscopo idealmente contiene la información necesaria. Sin embargo, está expresada simbólicamente, por lo que el objetivo del astrólogo es descifrar y leer tales símbolos. Se vuelve por lo tanto evidente que el diagnóstico es mucho más preciso cuando quien lo hace es un erudito del tema. En este sentido, se podría alcanzar lo óptimo si el diagnóstico de la esquizofrenia fuera hecho por un psiquiatra con algo de conocimientos de Astrología.

Estoy totalmente de acuerdo con Gouchon cuando declara que para poder diagnosticar esta enfermedad es necesario tomar en cuenta los horóscopos de los parientes del esquizofrénico. También creo que es extremadamente importante estudiar estas cartas en su evolución longitudinal en el tiempo.

Si es cierto, como pensaba Jung, que hay factores de nacimiento típicos, que llevan a la esquizofrenia, también es cierto, como Sullivan y otros señalaron, que las relaciones interpersonales tienen una fuerte carga en el desarrollo de esta enfermedad. Como ya he mencionado en otro lado, es muy importante ser capaz de dar seguimiento a lo que le pasó a lo largo del tiempo a una persona cuyo horóscopo muestra un potencial para la esquizofrenia. De hecho, la condición física de un sujeto evolucionará en una dirección o la otra, dependiendo de si se mueve hacia una situación de cada vez mayor tranquilidad o si en cambio da continuamente pasos hacia atrás, tan inestables que podrían comprometer su propia seguridad. Yo no creo que esos eventos negativos puedan ser pronosticados a partir de la carta astral, puesto que los símbolos astrológicos no nos permiten especificar la calidad y/o la cantidad de un suceso dado.

E incluso si lo anterior fuera posible, uno nunca va a ser capaz de establecer el impacto de un suceso en la persona enferma. Yo creo que la Astrología puede proveer una contribución digna de ser notada, en la lucha contra la esquizofrenia. Esto puede suceder de un modo preventivo, puesto que la Astrología puede reconocer a la gente potencialmente esquzofrénica a partir de la hora de nacimiento, ofreciendo así a los médicos la posibilidad de intervenir a tiempo, para que puedan detener a la enfermedad antes de su desarrollo. Lo que expuse aquí es el resultado de una investigación que duró un año con un número limitado de casos, por lo tanto este trabajo no puede considerarse exhaustivo. Sin embargo, es un estudio experimental e introductorio, que espera corroboración o refutación, de estudios futuros hechos por autores interesados tanto en la Astrología como en la Psiquiatría, los cuales espero que se hagan.

Napoles 1975 – Ensayo leído en la 1ra Conferencia Internacional de Astrología, Milán, Museo de Ciencia y Técnica, y posteriormente publicado frecuentemente, entre otros en Francia en el Astrologue, dirigido por André Barbault.

Sujeto # 1.

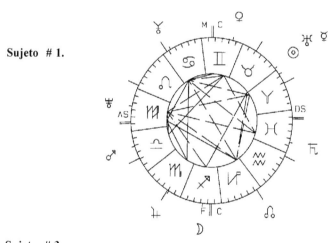

Sujeto # 3.

Sujeto # 2.

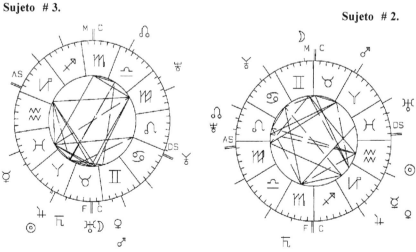

24.
Astrología Activa y Cirugía

Aquí dejo un amplio marco de consideraciones astrológicas que aplican al planear cirugías exitosas.

1) En mi experiencia, he notado que hay un pico de cirugías en los veinte días antes y después del cumplaños de cada persona.

2) Aún cuando la mayoría de las cirugías ocurren en los veinte días antes y después de los cumpleaños, yo sugiero enérgicamente no planear ninguna operación en esos días porque las jornadas cercanas a los cumpleaños son particularmente peligrosas.

3) Adicionalmente a la observación recién hecha, también aconsejo no planear exámenes médicos importantes en los días que rodean a los cumpleaños.

4) La muy antigua regla de Ptoloméo (?), de acuerdo con la cual es preferible tener una operación con la luna menguante para evitar hemorrátgias, puede abandonarse totalmente porque hoy en día, el enorme progreso de la ciencia médica y la química farmacéutica hacen que dicha precaución sea inútil.

5) No así con otra regla de Ptolomeo muy importante: nunca debes tener una operación cuando la Luna esté en un signo que corresponda a la parte del cuerpo que se someterá a cirugía. Por ejemplo, nunca tendríamos que tener una operación del corazón cuando la Luna esté en Leo o una operación del estómago cuando la luna esté en Cáncer. Aun cuando esta regla es muy antigua, también es muy significativa y puede ser de gran importancia para la economía general de la cirugía..

6) No busquen una fecha espléndida según normas astrológicas para su cirugía.Si en el cielo de ese día, brillan hermosos trinos y sextiles de Marte, significa que el sujeto no será operado (porque, por ejemplo, ¡el cirujano estará engripado!).

7) Si conocen muy bien al cirujano, podrán escoger el instante en el que la cirugía deberá empezar.

8) En cuanto al paso #7, debemos considerar cuidadosamente las Zonas de Gauquelin. Lo que significa intentar que la operación empiece, en general, con Venus o Júpiter en ciertos grados específicos del ascendente (la zona de Gauquelin relacionada con nuestro cuerpo).

9) Si están planeando una cirugía, es muy importante dirigir un Retorno Solar con Venus o Júpiter en la primera o la sexta casas de la carta del Retorno Solar.

10) Del mismo modo debemos evitar, en el Retorno Solar previo del paciente, malas posiciones en la primera, la sexta y la 12a casas.

25.
Una bibliografía esencial

- **AA.VV.**, *Artículos que aparecieron en la Revista trimestral* Ricerca '90 *from 1990 to 2008,* Edizioni Ricerca '90, 128 pp.

- **AA.VV.**, *Classificazione delle malattie, traumatismi e cause di morte* [Clasificación de la enfermedad, traumatismos y causas de muerte], I and II vol., published by ISTAT, 1975, novena edición revisada.

- **AA.VV.**, *Dodici monografie sui segni zodiacali* [Doce monografías sobre signos zodiacales] editado por Serena Foglia, Armenia, Milan, 1977, 124 pp.

- **AA.VV.**, *Ricerca '90,* Revista trimestral de astrología, números 0 a 44, años 1990 a 2000

- **AA.VV.**, *Tema universitario especial (#45-46) de l* 'astrologue, Éditions Traditionnelles, Paris

- **John M. Addey**, *Ritmi armonici in astrologia* [Ritmos harmónicos en Astrología], Elefante ed., Catania, 1979, 352 pp.

- **Luigi Aurigemma**, Il segno zodiacale dello Scorpione [El signo zodiacal Escorpio], Einaudi, Turin, 1976, 241 pp.

- **Silvano Arieti**, *Interpretazione della schizofrenia* [Interpretación de Esquizofrenia], Feltrinelli, Milan, 1963, 510 pp.

- **André Barbault and Various Authors**, *Soleil & Lune en Astrologie*, Publications du Centre International d'Astrologie, Paris, 1953, 280 pp.

- **André Barbault**, *Ariete* [Aries], La Salamandra, Milan, 1985, 160 pp.

- **André Barbault**, *Astrologia e orientamento professionale* [Astrología y orientación profesional], Edizioni Ciro Discepolo, Napoles, 1984, 93 pp.

- **André Barbault**, *Astrologia mondiale* [Astrología mundial], Armenia, Milan, 1980, 272 pp.

- **André Barbault**, *Dalla psicanalisi all'astrologia* [Del Psicoanálisis a la Astrología], Morin, Siena, 1971, 224 pp.

- **André Barbault**, *Giove & Saturno* [Jupiter y Saturno], Edizioni Ciro Discepolo, Naples, 1983, 214 pp.

- **André Barbault**, *Il pronostico sperimentale in astrologia* [El pronóstico experimental en Astrología], Mursia, Milan, 1979, 210 pp.

- **André Barbault**, *L'astrologia e la previsione dell'avvenire* [Astrología y la previsión del futuro], Armenia, Milan, 1993, 308 pp.

- **André Barbault**, *L'astrologia e l'avvenire del mondo* [Astrología y el futuro del mundo], Xenia, Milan, 1996, 212 pp.

- **André Barbault**, *Toro* [Tauro], La Salamandra, Milan, 1985, 153 pp.

- **André Barbault**, *Trattato pratico di astrologia* [Tratado práctico de Astrología], Morin, Siena, 1967, 317 pp.

- **Armand Barbault**, *Technique de l'interprétation*, Dervy Livres, Croissy-Beaubourg, 1991

- **A. Barbault and others,** *La luna nei miti e nello zodiaco* [La Luna en los mitos y e el Zodiaco], Nuovi Orizzonti, Milan, 1989, 190 pp.

- **Ernst Bernhard**, *Mitobiografia* [Mitobiografía], Tascabili Bompiani, Milan, 1977.

- **Hubert M. Blalock jr.**, *Statistica per la ricerca sociale* [Estadística para la investigacón Social], Il Mulino, Bologna, 1984, 760 pp.

- **Franz Boll, Carl Bezold, Wilhelm Gundel**, *Storia dell'astrologia* [Sternglaube und Sterndeutung; Die Geschichte und das Wesen der Astrologie], Laterza ed., Bari, 1985.

- **Auguste Bouché Leclerq**, *L'astrologie grecque*, Ernst Leroux Editeur, Paris, 1899.

- **Angelo Brunini**, *L'avvenire non è un mistero* [El futuro no es un misterio], published by the Author, Rome, 1964.

- **Federico Capone and various authors**, *Osservatore Astrologico* [Observador satrologico], various numbers, Capone Edizioni, Turin.

- **Federico Capone**, *Varios Articulos*, Ricerca '90, Edizioni Ricerca ''90, 1990 to 2003.

- **Federico Capone**, *Dizionario Astrologico* [Diccionario Astrológico],

Edizioni Capone, Turin, 1978, 224 pp.

- **Adriano Carelli**, *The 360 Degrees of the Zodiac*, American Federation of Astrologers, Tempe (Arizona), 1977, 202 pp.

- **Charles E.O. Carter**, *The Astrological Aspects*, Fowler, London, 1930, 160 pp.

- **Charles E.O. Carter**, *The Astrology of Accidents*, The Theosophical Publishing House Ltd., London, the date of publishing is unknown, 124 pp.

- **Charles E.O. Carter**, *The Principles of Astrology*, The Theosophical Publishing House Ltd., London, 1925, 190 pp.

- **Paul Chiron**, *Éléments de Matière Médicale*, J. Peyronnet & C., Paris, 788 pp.

- **Howard Leslie Cornell**, *Encyclopaedia of Medical Astrology*, Llewellyn Publications, St. Paul (Minnesota), 1972, 958 pp.

- **Franz Cumont**, *L'Egypte des astrologues*, Fondation égyptologique reine Elisabeth, Bruxelles, 1937.

- **Nicola Del Giudice**, *Omeopatia, un ponte tra biologia e psicologia* [Homeopatía: un puente entre la biología y la psicología], Ipsa, Palermo, 384 pp.

- **Nicola Del Giudice and Emilio Del Giudice**, *Omeopatia e Bioenergetica. Le medicine alternative: dalla stregoneria alla science* [Homeopatía y Bioenergética – Medicina alternativa: De la brujería a la ciencia] Cortina international, Verona, 1999, 302 pp.

- **Nicholas De Vore**, *Encyclopedia of Astrology*, Littlefield Adams and Co., New Jersey, USA, 1977.

- **Thorwald Dethlefsen**, *Il destino come scelta* [El destino como elección], Edizioni Mediterranee, 1984, 202 pp.

- **Thorwald Dethlefsen and Rüdiger Dahlke**, *Malattia e destino* [Krankheit als Weg], Mediterraneee, Rome, 1986, 280 pp.

- **Aratus of Soli**, *I fenomeni ed i pronostici* [Los fenómenos y los pronósticos], Arktos, Turin, 1984, 120 pp.

- **Ennio Dinacci**, *Introduzione all'astrologia psicoanalitica* [Introducción a la Astrología Psicoanalítica], Edizioni Capone, Turin, 1983, 172 pp.

- **Ciro Discepolo and Various Authors**, *Osservazioni*

politematiche sulle ricerche Discepolo/Miele [Observaciones Politemáticas sobre investigaciones de Discepolo & Miele], Edizioni Ricerca '90, Naples, 1992, 196 pp.

- **Ciro Discepolo and Various Authors,** *Per una rifondazione dell'astrologia o per il suo rifiuto* [Por la refundación de la Astrología o para su rechazo], Edizioni Ricerca '90, Naples, 1993, 200 pp.

- **Ciro Discepolo and Luigi Galli,** *Supporto tecnico alla pratica delle Rivoluzioni solari mirate* [Apoyo Técnico en la práctica de las Revuluciones Solares Miradas], Blue Diamond Publisher, Milan, 2000, 136 pp.

- **Ciro Discepolo**, *Astrologia applicata* [Astrología aplicada], Armenia, Milan, 1988, 294 pp.

- **Ciro Discepolo**, *Astrologia Attiva* [Astrología activa], Edizioni Mediterranee, Rome, 1998, 144 pp.

- **Ciro Discepolo**, *Come scoprire i segreti di un oroscopo* [Como descubrir los secretos de un horóscopo], Albero ed., Milan, 1988, 253 pp.

- **Ciro Discepolo**, *Esercizi sulle Rivoluzioni solari mirate* [Ejercisios de Revoluciones Solares miradas], Blue Diamond Publisher, Milan, 1996, 96 pp.

- **Ciro Discepolo**, *Guida all'astrologia* [Guía de Astrología] (1st edition), Armenia, 1979

- **Ciro Discepolo**, *Guida ai transiti* (prima e seconda edizione) [Guía de transitos] Armenia, Milan, 1984, 1st and 2nd edition, 510 pp.

- **Ciro Discepolo**, *Il sale dell'astrologia* [La sal de la astrología], Edizioni Capone, Turin, 1991, 144 pp.

- **Ciro Discepolo**, *Nuova guida all'astrologia* [Nueva guía de astrología], Armenia, Milan, 2000, 818 pp.

- **Ciro Discepolo**, *Nuovo dizionario di astrologia* [Nuevo Dicctionario de Astrología], Armenia, Milan, 1996, 394 pp.

- **Ciro Discepolo**, *Nuovo trattato delle Rivoluzioni solari* [Nuevo tratado de Retornos Solares], Armenia, Milan, 2003, 216 pp.

- **Ciro Discepolo**, *Piccola guida all'astrologia* [Pequeña guía de astrología], Armenia, Milan, 1998, 200 pp.

- **Ciro Discepolo,** *Programmi informatici GALRO e Modulo RSMA*

[Programa GALRO y el Modulo RSMA], edited by the Author, Naples, 2004.

- **Ciro Discepolo**, *Prontuario calcoli* [Manual de cálculos], Edizioni Capone, Turin, 1979, 72 pp.

- **Ciro Discepolo**, *Quattro cose sui compleanni mirati* [Cuatro cosas sobre los cumpleaños Mirados], Blue Diamond Publisher, Milan, 2001, 104 pp.

- **Ciro Discepolo**, *Traité complet d'interprétation des transits et des Révolutions solaires en astrologie*, Éditions Traditionnelles, Paris, 2001, 502 pp.

- **Ciro Discepolo**, *Transiti e Rivoluzioni solari* [Tránsitos and Retornos Solares], Armenia, Milan, 2004, 580 pp.

- **Ciro Discepolo**, *Trattato pratico di Rivoluzioni solari* [Tratado práctico de Retornos Solares], Edizioni Ricerca '90, Naples, 1993, 208 pp.

- **Ciro Discepolo**, *Varios volúmenes de efemérides*, Varias Editoriales.

- **Ciro Discepolo**, *Varios volúmenes de Tablas de casas*, Varias Editoriales.

- **Ciro Discepolo**, *Nuovo Trattato di Astrologia* [Nuevo tratado de Astrología], Armenia, 2004, 784 pp.

- **Reinhold Ebertin**, *Cosmobiologia: la nuova astrologia* [Cosmobiología: la nueva astrología], Edizioni C.E.M., Naples, 1982, 208 pp.

- **Henri F. Ellenberger**, *La scoperta dell'inconscio* [El descubrimiento del inconsciente], Universale scientifica Boringhieri, dos volúmenes.

- **Hans J. Eysenck, S. Mayo, O. White**, *An empirical study of the relation between astrological factors and personality*, Journal of Social Psychology, 105, 1978, 229-36.

- **Hans J. Eysenck**, *Psycologie et astrologie*, l'astrologue n° 45-46.

- **Serena Foglia**, *Prolusione al convegno di studi astrologici tenutosi a Napoli nel 1979* [Conferencia de apertura en el congreso de Estudios astrológicos en Napoles en 1979], número #37 de lenguaje Linguaggio Astral, Turin.

- **Herbert Freiherr von Klöckler,** *Astrologia, scienza sperimentale*

[Astrología - ciencia experimental], Mediterranee, Rome, 1993, 183 pp.

- **Herbert Freiherr von Klöckler**, *Corso di astrologia* [Curso de Astrología], Mediterranee, Rome, 1979, 786 pp.

- **Anna Freud**, *L'Io e i meccanismi di difesa* [El Ego y los mecanismos de defensa], G. Martinelli & C., 192 pp.

- **Erich Fromm**, *Psicanalisi della società contemporanea* [Psicoanálisis de la sociedad contemporanea], Edizioni di comunità, 348 pp.

- **Erich Fromm**, *Avere o essere?* [¿Tener o Ser?], Mondadori, Milan, 1977, 300 pp.

- **Luigi Galli and Ciro Discepolo**, *Atlante geografico per le Rivoluzioni solari* [Atlas geográfico para los Retornos Solares], Blue Diamond Publisher, Milan, 2001, 136 pp.

- **Eugenio Garin**, *Lo zodiaco della vita* [El Zodiaco de la vida], Laterza, Bari, 1976, 174 pp.

- **Michel & Françoise Gauquelin**, *Actors & politicians*, Laboratoire d'étude des relations entre rythmes cosmiques et psychophysiologiques, Paris, 1970.

- **Michel Gauquelin**, *Il dossier delle influenze cosmiche* [Documetación sobre las influencias cósmicas], Astrolabio, Rome, 1975, 232 pp.

- **Michel Gauquelin**, *La Cosmopsychologie*, Retz, Paris, 1974, 256 pp.

- **Michel Gauquelin**: *L'astrologia di fronte alla scienza* [La Astrología frente a la ciencia], Armenia, Milan, 1981, 312 pp.

- **Michel & Françoise Gauquelin**, *Méthodes pour étudier la répartition des astres dans le mouvement diurne,* Gauquelin ed., Paris, 1970.

- **Michel & Françoise Gauquelin**, *Painters and musicians*, Laboratoire d'étude des relations entre rythmes cosmiques et psychophysiologiques, Paris, 1970.

- **Michel Gauquelin**, *Ritmi biologici e ritmi cosmici* [Ritmos biológicos y ritmos cósmicos], Faenza spa, Faenza, 1976, 226 pp.

- **Luigi Gedda and Gianni Brenci**, *Cronogenetica* [Cronogenética], Est-Mondadori, Milan, 1974.

- **Sergio Ghivarello**, *L'astrologia e la teoria dei cicli nel quadro dei* *fenomeni ondulatori* [La Astrología y la teoría de los ciclos referentes a los fenómenos ondulatorios], C.I.D.A. ed., Turin, 1974.

- **Sergio Ghivarello**, *Verso una scienza alternativa* [Hacia una ciencia alternativa], issue #37 of Linguaggio Astrale, Turin, 1979.

- **Theodor Gomperz**, *I pensatori greci* [Griechische Denker], La Nuova Italia Editrice, Florence, 1967.

- **Henri J. Gouchon e Jean Reverchon**, *Dictionnaire Astrologique – Supplément Technique*, H. Gouchon Éditeur, Paris, 1947, 40 pp.

- **Henri J. Gouchon**, *Dictionnaire astrologique*, Dervy livres, 1975

- **Henri J. Gouchon**, *Dizionario di astrologia*, Armenia, 872 pp.

- **Michel Gauquelin**, *Il dossier delle influenze cosmiche* [Documentos sobre la influencia cósmica], Astrolabio, 236 pp.

- **Liz Greene**, *La relazione interpersonale* [La relación interpersonal], Astrolabio, Rome, 1989, 248 pp.

- **Liz Greene**, *Astrologia e destino* [Astrología y destino], Armenia, Milan, 1995, 384 pp.

- **Liz Greene**, *Relating*, Coventure Ltd., London, 1977.

- **Liz Greene**, *Saturno* [Saturno], Armenia, Milan, 1987, 249 pp.

- **Liz Greene**, *The Astrology of Fate*, Samuel Weiser Inc., U.S.A., 1986.

- **Hadès**, *Guide pratique de l'interprétation en Astrologie*, Éditions Niclaus, Paris, 1969, 228 pp.

- **Hadès**, *Manuel complet d'Astrologie Médicale*, Éditions Niclaus, Paris, 1970, 228 pp.

- **Hadès**, *Astrologie et médicines douces*, Bussière, Paris, 1986, 194 pp.

- **Robert Hand**, *I transiti* [Planetas en Tránsito], Armenia, Milan, 1982, 512 pp.

- **Max Heindel & Augusta Foss Heindel**, *The message of the Stars (Astrología natal y Médica)*, Fowler, London, 1973, 734 pp.

- **James Hillmann**, *Senex et Puer*, Marsilio Editori, Padua, 1973.

- **R.F.C. Hull and William McGuire**, *Jung parla* [Jung habla], Adelphi, 592 pp.

- **Aniela Jaffé**, *Ricordi sogni riflessioni di Carl Gustav Jung*

[Memorias, sueños, reflecciones de Carl Gustav Jung], Il Saggiatore, 432 pp.

- **Eugen Jonas,** *Various articles appeared on the quarterly* Ricerca '90, Edizioni Ricerca '90, 1990 to 2003.

- **Eugen Jonas,** *Il controllo naturale del concepimento* [El control natural de la concepción], Blue Diamond Publisher, Milan, 1995, 76 pp.

- **Carl Gustav Jung,** *L'uomo e i suoi simboli* [El hombre y sus símbolos], Edizioni Casini, 320 pp.

- **Carl Gustav Jung,** *Mysterium coniunctionis,* Boringhieri, 288 pp.

- **Carl Gustav Jung,** *La sincronicità* [Sincronicidad], Biblioteca Boringhieri, 124 pp.

- **Carl Gustav Jung,** *Psicologia della schizofrenia* [Psicología de la esquizofrenia], Newton Compton Italiana, 218 pp.

- **Carl Gustav Jung,** *La dinamica dell'inconscio* [La dinámica del inconsciente], Boringhieri, 606 pp.

- **Carl Gustav Jung,** *Opere* [Obra], ninth volume, Boringhieri, 314 pp.

- **Carl Gustav Jung,** *Simboli della trasformazione* [Símbolos de la transformación], Boringhieri, 596 pp.

- **Carl Gustav Jung,** *Tipi psicologici* [Tipos Psicológicos], Boringhieri, 612 pp.

- **Carl Gustav Jung,** *Psicogenesi delle malattie mentali* [Psicogénesis de las enfermedades mentales], Boringhieri, 322 pp.

- **Carl Gustav Jung,** *Psicologia e alchimia* [Psicología y alquimia], 548 pp.

- **Alexandre Koyré,** *Dal mondo del pressappoco all'universo della precisione* [Desde el mundo del más o menos al mundo de la precisión], Piccola Biblioteca Einaudi Scienza, Turin, 2000, 136 pp.

- **Károly Kerényi,** *Gli dei della Grecia* [Los Dioses de la Grecia], Il Saggiatore, 254 pp.

- **G. E. R. Lloyd,** *Polarity and Analogy,* Cambridge University Press, Cambridge, 1966.

- **Renzo Lucchesi and Elena Spagnol,** *Il Libro del Mangiar Sano* [El libro del comer sano], Mondadori, Milan, 1971, 454 pp.

- **Louis MacNeice**, *L'astrologia* [Astrología], Rizzoli, Milan, 1966.

- **Maria Maitan**, *Fatevi il vostro oroscopo* [Haganse su propio horóscopo], Feltrinelli, Milan, 1968, 323 pp.

- **Marcus Manilius**, *Astronomicon*, Arktos, Turin, 1981, 317 pp.

- **Thomas Mann**, *La montagna incantata* [La montaña encantada], Corbaccio, Milan, 1997, 692 pp.

- **Luciana Marinangeli**, *Astrologia indiana* [Astrología India], Edizioni Mediterranee, Rome, 1983, 200 pp.

- **Luciana Marinangeli**, *Astrologia tibetana* [Astrología Tibetana], Edizioni Mediterranee, Rome, 1987, 200 pp.

- **Luciana Marinangeli**, *Introduzione all'astrologia Indiana* [Introducción sobre Astrología India], Rizzoli, Milan, 1983, 336 pp.

- **Maurice Mességué**, *Uomini, erbe e salute* [Hombres, hierbas y salud], Mondadori, Milan, 1971, 424 pp.

- **George C. Noonan**, *Spherical Astronomy for Astrologers*, American Federation of Astrologers, Washington D.C., 1974, 62 pp.

- **Sheila Ostrander and Lynn Schroeder**, *Influssi cosmici e controllo delle nascite* [Control Astrológico de los nacimientos], Armenia, Milan.

- **Pietro Orlandini**, *L'agopuntura cutanea* [Acupuntura cutanea], Rizzoli, Milan, 218 pp.

- **Tommaso Palamidessi**, *Astrologia mondiale* [Astrología mundial], Archeosofica P., Rome, 1941, 588 pp.

- **Derek Parker**, *Il mistero dell'astrologia* [El misterio de la Astrología], Palazzi, Milan, 1971, 248 pp.

- **Johanna Paungger and Thomas Poppe,** *La Luna ci insegna a star bene* [La Luna nos enseña a vivir bien], Frasnelli - Keitsch, Bolzano/Bozen, 1995, 260 pp.

- **Johanna Paungger and Thomas Poppe**, *Servirsi della Luna* [Usando la Luna], Frasnelli - Keitsch, Bolzano/Bozen, 1995, 166 pp.

- **Louis Pauwels and Jacques Bergier**, *Il mattino dei maghi* [El amanecer de los magos], Mondadori, Milan.

- **Will-Erich Peuckert**, *L'astrologia* [Astrología], Edizioni Mediterranee, Rome, 1980 (2nd edition).

- **Karl Raimund Popper**, *La logica della scoperta scientifica* [Logik der Forschung (La Lógica de los descubrimientos científicos], Einaudi, 1970.

- **Claudius Ptolemy**, *Descrizione della sfera celeste* [Descripción de la Esfera Celeste], Arnaldo Forni, Bologna, 1990, 96 pp.

- **Claudius Ptolemy**, *Tetrabiblos, Le previsioni astrologiche* [Tetrabiblos – Las predicciones astrológicas], Mondadori, Milan, 1985, 490 pp.

- **Claudius Ptolemy**, *Tetrabiblos*, Arktos, Carmagnola, 1980.

- **Claudius Ptolemy**, *Tetrabiblos*, Arktos, Turin, 1979, 270 pp.

- **Bruno Romano**, *Il digiuno* [El ayuno], Mediterranee, Rome, 1991, 224 pp.

- **Michele Rossena**, *Educar(si) alle emozioni* [Educar(se) a las Emociones], Idelson-Gnocchi, Naples, 2001, 346 pp.

- **Andrea Rossetti**, *Breve trattato sui transiti* [Breve tratado sobre tránsitos], Blue Diamond Publisher, Milan, Milano, 1994, 125 pp.

- **Andrea Rossetti**, *Transiti, rivoluzioni solari e dasa indù* [Tránsitos, Retornos Solares, y Dasa Hindu], Blue Diamond Publisher, Milan, 1997, 188 pp.

- **Dane Rudhyar**, *Astrology and the Modern Psyche*, CRCS Publications, Davis (California), 1978, 184 pp.

- **Dane Rudhyar**, *Le case astrologiche [Las Casa Astrológicas]*, Astrolabio, Roma, 1984, 213 pp.

- **Dane Rudhyar**, *Studio astrologico dei complessi* [Estudio Astrológico de los complejos psicológicos], Astrolabio, Rome, 1983, 115 pp.

- **Dane Rudhyar**, *The Astrological Houses*, Doubleday Paperback Edition, USA, 1972, pagg. 208.

- **Alexander Ruperti**, *I cicli del divenire* [Los Cycles del devenir], Astrolabio, Rome, 1990, 301 pp.

- **Dario Sabbatucci**, *Divinazione e cosmologia* [Adivinación y Cosmología], Il Saggiatore, Arnoldo Mondadori publisher, Milan, 1989.

- **Jacques Sadoul**, *L'enigma dello Zodiaco* [El enigma del Zodiaco], Palazzi, Milan, 1973, 311 pp.

- **Frances Sakoian and Louis Acker**, *Transits of Jupiter*, CSA Printing and Bindery Inc., USA, 1974, 72pp.

- **Frances Sakoian and Louis Acker**, *Transits of Saturn*, CSA Printing and Bindery Inc., USA, 1973, 76 pp.

- **Frances Sakoian and Louis Acker**, *Transits of Uranus*, CSA Printing and Bindery Inc., USA, 1973, 78 pp.

- **Vanda Sawtell**, *Astrology & Biochemistry*, Rustington (Sussex, England), 86 pp.

- **Françoise Secret**, *Astrologie et alchimie au XVII siècle*, French Studies, New Series, vol. 60, issue # 3.

- **Nicola Sementovsky-Kurilo**, *Trattato completo di astrologia teorico e pratico* [Tratado completo de Astrología teórico-práctica], Hoepli ed., Milan, 1989.

- **Roberto Sicuteri**, *Astrologia e mito* [Astrología y Mito], Astrolabio, Rome, 1978, 199 pp.

- **Heber J. Smith**, *Transits*, American Federation of Astrology, Tempe (Arizona), the date of publishing is unknown, 42 pp.

- **Kichinosuke Tatai**: *I bioritmi* [Bioritmos], ed. Mediterranee, Rome.

- **Jim Tester**, *Storia dell'astrologia occidentale* [Historia de la Astrología occidental], ECIG, Genoa, 1990.

- **George S. Thommen**: *Bioritmi* [Bioritmos], Cesco Ciapanna ed.

- **Mario Trevi and Augusto Romano**, *Studi sull'Ombra* [Studios en la sombra], Marsilio Editori, Venice, 1990.

- **William J. Tucker**, *Astromedical Diagnosis*, Pythagorean Publications, Sidcup (Kent, England), 1959, 294 pp.

- **Lorenzo Vancheri**, *Varios artículos en la revista trimestral* Ricerca '90, Edizioni Ricerca '90, Naples, 1990 to 2003.

- **Leon Vannier**, *L'omeopatia nelle malattie acute* [la homeopatía en enfermedades agudas], Palombi, Rome, 1972, 446 pp.

- **Cesare Vasoli**, *I miti e gli astri* [Mitos y estrellas], Guida, Naples, 1977, 407 pp.

- **Mario Viterbi**, *Farmacologia omeopatica astrologica* [Farmacología Homeopática Astrológica], Ed. CIDA, Milan, 1976, 160 pp.

- **Alexander Volguine**, *Astrologia lunare* [Astrología Lunar], Mediterranee, Rome, 1981, 168 pp.

- **Alexander Volguine**, *La Technique des Révolutions Solaires*, Dervy Livres, Paris, 1972, 206 pp.

- **Ritchie R. Ward**, *Gli orologi viventi* [Los relojes vivientes], Bompiani, Milan, 1973.

- **Lyall Watson**, *Supernatura* [Supernadura], Rizzoli ed., Milan, 1974.

- **John Anthony West**, *The Case for Astrology*, Arkana, Penguin Books, London, 1992.

- **Edward W. Whitman**, *Aspects and their Meanings*, Vol. III, FFBA, CIA - London, 1970, 178 pp.

- **Edward W. Whitman**, *The Influence of the Houses*, Vol. I, FFBA, CIA - London, 1970, 200 pp.

- **Edward W. Whitman**, *The Influence of the Planets*, Vol. II, FFBA, CIA - London, 1970, 252 pp.

- **David Williams**, *Simplified Astronomy for Astrologers*, American Federation of Astrologers, Washington D.C., 1969, 90 pp.

- **Giancarlo Zanier**, *La medicina astrologica e la sua teoria: Marsilio Ficino e i suoi critici contemporanei* [La medicina Astrológica y su teoría: *Marsilio Ficino* y sus críticos contemporaneos], Edizioni dell'Ateneo e Bizzarri, Rome, 1977.

- **Mario Zoli,** *Varios artículos en la revista trimestral* Ricerca '90, Edizione Ricerca '90, Naples, 1990 to 2003.

Índice

Prefacio 7
  1. Signos y planetas 19
  2. ¿Porqué dos cartas pueden ser iguales? 52
  3. El increible 'misterio' del Hombre Zodiaco 56
  4. La Astrología médica con referencia a la 'Astrología Mundial' .. 61
  5. Cefalea 77
  6. La ceguera y otros problemas serios de los ojos 84
  7. Cirugía en general, pero con particular referencia a fracturas y
     varias heridas ocasionadas por accidentes de cualquier tipo 92
  8. Colitis 101
  9. Corazón 109
  10. Enfermedades del hígado 118
  11. Garganta 127
  12. Huesos, dientes y rodillas 130
  13. Neurosis serias 136
  14. Próstata 153
  15. Sordera y problemas serios de audición 157
  16. Corta miscelánea 163

Relaciones entre medicina y Retornos Solares
  17. Relaciones entre medicina y Retorno Solar 171
  18. Ejemplo de aplicación de un Retorno Solar dirigido para
     mejorar la propia salud 178
  19. SR y medicina: segundo ejercicio 187
  20. SR y medicina: tercer ejercicio 190

Apéndice
  21. Fundamentos de la Astrología Médica 193
  22. Investigación en 13,498 casos de enfermedas hepáticas 206
  23. Una insversigación Astrológica sobre la esquizofrenia 222
  24. Astrología Activa y Cirugía 234
  25. Bibliografía esencial 236

Printed in Poland
by Amazon Fulfillment
Poland Sp. z o.o., Wrocław

28884014R00141